坚持自我革命经验研究

段　妍◎著

人民日报出版社
北　京

图书在版编目（CIP）数据

坚持自我革命经验研究 / 段妍著 . -- 北京 : 人民日报出版社 , 2024. 12. -- ISBN 978-7-5115-8495-3

Ⅰ . D26

中国国家版本馆 CIP 数据核字第 2024VP1402 号

书　　名：坚持自我革命经验研究
　　　　　JIANCHI ZIWO GEMING JINGYAN YANJIU
作　　者：段　妍

出 版 人：刘华新
责任编辑：周海燕
装帧设计：元泰书装

出版发行：人民日报出版社
社　　址：北京金台西路 2 号
邮政编码：100733
发行热线：（010）65369509　65369512　65363531　65363528
邮购热线：（010）65369530　65363527
编辑热线：（010）65369518
网　　址：www.peopledailypress.com
经　　销：新华书店
印　　刷：三河市嘉科万达彩色印刷有限公司
法律顾问：北京科宇律师事务所　（010）83622312

开　　本：710mm × 1000mm　1/16
字　　数：285 千字
印　　张：19.25
版　　次：2025 年 3 月第 1 版
印　　次：2025 年 3 月第 1 次印刷

书　　号：ISBN 978-7-5115-8495-3
定　　价：78.00 元

目录

第六章 中国共产党继续推进自我革命的实践路径

第一章

中国共产党百年奋斗中坚持自我革命的历史主动

中国共产党是一个在忧患中诞生、在曲折中成长的政党，其发展历程并非一帆风顺。所以党始终怀有强烈的忧患意识和自省精神，并在百年奋斗历程中生发出自我革命的历史主动。这种历史主动既表现为精神上的自觉，更体现在行动上的践行。其根植于党对历史上王朝兴衰成败的高度警觉，又表现于党加强自身建设过程中的生动实践，同时也是借鉴世界上其他政党败亡教训的理性选择。这种自我革命的历史主动，是推进国家事业发展的重要精神动力，也是保证中华民族这艘巨轮能够始终沿着正确方向前行的重要支撑。

第一节 中国共产党对历史上王朝兴衰成败的警觉

古人云："危者，安其位者也；亡者，保其存者也；乱者，有其治者也。是故君子安而不忘危，存而不忘亡，治而不忘乱，是以身安而国家可保也。"这种中华民族自古有之的忧患意识同样贯穿于中国共产党的百年奋斗历程中。在执政党建设问题上，党始终保有对历史上王朝兴衰成败的高度警觉。往昔数千年，王朝更替数不胜数，"如何能够不再重蹈其覆辙"成为中国共产党人的共同追问。在新民主主义革命时期，尤其是革命即将取得胜利前夕，关于这一问题有过三次非常重要的谈话，即"甲申对""窑洞对""赶考对"，三次对谈都对这一问题进行了回答，深刻体现出中国共产党强烈的忧患意识和自我革命精神。

一、"甲申对"："叫同志们引以为戒，不要重犯胜利时骄傲的错误"

"甲申对"是指抗日战争时期毛泽东与郭沫若之间的一次笔谈。1944年3月，郭沫若发表了他的著名史论文章《甲申三百年祭》，文章主要阐释了明朝和大顺政权灭亡的经过及教训，因其蕴含着深刻的历史启示意义而受到毛泽东的赞赏。毛泽东将其作为重要的整风学习材料，要求党员学习领会其中蕴含的深刻启示，告诫全党要引以为戒，避免重犯胜利时骄傲的错误。

1944年即我国农历纪年中的甲申年，这一年郭沫若撰写了纪念大明王朝和大顺王朝灭亡300年的长篇史论文章《甲申三百年祭》。三百年前的甲申年，轰轰烈烈的农民革命推翻了明朝的专制统治，李自成带领农民军建立了大顺王朝。然而李自成及其将领进驻北京后，居功自傲、贪图安逸、中饱私囊、军纪败坏等各种问题逐一显露。这支能征善战的队伍，在占领北京43天内即被腐化侵蚀，变成了毫无战斗力的乌合之众，所以当吴三桂引清军入关时，军队根本无力抵挡，大顺王朝顷刻之间就在历史上落下了帷幕。文章一经发表便受到广泛关注。国民党认为这篇文章是用明朝亡国之历史来“影射当局”的，所以立即发表社论文章予以批判。而另一方，在延安的毛泽东却看到了文章中蕴含着的深刻历史启示。这一年，世界反法西斯战争形势发生了根本性变化，全民族抗战的胜利指日可待，在即将胜利的关键时刻，善于从历史中吸取经验教训的毛泽东高瞻远瞩地提出了警戒，那就是要避免再犯李自成式的错误。

1944年4月12日，毛泽东同志在《学习与时局》中指出：“我党历史上曾经有过几次表现了大的骄傲，都是吃了亏的。”[①]并且对几次错误进行了总结，又提出：“全党同志对于这几次骄傲，几次错误，都要引为鉴戒。近日我们印了郭沫若论李自成的文章，也是叫同志们引为鉴戒，不要重犯胜利时骄傲的错误。”[②]当时全党的整风运动已经到了后期阶段，党中央将它作为整风文献印发给全党干部以供学习讨论。1944年6月7日，中共中央宣传部和中央军委总政治部联合发出通知，号召全党和军队干部认真学习《甲申三百年祭》，要深刻吸取明末农民起义留下的教训，特别提醒党的高级领导干部，必须永远保持清醒与学习态度，不能倚仗自己的功勋和资历而忘乎所以，重蹈李自成的悲剧覆辙。1944年11月，毛泽东再函郭沫若，信中说道：“你的《甲申三百年祭》，我们把它当作整风文件看待。小胜即骄傲，大胜更骄傲，一次又一次吃亏，如何避免此种毛病，实在值得注意。”[③]在信中，毛泽东也同时表现出了愿意接受监督的宽阔胸怀，“我虽然兢兢业业，生怕出岔子，但说不定岔子从什么地方跑来；你看到了什么错误缺点，希望随时示

① 《毛泽东选集》第 3 卷，人民出版社 1991 年版，第 947 页。

② 《毛泽东选集》第 3 卷，人民出版社 1991 年版，第 948 页。

③ 《毛泽东文集》第 3 卷，人民出版社 1996 年版，第 227 页。

知”[①]。这充分体现了毛泽东的谦逊态度和对历史教训的敬畏精神。

在与国民党对《甲申三百年祭》的态度对比中，中国共产党的忧患意识和自省精神得到充分彰显。善于总结前人失败之经验，并以前人之失败教训来警戒和约束自身，从而加强自身建设，这是党的优良传统，也是党永葆先进性和纯洁性从而实现长期执政的宝贵经验。

二、“窑洞对”：“只有让人民来监督政府，政府才不敢松懈”

“窑洞对”是毛泽东与民主人士黄炎培的一次著名会谈。1945年7月，黄炎培来到延安，提出了“如何跳出历史周期率”的问题，而毛泽东给出的答案是“民主”。

1945年，在全民族抗战即将取得最后胜利之时，中共七大成功召开。就在七大闭幕后二十天，为了调停国共关系，听取中国共产党的意见，促成党派会议的召开与联合政府的成立，以黄炎培为代表的六名国民参政员来到了延安进行访问考察。在一次交谈中，毛泽东问黄炎培经过几天的访问有何感想，黄炎培说道：“我生六十多年，耳闻的不说，所亲眼看到的，真所谓其兴也勃焉，其亡也忽焉，一人，一家，一团体，一地方，乃至一国，不少单位都没有能跳出这周期率的支配力。”[②]“中共诸君从过去到现在，我略略了解的了，就是希望找出一条新路，来跳出这周期率的支配。”[③] 听了黄炎培的这番见解后，毛泽东说：“我们已经找到新路，我们能跳出这周期率。这条新路，就是民主。只有让人民来监督政府，政府才不敢松懈。只有人人起来负责，才不会人亡政息。”[④]黄炎培在回重庆后写的《延安归来》中也表达了对这一回答的认同，认为用民主来打破这一历史周期率是有效的。

这一对谈深刻表明中国共产党从不沉溺于过往成绩，而是持续对执政后

① 《毛泽东文集》第3卷，人民出版社1996年版，第227页。

② 《毛泽东年谱（1893—1949）（修订本）》中卷，中央文献出版社2013年版，第610页。

③ 《毛泽东年谱（1893—1949）（修订本）》中卷，中央文献出版社2013年版，第611页。

④ 《毛泽东年谱（1893—1949）（修订本）》中卷，中央文献出版社2013年版，第611页。

如何应对新的考验进行战略性、前瞻性的思考。如果说“甲申对”主要是揭示了大明封建王朝和李自成大顺农民王朝灭亡的历史教训，那么“窑洞对”则是将这一历史现象提升到了“历史周期率”的高度来认识。中国共产党不仅对历史的兴衰成败有所警觉，同时也在理论和实践中不断探索解决的办法。虽然如何跳出历史周期率这一问题是黄炎培在革命胜利前夕提出来的，但中国共产党人的回答在一次次实践摸索中早已形成。中央苏区时期和陕甘宁边区时期都是党进行局部执政的重要阶段，同样也是党进行民主实践的关键时期。在历史与现实的昭示中，党深刻认识到只有坚持民主，接受人民群众的监督，让人人都负起责任来，才能真正跳出“其兴也勃焉，其亡也忽焉”的历史周期率。民主建设取得的巨大成效为党全面执政奠定了坚实基础，也为中国共产党人能够坚定回答“如何跳出历史周期率”这一问题提供了底气。

中国共产党的性质宗旨及初心使命决定了我们断不会重蹈历史上封建王朝之覆辙，从一而终的忧患意识和奋斗姿态又促使中国共产党能够不断进行深刻的自我革命，以此来保持党的长期执政地位。这种高度的政治自觉和高超的政治智慧始终是推动党不断提升执政能力的核心力量，也为中华民族能够不断前行凝聚起磅礴力量。

三、“赶考对”：中国共产党要居安思危、艰苦奋斗、戒骄戒躁

“赶考对”是指毛泽东与周恩来进驻北平前的一段对话。1949年3月23日，从西柏坡起程前往北平时，毛泽东对周恩来说今天是进京的日子，进京赶考去。周恩来笑答，“我们应当都能考试及格，不要退回来。”毛泽东说：“退回来就失败了。我们决不当李自成，我们都希望考个好成绩。”[①]革命运动的初衷往往都是为了推翻旧有的政治统治，以此来保障大多数人的权利和利益。但是历史上王朝更迭无数，往往都在取得执政地位后构建起新的

① 《毛泽东年谱（1893—1949）（修订本）》下卷，中央文献出版社2013年版，第470页。

封建统治，落入历史周期率的旋涡。取得胜利后因为骄傲情绪而导致倾覆的事例也数不胜数。这些历史教训对中国共产党的执政有生动的启示意义。因此，在解放战争取得胜利后，站在由农村地区到城市地区、由战争环境到和平环境、由革命党到执政党、由新民主主义革命到社会主义革命转折的历史方位上，以毛泽东同志为主要代表的中国共产党人没有被胜利冲昏头脑，而是慎重思考了即将要面临的执政问题、潜在风险以及如何有效化解、如何稳定执政地位等问题，保持了高度的历史警觉。

1949年3月，在党的七届二中全会上毛泽东同志高瞻远瞩地告诫全党："因为胜利，党内的骄傲情绪，以功臣自居的情绪，停顿起来不求进步的情绪，贪图享乐不愿再过艰苦生活的情绪，可能生长。"[①]敌人已经不能用枪炮来征服我们，但有可能用糖衣炮弹来打击我们队伍中意志薄弱的人。中国革命是伟大的也是漫长的，今后的路程更长，工作更伟大、更艰苦。所以"务必使同志们继续地保持谦虚、谨慎、不骄、不躁的作风，务必使同志们继续地保持艰苦奋斗的作风"[②]，向全党敲响了"两个务必"的警钟。在毛泽东的倡导下，党的七届二中全会作出了党内的六条重要规定，即：不祝寿，不送礼，少敬酒，少鼓掌，不准用党的领导人的名字作地名、街名和企业名，不要把中央领导同志与马恩列斯平列。以切实行动警惕党内的骄傲情绪，压制骄躁气氛，继续保持艰苦奋斗的作风和一贯严明的纪律。

1949年3月23日出发启程时，毛泽东同志将这段路程比喻为"进京赶考"，这一比喻绝不是一时兴起，而是包含了共产党人对"如何保持长期执政"这一历史难题进行的持续而深刻的思考。重提"决不当李自成，一定要考个好成绩"，可见毛泽东对李自成因骄傲腐化而迅速颠覆的历史警觉。对于中国共产党来说，执政的确是一场严格的、长期的"考试"，创业难，守业更难。在将要掌握全国政权的前夕，中国共产党人清醒地认识到了这一严峻考验，并提出了警惕"糖衣炮弹"和坚持"两个务必"，这为党执政后抵

① 《毛泽东选集》第4卷，人民出版社1991年版，第1438页。
② 《毛泽东选集》第4卷，人民出版社1991年版，第1438—1439页。

御腐朽思想的侵蚀，克服官僚主义，保持与人民群众的血肉联系提供了强有力的思想武器。

从“甲申对”到“窑洞对”，再到“赶考对”，中国共产党慎终如始、常怀忧患，三个对谈讨论的主题都是如何跳出历史周期率，经受住长期执政的考验。对谈虽发生在过去，但其深刻意蕴留存至今。从中我们能够深刻认识到，中国共产党在这一问题上始终是清醒的，党始终保持着强烈的忧患意识和历史警觉。这对我们思考当下，谋划未来，持续推进自我革命具有重要启示意义。

第二节　中国共产党坚持真理、修正错误的历程

思想革命是中国共产党自我净化的行动先导。在不同的历史时期和发展阶段，中国共产党始终坚持真理，敢于同错误思想作斗争并及时进行修正。这是党百年来始终秉持自我革命精神的生动例证。新民主主义革命时期，坚决同党内错误思想作斗争；社会主义革命和建设时期，党在曲折中努力纠正自身错误；改革开放和社会主义现代化建设新时期，党坚持解放思想、实事求是。从而实现在不断的思想革命中保持了党内思想意志的高度统一，保障了党的事业始终向前发展。

一、新民主主义革命时期，坚决同党内错误思想作斗争

新民主主义革命时期，是党从初步成立到不断壮大的过程，也是党不断探索自身建设的过程。面对纷繁复杂的革命形势、挽救民族危亡的艰巨任务以及自身建设的迫切要求，中国共产党始终坚持马克思主义的科学指导，坚持真理，尊重规律，与一切阻碍党内团结和革命事业的错误思想与倾向作斗争。这一时期，党不断加强理论武装从而实现党的思想水平的整体提高、不

断进行思想革命从而实现党的自我净化，最终带领全国各族人民取得新民主主义革命的胜利。

（一）公开揭露、批评并纠正各种错误思想

新民主主义革命时期，党通过八七会议、古田会议、遵义会议、中央政治局整风会议等几次重要会议，对党内存在的各种错误思想与倾向进行了公开揭露、批判并做到了及时地纠错纠偏，保障了党内思想的先进纯洁，在一次次生死关头挽救党于危难之中。

大革命失败后，党于1927年8月7日在湖北汉口召开了八七会议，会议总结了大革命的失败教训并严肃批判了陈独秀右倾机会主义思想。会议上通过的《中国共产党中央执行委员会告全党党员书》中提出："工人阶级的革命党，要纠正自己的错误，只有公开的批评这些错误，而且要使全党党员都参加这种批评。"[①]中国共产党可以坦然接受自己的错误、疏忽和缺点，因为"我们党公开承认并纠正错误，不含混不隐瞒，这并不是示弱，而正是证明中国共产主义运动的力量"[②]。红四军成立后，由于当时红四军内党员成分主要由农民和其他小资产阶级出身的人员构成，因此存在各种非无产阶级的思想倾向，如极端民主化、小团体主义、平均主义、个人主义、享乐主义、单纯军事观点、流寇思想等，并且随着革命的推进有愈演愈烈的趋势，对党和军队工作妨碍极大。1929年12月，党召开了古田会议，对这些错误思想进行了严肃的批判与纠正，会议从八个方面对这些突出问题进行了深入分析，并有针对性地提出了改正办法，号召全体同志要积极用无产阶级思想克服各种非无产阶级思想，与一切错误思想划清界限。1935年的遵义会议也是党及时纠正党内思想错误的典型。在党的指导思想经历了以瞿秋白为代表的"左"倾盲动错误，李立三的"左"倾冒险主义，特别是王明的"左"倾教条主义之后，党的建设和中国革命事业发展都遭受了重大挫折。在生死存亡的关键时刻，党召开了遵义会议。会议以科学的马克思主义立场、观点和方法，对

---

① 《建党以来重要文献选编（1921—1949）》第4册，中央文献出版社2011年版，第410页。

② 《建党以来重要文献选编（1921—1949）》第4册，中央文献出版社2011年版，第410页。

一系列错误政策背后的错误思想进行了深入分析和批评。党坚持真理，修正错误，使党从“左”倾教条主义的束缚下解放出来，并提出了正确方向。正如遵义会议决议中所提到的：“党勇敢的揭发了这种错误，从错误中教育了自己，学习了如何更好的来领导革命战争到彻底的胜利。”[①]1938年，党的六届六中全会继续对党内存在的错误思想倾向进行了批评和纠正。由于王明对中国的抗战形势、国共的力量对比认识不清，加之自身存在的教条主义倾向，在实际工作中过度看重共产国际的指令，因此陷入右倾投降主义的误区。为了防止这种错误倾向影响扩大化，党在六届六中全会上鲜明地指出了关门主义、投降主义等错误倾向的危害，批判了“一切经过统一战线”“一切服从统一战线”的主张。并且提出了“马克思主义中国化”的科学命题，将全党的思想认识引领到正确的方向上。

回顾党在新民主主义革命时期的历次重要会议，可以看到党正是在不断同党内各种错误思想作斗争的曲折中不断前进的。数次会议对党内错误思想的揭露、批评和纠正，深刻体现了中国共产党的自我革命精神。这种敢于暴露问题，善于改正错误的态度和勇气，极大地鼓舞了党内同志和广大群众，也是党能够及时扭转思想，不断朝着正确方向前进的不竭动力。

（二）从理论高度深刻剖析错误思想的实质

新民主主义革命时期，中国共产党同党内各种错误思想进行的斗争实践是长期的、深刻的。以毛泽东同志为主要代表的中国共产党人通过撰写文章、会议讲话、公开宣讲等方式，从理论的高度对党内存在的错误思想和倾向予以回应。并且在直面错误、揭露错误的基础上，更加全面深入地分析错误产生的原因、正确评价错误、积极纠正错误，真正使各种思想错误的实质和根源显露出来，为党肃清错误思想、抵御不良倾向奠定坚实的理论根基，提供科学的路径指引。

1929年，毛泽东在《关于纠正党内的错误思想》一文中，对各种非无产

---

① 《建党以来重要文献选编（1921—1949）》第12册，中央文献出版社2011年版，第66页。

阶级思想的来源、各种非无产阶级思想在红四军中得以存在和发展的重要原因、表现以及纠正的方法等进行了深入分析和阐述。这使得党员同志及红四军战士们对这些隐匿在身边的错误倾向有了较为清楚的了解，继而对纠正办法形成认同，为在全军彻底肃清此类非无产阶级思想奠定了基础。1930年，针对当时党内和军队中出现的“唯上”“唯书”的错误思想，毛泽东写下了《反对本本主义》一文，对教条主义的不良作风作了深刻的分析，反对僵化运用书本知识和马克思主义理论，并提出“中国革命斗争的胜利要靠中国同志了解中国情况”①的深刻结论。1937年，为了批判党内长期存在的教条主义和经验主义，毛泽东以深厚的理论基础和哲学底蕴写下了一系列重要论著，《实践论》从“认识论”和“实践论”出发来分析问题，深度揭示了“左”倾、右倾的错误本质。《矛盾论》揭示了教条主义者不懂得“矛盾的特殊性”“人类认识的两个过程”等真理，强调这是部分党员在思想上发生偏离的深层原因。并且《矛盾论》从矛盾运动的角度，科学地看待党内出现的各种错误思想，提出“党内不同思想的对立和斗争是经常发生的，这是社会的阶级矛盾和新旧事物的矛盾在党内的反映。党内如果没有矛盾和解决矛盾的思想斗争，党的生命也就停止了”②。这反映出中国共产党对于党内思想争论的科学态度以及坚守真理阵地的信心与决心。同年，在《反对自由主义》一文中，毛泽东深刻分析了党内存在的自由主义错误倾向，并提出一个真正的共产党员，理应拥有敢于同错误思想倾向作斗争的品质，“无论何时何地，坚持正确的原则，同一切不正确的思想和行为作不疲倦的斗争，用以巩固党的集体生活，巩固党和群众的联系”③。并号召广大党员团结起来，反对自由主义的错误倾向，坚持真理。1940年在中央政治局会议之后，毛泽东又集中撰写了《驳第三次“左”倾路线》《反对主观主义和宗派主义》等文章，以鲜明的立场和严厉的笔锋再次对“左”倾错误和主观主义不正之风展开了深刻的揭露与批判。

---

① 《毛泽东选集》第1卷，人民出版社1991年版，第115页。

② 《毛泽东选集》第1卷，人民出版社1991年版，第306页。

③ 《毛泽东选集》第2卷，人民出版社1991年版，第361页。

正是在这样积极同错误思想作斗争并严谨审慎地分析错误思想的过程中，真理越辩越明，全党的思想鉴别能力得到了有效提升，也推进党内思想逐步实现了高度统一。

（三）以整风形式净化思想并形成高度总结

1941年到1945年，针对党内严重的主观主义、宗派主义、党八股等问题，党开展了意义重大、影响深远的延安整风运动。当时抗战进入相持阶段，党内的错误思想极易消解广大党员的马克思主义信仰，动摇抗战决心。加之延安时期，党员数量大幅增加，急需对其进行思想教育，所以适时开展党内思想净化是十分必要的。不论从内容上、规模上还是影响上，延安整风运动都是党内在思想领域进行的一次深刻自我革命。

首先，整风运动探索出"惩前毖后，治病救人"这一科学且行之有效的管党治党方针。整风期间，全党对宗派主义、主观主义、党八股以及自由主义等错误思想和不正之风进行了全面揭露、展开了严肃批评。并且号召广大党员对这些错误思想要有清醒的认识和了解，同时对照自身实际情况做出总结，勇于指出自己或他人在思想上存在的不足，进行一次彻底的思想净化。整风运动的宗旨是"惩前毖后，治病救人"，要以科学端正的态度指出部分同志思想上存在的问题，帮助其找到问题产生的根源，采用教育的方式予以帮助，促使他们在今后的工作中得到改正提升，而不是一味地批判，要做到在思想上批判从严，而在组织上处理从宽。通过整风运动，党深刻认识到了扩大的六届七中全会上指出的，过去党在同错误思想作斗争时存在一些缺点，比如改造中缺乏步骤，没有恰当指出改正的方法，太注重个人责任，等等，并提出今后在进行党内思想斗争时，要避免这种缺点，遵循正确方针。

其次，将同错误思想作斗争的经验教训上升到了历史决议的高度。1945年，党的六届七中全会通过的《关于若干历史问题的决议》，是对党过往实践的全面总结，亦包含了党同各种错误思想作斗争的历程回顾。决议坚持马克思主义的辩证唯物主义和历史唯物主义，全面梳理了各种错误思想和倾向在不同时期、不同领域上的具体表现，对党内各种错误思想进行了总结。决议提出："一切政治上、军事上和组织上的错误，都是从思想上违背马克思列宁主义的辩证唯物论和历史唯物论而来，都是从主观主义和形式主义、教条主义和经验主义而来。"[①]以此强调坚持同错误思想作斗争对党各项事业的重要意义。并且发出号召："全党应该警觉：要使党内思想完全统一于马克思列宁主义，还需要一个长时期的继续克服错误思想的斗争过程。"[②]教育党员干部要高度重视，时刻警惕，从而彻底克服教条主义、经验主义、宗派主义、山头主义等倾向。

延安整风运动较为彻底地纠正了党内部分同志的错误观点，使其对主观主义、教条主义等有了正确的认识，真正从错误观念的蒙蔽中解放出来，使全党上下的思想都得到了净化，从而增强了党的先进性、纯洁性和凝聚力，为革命的最终胜利注入了强大的精神动力。同时，党对思想斗争的认识逐步深化，方法日益科学，党的自我革命理念也逐步深入人心，这为之后进一步肃清错误思想，开展思想教育奠定了良好基础。

总之，在整个新民主主义革命历程中，党内的思想斗争是一直存在的，坚持真理就要同这些错误思想和倾向作不间断的斗争。在这个过程中，党始终以思想革命引领武装斗争和自身建设，在纠错纠偏的长期实践中，最终领导中国人民取得了新民主主义革命的胜利。

二、社会主义革命和建设时期，在曲折中努力纠正自身错误

社会主义革命和建设时期，由于社会主义建设经验不足，对社会主义建设规律和科学理论缺乏成熟的认识，党在实践探索过程中出现了一些偏差与失误。但党始终能够正视自己的问题，努力纠正自身错误，不断在挫折中奋起。因此在曲折发展中也取得了一些成就，同时为党之后自我革命进程的推进提供了宝贵的经验教训。

---

① 《毛泽东选集》第 3 卷，人民出版社 1991 年版，第 990 页。

② 《毛泽东选集》第 3 卷，人民出版社 1991 年版，第 998 页。

（一）党的领导干部能够正视并带头承认错误

领导干部，尤其是党的高级领导干部的先进性是政党先进性的重要体现。在社会主义革命和建设时期，社会主义建设事业取得了一定成就，也经历过挫折。我们党能够在曲折中不断前进，关键就在于党内领导干部从不惧怕党内同志和党外群众的批评声音，能够及时发现并主动带头承认错误，从而树立起了面对失误的正确态度，在党内营造起正视问题、坚持真理的良好氛围。

在社会主义制度建立之后，我们党开启了社会主义的建设之路。但是由于缺乏经验和科学认识，加之“左”倾错误的影响，对国民经济和社会发展都造成了不小的损失。但党也很快地觉察到了其中的问题。为了及时纠正错误，总结经验教训，将社会主义建设事业尽快拉到正轨上来，党在1962年初召开了一次扩大工作会议。此次会议史称“七千人大会”，这是党勇于自我批评、纠正错误的典范。会议上，党面对台下的民主党派和无党派人士、全国各地的干部和党员同志，公开陈述了1958年以来国内工作的失误，并说明了责任在中国共产党，主要责任在党中央。毛泽东带头进行了自我批评：“凡是中央犯的错误，直接归我负责，间接的我也有份，因为我是中央主席。我不是要别人推卸责任，其他一些同志也有责任，但是第一个负责的应当是我。”[①]并强调各级各地的书记，对于工作中的缺点错误要担起责任来，“不负责任，怕负责任，不许人讲话，老虎屁股摸不得，凡是采取这种态度的人，十个就有十个要失败”[②]。

在这样的氛围下，其他中央领导和与会干部也主动承认错误，进行了自我批评。“七千人大会”在领导人带头承认错误、敢于自我批评的带动下，既消除了党内存在的思想顾虑，统一了认识，增强了团结，也坚定了全体党员带领人民继续推进社会主义建设事业的决心和信心，极大促进了经济的平稳恢复和发展。毛泽东在会上提到“我们的态度是：坚持真理，随时修正错

① 《建国以来重要文献选编》第15册，中央文献出版社1997年版，第121页。
② 《建国以来重要文献选编》第15册，中央文献出版社1997年版，第121页。

误”[①]，为广大党员正视问题并带头改正问题做出了重要表率，深刻体现出了一个先进性政党应有的格局与气度。

（二）以严谨审慎的态度分析并纠正错误

社会主义建设事业不是一帆风顺的，过程中走了许多弯路，也犯了一些错误。但党始终具有发现问题、分析问题、解决问题的主动性，不仅着眼于错误本身和表面现象，更勇于将矛头指向自己，挖掘党自身在领导和建设上的不足，从而从实践中吸取教训，为之后的工作提供镜鉴。在纠正错误时，党从不回避问题也不轻视问题，而是在多方考量的基础上，以严谨审慎的态度提出纠正错误的方法。

1961年1月，国民经济处于困难局面，经济工作中还存在比例失调、发展失衡等复杂问题，急需进行调整。基于这种情况，党的八届九中全会召开并提出了“调整、巩固、充实、提高”的八字方针。这是党经过调查分析，为纠正错误，应对困难而提出的重大决策。这一经济方针的提出和落实，使得国民经济和其他领域的各种关系得到了及时调整，为改善人民生活水平作出了贡献。1962年的“七千人大会”更是一次对党的失误进行深入剖析并进行积极纠正的重要会议。刘少奇在报告中对“大跃进”的错误原因进行了阐述，他提到除党在建设工作中存在经验不足的问题外，其中一个重要原因就是党内存在许多领导干部违反了党的实事求是和群众路线的传统作风。不难看出国内面临的困难，遭受的损失，大多是因为党在工作中作风上的错误。因此毛泽东高瞻远瞩地提出，党在社会主义建设上还有很大的盲目性，“社会主义建设，从我们全党来说，知识都非常不够”[②]。从长期来看，我们党要加强学习，积累经验，在实践中逐步加深对社会主义建设的认识，弄清楚它的规律。毛泽东着眼长远，从党自身的不足出发，对“大跃进”期间出现的工作失误进行客观分析，从而为下一步的工作整改提供了方向。会议在分析失误原因的基础上，从十个方面提出了调整的主要任务，对之后十年的社会

---

① 《建国以来重要文献选编》第15册，中央文献出版社1997年版，第115页。

② 《建国以来重要文献选编》第15册，中央文献出版社1997年版，第129页。

主义建设作出了规划。此外，还对党的工作和作风提出了进一步的要求，强调要恢复实事求是、群众路线的优良作风，切实抓好国民经济的调整工作。这一系列举措使经济工作中的“左”倾错误得到纠正，推动了国民经济的恢复和发展。此外还为“反右倾”运动中被错误批判的大多数同志进行了甄别平反，给被划为“右派分子”的大多数人摘掉了帽子。这些正确果断的经济和政治举措，对一定时期内党的各项工作的继续推进都具有重要意义。

总之，在面对社会主义建设过程中的失误时，党清醒认识到自身经验的不足和认识的局限，能够从自身出发，深刻剖析根源，及时纠正，彰显了深刻的自我革命精神。党纠正错误的一系列实践，都是基于对错误的深刻分析和反省，是在民主集中制下共同商讨研究的结果，因而是科学的、有效的。这一过程中，党及时改变具体政策，力求将损失降到最小的勇气与决心，体现出了中国共产党坚定纠正自身错误的决心和魄力。

三、改革开放和社会主义现代化建设新时期，坚持解放思想、实事求是

党的十一届三中全会以来，中国进入了社会主义现代化建设的新时期。中国共产党立足中心任务，着眼于改革开放和社会主义现代化建设的大局，推动各领域发生了翻天覆地的变化，各方面取得了举世瞩目的成就。任务越繁重，阻力也就越明显，在“摸着石头过河”的探索过程中，党始终坚持解放思想、实事求是，始终坚定马克思主义的真理立场，始终保持自我革命精神，在各种机遇与挑战中深入推进自我革命，将各项事业不断推向更高台阶。

（一）冲破党内的思想禁锢和观念束缚

改革开放和社会主义现代化建设新时期，要想实现拨乱反正，打开各项工作的新局面，就急需冲破党内的思想禁锢和观念束缚。经过关于真理标准问题的大讨论、十一届三中全会对“解放思想，实事求是”思想路线的重新

确立、对领导人是非功过及历史事件的正确评价等，党内思想得到了解放与革新，为之后各项工作的开展奠定了良好的基础。

首先，开展关于真理标准问题的大讨论。粉碎“四人帮”后，面对“文化大革命”的错误亟须纠正和党内存在严重的思想束缚的现实情况，通过开展思想解放运动，厘清党内的错误思想成为必然。1978年5月11日，《实践是检验真理的唯一标准》一文在《光明日报》公开发表。这一文章的发表引发了广大党员和群众对真理标准问题的热烈讨论。由于这场讨论参与人数众多，涉及范围较广，且讨论深度较大，在各方的助推下发展成了一次影响深远的思想解放运动，更是全党在思想上的一次深刻的自我革命。正如邓小平同志所说：“一个党，一个国家，一个民族，如果一切从本本出发，思想僵化，迷信盛行，那它就不能前进，它的生机就停止了，就要亡党亡国。”[①]这深刻启示着党必须防止党内思想固化现象的发生，注重思想上的解放。其次，重新确立“解放思想、实事求是”的思想路线。1978年12月，在党的十一届三中全会上，中国共产党以实事求是原则为指导，彻底清算了过去在建设社会主义问题上的“左”倾错误，打破了“两个凡是”的束缚，恢复了“解放思想、实事求是”的思想路线。这是全党在长期错误路线和僵化思想影响下的一次伟大觉醒，中国共产党以强烈的自觉意识和超然的政治勇气，对自己过往的错误实行了“清算”，使党员干部在思想上取得了一致，在此基础上拉开了新征程的序幕。此外，党正确评价了领导人的是非功过。能够以正确的态度科学评价和对待领导人的是非功过，是党在思想上具有先进性的一个重要表现。1981年，党的十一届六中全会通过了《关于建国以来党的若干历史问题的决议》。决议正确区分了毛泽东思想和毛泽东晚年错误，既高度肯定了毛泽东思想在党的事业发展中所发挥的重要作用，也直面毛泽东晚年的错误，对毛泽东思想进行了较为科学的评价。勇于承认错误，敢于评价错误，并不是全盘否定和一味批判，深刻体现出中国共产党人实事求是的正确态度和科学的自我革命精神。

---

① 《邓小平文选》第2卷，人民出版社1994年版，第143页。

回顾历史，在深刻的自我剖析的指引下，中国共产党敢于对僵化思想提出反对意见，敢于冲破固有观念的束缚，敢于坚持“解放思想、实事求是”的正确思想路线。这一过程深刻体现了中国共产党人破除思想禁锢的巨大政治勇气，不断实现思想解放的坚强决心，从而纠正了过去的错误，打开了之后各项工作的全新局面。

（二）将思想解放进行到底

党的十一届三中全会之后，长期影响国家和社会发展的组织、思想、政治路线上的错误得以纠正，改革开放之路正式开启。改革开放为中国带来了新的机遇，同时也出现了许多新问题、新挑战，党以将思想解放贯彻到底的决心，在各种质疑与否定中拨乱反正，清除了党内存在的诸多错误思想，坚定了带领人民群众走改革开放正确道路的决心。

随着改革开放的不断深入，部分党员及人民群众对发展过程中的新事物、新政策、新思想持怀疑态度。同时，20世纪90年代初，受世界社会主义运动低潮影响，人们对社会主义的发展前途信心不足。一时间有关“中国的改革是何种性质的”“姓‘社’还是姓‘资’”“市场经济是否会让社会主义‘变质’”等争论开始兴起。这种绝对的二元对立思维和对改革开放的怀疑态度严重制约了社会前进的步伐，如果这些问题不能得到及时的回应和解决，中国的改革事业便可能走上歧途。面对这种情况，以邓小平同志为主要代表的中国共产党人直面问题，坚持真理，深入分析争论的思想根源，着力破解分歧，不断推进思想解放，以突破“旧我”来获得“新生”。尤其是1992年邓小平同志的“南方谈话”，坚持“解放思想、实事求是”的思想路线，深刻回答了长期困扰和束缚人们思想的许多重大问题。在计划和市场的属性问题上，他对计划经济和市场经济的属性进行了正确解答，提出“计划和市场都是经济手段”[①]，不能简单地将计划和市场分别看作社会主义和资本主义的专属。在关于社会主义本质问题上提出“社会主义的本质，是解放生

① 《邓小平文选》第3卷，人民出版社1993年版，第373页。

产力，发展生产力，消灭剥削，消除两极分化，最终达到共同富裕”①。在对改革开放的评价上，提出了“三个有利于”的明确标准。同时指出“改革开放胆子要大一些”，“看准了的，就大胆地试，大胆地闯”②。这些论断不仅从理论高度回应了社会的激烈争论，也为改革开放指明了方向，可以说是党的历史上的一次关键的思想解放。

在改革开放的进程中，中国共产党始终以思想解放作为先导，始终注意正确区分各种错误思想，并同这些错误思想进行积极斗争，从而始终保持党内思想的科学性，推动各项改革事业不断向纵深发展。在此过程中，我们党敢于冲破思想观念的束缚、突破利益固化的藩篱，破除各方面体制机制弊端，以自我革命推动伟大社会革命，把改革开放不断推向前进，开启了我国发展的历史新时期。

（三）坚决抵御各种不良倾向的影响

改革开放和社会主义现代化建设新时期是我国建设发展的关键期，这一时期发展速度之快前所未有。同时也是各种思潮迭起的社会转折期，这一时期社会的思想观念和价值取向趋于多元化，各种思潮纷纭激荡。在这样的背景之下，中国共产党时刻保持清醒的头脑，密切关注社会思潮的发展态势，始终坚持马克思主义在意识形态领域的指导地位，以坚定的马克思主义信仰不断抵御各种不良倾向的影响，并积极寻求新举措和新办法，从而保证了党内思想的纯洁性。

改革开放以来，不间断地出现了各种“主义”和“论断”，诸如新自由主义、民主社会主义、历史虚无主义、民粹主义，还有改革开放失败论、全盘西化论、社会主义消亡论、马克思主义过时论、历史终结论，等等，极大影响了社会稳定和党的领导。面对这些错误思想，党高举马克思主义的旗帜，坚持捍卫马克思主义的指导地位，以坚定的立场、积极的态度、有力的举措回应了多种错误社会思潮的挑战和攻击。在改革开放的进程中，邓小平

① 《邓小平文选》第3卷，人民出版社1993年版，第373页。
② 《邓小平文选》第3卷，人民出版社1993年版，第372页。

在大力发展经济的同时，十分重视意识形态工作。他强调要以一元化指导思想来引领多样化的社会思潮，这就要求必须坚决维护马克思主义在意识形态领域的指导地位。这为党的意识形态领域工作奠定了坚实基础，有力推动了社会主义意识形态理论的发展，也为引领社会思潮提供了理论指导。此后，党始终高度关注意识形态领域问题，将其作为关乎党的事业兴衰成败的重要工作来推进。在始终坚持马克思主义的科学指导下，党保持了自身的先进纯洁，不断继承和发扬党的优良作风，以优良的党风政风带动社会风气焕然一新。中国共产党应对和引领各种社会思潮的过程，也是始终坚持真理、抵御错误倾向干扰的过程，在一系列理论与实践的探索中，马克思主义在意识形态领域的指导地位日益巩固，党内思想的坚定性和纯洁性也得到了进一步增强。

改革开放和社会主义现代化建设新时期，中国共产党进行的一系列理论与实践探索，都是在坚持真理、修正错误的立场下进行的，都是在坚持解放思想、实事求是的原则指导下进行的。《关于建国以来党的若干历史问题的决议》中就明确指出，只要我们党始终采取坚持真理，修正错误这个立场，“必将引导我们取得更大的胜利”[①]。自觉坚持真理，始终同错误思想进行斗争，深刻体现出了中国共产党始终坚持自我革命的崇高品质。

第三节　中国共产党推动组织队伍自我提升的历程

一支坚强有力的组织队伍是中国共产党能够充分发挥领导力，不断推进国家各项事业发展的关键所在。自成立之日起，中国共产党就高度重视自身组织队伍的建设，以高度的自我革命精神和行动魄力持续推进组织队伍的净化与提升。新民主主义革命时期，以严格的纪律规范组织管理；社会主义革

① 《改革开放三十年重要文献选编》上，中央文献出版社2008年版，第188页。

命和建设时期，持续提升对党员及干部的要求；改革开放和社会主义现代化建设新时期，强调以制度建设提升组织队伍。在将强烈的自我革命精神融入推动组织队伍自我提升的实践过程中，党的执政能力不断加强，执政基础不断夯实，从而推动了党和国家各项事业的稳步前进。

一、新民主主义革命时期，以严格的纪律规范组织管理

新民主主义革命时期，中国共产党将广泛的社会力量动员起来、组织起来，逐渐壮大了自己的队伍。并且在这一过程中，党高度重视组织纪律，以强烈的自我革命意识实行了一系列有效举措，通过颁布法律法规、设立监察机构、规范党员行为等充分发挥了组织纪律的约束力。这一时期，党始终以严格的纪律规范组织管理，从而得以在内忧外患的艰难处境中不断发展壮大，彰显出高度的政治自觉和革命魄力。

（一）颁布法律法规，加强纪律建设

严明的纪律是政党建设的重要保障。对于中国共产党来说，只有制定严明的纪律，以严明的纪律要求广大党员，才能确保党的长期执政。早在建党之初，组织纪律问题就被摆在了党内建设的突出位置。党通过颁布法律法规，制定相关条例，为党内组织纪律建设提供了基本遵循和科学指引。

1921年7月通过了《中国共产党第一个纲领》，在不长的篇幅中包含了大量有关党内纪律的要求，并鲜明地指出要重视对党内组织生活的监督。1922年在中国共产党第二次全国代表大会上，制定出台了《中国共产党章程》，其中专门设置了“党的纪律”这一章节，对党内纪律作出了明确的规定，为推进自我革命提供了文本遵循。此外，党的二大还通过了《关于共产党的组织章程决议案》，其中强调了严密的集权的有纪律的组织与训练对于革命党和革命运动的重要性，体现了中国共产党强烈的自我革命意识和对自身组织队伍建设的高度要求。1938年11月，党的六届六中全会召开，制定并颁布了《关于中央委员会工作规则与纪律的决定》《关于各级党部工作规则与纪律

的决定》等一系列有关组织纪律的文件，规定了党内权力运行的具体规范，严明了党内政治纪律和规矩，也为深化党的自我革命提供了更加有力的法规保障。1945年，党的七大对《中国共产党章程》进行了修订。其中总纲中明确提出："在党内不容许有离开党的纲领和党章的行为，不能容许有破坏党纪、向党闹独立性、小组织活动及阳奉阴违的两面行为。"①进一步明确了党章党规的约束力，将党员行为规范在了基本的纪律框架中。1948年，在西柏坡召开的九月会议上，通过了《中央关于各中央局、分局、军区、军委分会及前委会向中央请示报告制度的决议》，对中央和地方的权力权限做了进一步的划分和界定。

从一系列法律法规的出台和颁布来看，在外部环境复杂和自身发展艰难的处境下，中国共产党始终敢于直面问题，以严格的纪律规定着力规范党员干部行为，有效克服了党的队伍中存在的作风不良等现象。这既是增强党组织的战斗力，提升政党先进性的有效做法，也是党在革命战争环境中始终坚持进行自我革命的生动体现。

（二）设立监察机构，监督纪律落实

严格的组织纪律和组织监督是马克思主义政党的鲜明特征，也是中国共产党推进组织队伍不断提升和净化的重要保证。自成立之日起，党就十分注重对各级党组织和党员的纪律要求与监督约束，除了进行持续的思想教育和颁布相关法律法规，设立监察机构也是保证党的纪律规范能够落实的必要条件。

党的纪律监察机构是在持续的理论思考和革命斗争过程中逐步建立起来的。党成立之初，各项事业还未步入正轨，加之党员数量较少，所以并未在党内专设纪律监察机构。但这一职能并未落空，主要由各级执行委员会承担，纪律监察事务成为中央和各级执行委员会日常事务中的一部分。此后，随着革命斗争的进行，党内出现脱离组织甚至叛变的不坚定分子，严重破坏

① 《建党以来重要文献选编（1921—1949）》第22册，中央文献出版社2011年版，第535页。

党的纪律和集中统一，尤其在“四一二”反革命政变之后，党的组织遭到破坏，急需设立专门的纪律监察机构来维护党的纪律。在这样的背景之下，党的五大正式决定建立中央监察委员会。委员会经选举成立后立即履行职能，严肃处理了党员队伍中违反党的纪律的部分党员，为保证党内纯洁、严肃党内纪律作出了贡献。同年，在修订党章时专列了“监察委员会”一章，形成了党委与监察委员会彼此制约、相互监督的制衡机制。但随着形势发展，斗争环境日益复杂尖锐，监察委员会的职能并未真正得到落实，所以在党的六大上，这一委员会被撤销。直至1933年，中共中央决定成立中央党务委员会来承担纪律检查的职能，同时在中央苏区设立了省县监察委员会，在加强党内纪律监察方面进行了许多有益的探索。随着党对自身建设的不断探索，对组织纪律的进一步把握，1945年党的七大将党的纪律的特征、要求、意义等列入党章的总纲部分，并且在新修订的党章中突出了对党的监察机构的重视，专列一章规定了监察机构的产生、职能以及领导体制等。这为新中国成立以后建立党的各级纪律监察机构奠定了基础。

回顾党在新民主主义革命时期对纪律监察机构的探索过程，可以看到中国共产党始终有强烈的自我监督意识和自我约束能力，竭力通过设立专门的纪律监察机构来推进自我革命。也正是由于这种意识和能力，党才能在复杂的内外部环境中不断克服困难，纠正错误，实现持续发展。

（三）严明组织纪律，规范党员行为

党员队伍建设是加强组织管理的关键，新民主主义革命时期，中国共产党高度重视党内纪律，在长期的斗争实践中，不断严格入党程序，提升党员要求，清除不合格党员，以严明的组织纪律规范党员行为，以此来保持党员队伍的纯洁性和战斗力。

早在党的二大通过的《中国共产党章程》中就对党员纪律作出了详细的规定，比如党员的入党条件、入党手续、需要遵循的组织纪律等，并且明确提出了六种需要开除出党的违纪情况，对党员提出了初步要求。随着党的队伍不断扩大，党员人数逐步增加，一些腐败分子、投机分子开始混入党内，

影响了党员队伍的先进性和纯洁性。为此，1926年，中共中央扩大会议发出《坚决清洗贪污腐化分子》的重要通告，其中指出，对于这些破坏党内纪律的腐化分子，“所以应该很坚决的洗清这些不良分子，和这些不良倾向奋斗”[①]。体现出了中国共产党对自身队伍建设的高度警惕，也表明了党在惩治腐败、净化组织上的决心和意志。在艰辛的革命斗争环境下，更加需要党以严明的纪律来约束和提升组织队伍。土地革命时期，由于党内贫农、雇农、小资产阶级成分增多，这些党员身上还带有浓厚的封建意识和不良习气，缺乏纪律意识。1928年，毛泽东提出了“三大纪律、六项注意”，以明确具体的纪律要求来约束党员行为。并且开展了“厉行洗党”运动，即通过具体的整顿方法对党员队伍进行了清洗和净化。通过对党内现有的广大党员进行重新登记，在此过程中清除了一大批不符合要求的党员，保障了党员队伍的纯洁性，增强了党员队伍的战斗力。1929年，毛泽东在《古田会议决议》中也着重强调了组织纪律的重要性，进一步明确了党员要求，提出对“如政治观念错误，吃食鸦片，发洋财及赌博等，屡戒不改的，不论干部及非干部，一律清洗出党”[②]。这是对党内纪律松散状况的一次及时纠正，对加强党员干部的自我要求，明确党的纪律建设方向具有重要作用。

严把党员入口关，不断提升对党员的要求是党严肃组织纪律的必要保证。1939年，党中央强调了在组织上巩固党是完成党的政治任务的决定因素。要求各地党组织一定要“进行个别的慎重的经过审查的征收新党员，纠正追求数目字与采用突击方式的错误，只求精不求多”[③]。1945年中共七大通过的《中国共产党章程》中明确表示：“中国共产党必须用不调和的但是适当的斗争对待内部的机会主义者、投降主义者、冒险主义者，并将其中坚持错误的人清除出党，以保持自己队伍的统一。”[④]以刀刃向内的勇气和纪律严明的举措，不断加强党员队伍建设，切实保证了党在组织上的先进性和纯

① 《建党以来重要文献选编（1921—1949）》第3册，中央文献出版社2011年版，第348页。
② 《建党以来重要文献选编（1921—1949）》第6册，中央文献出版社2011年版，第737页。
③ 《建党以来重要文献选编（1921—1949）》第16册，中央文献出版社2011年版，第580页。
④ 《建党以来重要文献选编（1921—1949）》第22册，中央文献出版社2011年版，第534—535页。

洁性。

新民主主义革命时期，党通过不断严明组织纪律来规范党员行为，这是基于党对自我净化的高度重视，对自我要求的不断提升。革命者必先自我革命，在一系列卓有成效的举措之下，党的组织领导力得到逐步提升，自我革命的政治勇气得到充分彰显。

二、社会主义革命和建设时期，持续加强对党员及干部的要求

社会主义革命和建设时期，党的自身地位和角色职能都发生了变化，但对自身建设的要求没有松懈。党始终依据社会革命的主要任务和客观要求来确立自我革命的方向，通过严格把控入党关口、重视加强监督检查、广泛开展教育培训等一系列切实举措，持续加强对党员及干部的要求，在此过程中不断将党的自我革命事业推向深入，并为稳固新生政权，推进社会主义革命和建设事业提供了强有力的组织保障。

（一）严格把控入党关口

革命胜利后，为了壮大党员队伍，巩固执政地位，党发展了大批新党员。但由于过于注重对党员数量的追求，造成了在扩大规模的同时，使得一些尚不满足党员条件的人员趁机混入党内，甚至是一些坏分子也加入党员队伍之中，这也就使党员队伍的质量无法得到保障。因此，党组织对党员标准和入党程序进行了明确和规范，严把准入关卡，从而为提升党员队伍的整体素质奠定基础。

首先，在组织程序上形成一定的规范。如党员的接收、发展情况必须向上级递交报告，各级组织单位不能自行随意接收和发展党员，必须获得上级组织单位的同意。从个人来说，也要避免在入党思想和行动上的随意性，需要按要求严格填写并递交申请书，自觉接受党组织的考察与检验。只有达到党组织的要求，具有良好入党动机和表现的人员，才能加入党的组织之中。同时，出台了一系列政策方针来规范党员发展。1950年5月，中共中央发布

了《关于发展和巩固党的组织的指示》。这一指示对新中国成立以来党的组织工作进行了总结，并对之后发展党员的工作重点以及党员成分的比例问题进行了指示。要求在接收新党员时，要实行严格的控制和审查，包括其入党动机是否正确、是否符合入党条件等，这为各级党组织的相关工作提供了指导。之后在中共七届三中全会的报告中，毛泽东再次强调要坚决地执行中央关于巩固和发展党的组织的指示，他讲道："今后必须采取谨慎地发展党的组织的方针，必须坚决地阻止投机分子入党，妥善地洗刷投机分子出党。必须注意有步骤地吸收觉悟工人入党，扩大党的组织的工人成分。在老解放区，一般地应停止在农村中吸收党员。"[①]这较为具体地阐述了当时党在发展党员问题上的政策导向。1951年，刘少奇在第一次全国组织工作会议的总结中，提到了当前党组织中确实存在一些不符合要求的党员，并且指出了这种情况存在的原因就是过去在发展党员时降低了标准。他指出在新形势下，我们对党员的标准不应该降低，反而要提高。"必须是成分好，历史清楚，对党忠诚，有实际的阶级觉悟并表现积极，又懂得共产主义与共产党的事业，愿意遵守党纲党章的人，才能被接收为党员。"[②]这既阐明了接收党员的具体要求与条件，也体现出党重视提升党员质量的鲜明导向。

这一时期，中国共产党在不断壮大党员队伍的过程中始终坚持高标准、严要求，以高质量、高水平的党员队伍来实现组织队伍的自我提升。也是在这样的方针指导下，党员队伍的建设水平得以不断提高，党的先进性和纯洁性得以有效保障。

（二）重视加强监督检查

社会主义革命和建设时期，虽然党员队伍中先进分子始终占绝大多数，但是其中也有一些落后分子、投机分子甚至是反动分子。党十分重视对党员队伍的监督和审查，这既加强了对党员的约束和要求，也净化了党内生态，推进了党组织的自我完善与发展。

---

① 《毛泽东文集》第6卷，人民出版社1999年版，第72页。

② 《刘少奇选集》下卷，人民出版社1985年版，第70页。

新中国成立之后，在执掌全国政权的历史条件下，如何保持自身的先进性，如何保持与群众的血肉联系，成为党面临的新考验和新问题，也是党需要在实践中不断回答的重大课题。为此，1949年11月，中共中央作出了成立中央及各级党的纪律检查委员会的决定，旨在通过建立纪律检查委员会加强对党员的监督检查。此后，逐渐从中央到地方大部分地区建立了纪律检查委员会，并且逐渐配备专职的纪检干部。党的纪律检查系统不断完善，通过审查和处理党员干部的违纪行为，在党内进行持续的纪律教育等方式，为严肃党的纪律、净化组织队伍做了大量工作，成为党推进自我革命的重要手段。为了切实解决党员队伍中存在的各种不良倾向和问题，1951年到1954年期间，党还开展了全国范围内的审干工作。重点关注了党员的政治背景、党性修养等方面，对党员情况进行了逐一登记，过程中对一些贪污受贿、官僚主义、脱离群众的现象进行了严肃处理，也对有严重过错的、混入党内的破坏分子等进行了坚决清除。审干工作总体上取得了一定成效，是对党组织的一次深度净化。1956年，党的八大提出了《中央监察委员会工作细则》，并且着眼长远，从制度建构和机构完善上对加强党内的纪律监督检查作出了规定，为党开展自我革命提供了制度支撑。

通过对党员干部的监督和审查，肃清了一批违反规定、不符合标准的党员，纯洁了党员队伍，实现了组织净化。对党员干部的监督检查是一项需要长期进行的系统性工作，需要在实践中不断推进。

（三）广泛开展教育培训

新中国成立后，党在有序扩大组织队伍的同时，也更加注重对已有党员的管理和教育。在严格的监督检查之外，党在各级各类干部中广泛开展教育培训，例如，社会主义理想信念教育、马克思主义理论教育、专业化教育培训等。通过教育培训，党员队伍的理论水平和各项能力都有了明显提升。这为党和国家的各项事业提供了宝贵的人才资源，同时也将党的自我革命事业引向深入。

新中国成立初期，全国大部分地区的党员构成是以农民、工人、小手工业者为主的，党员队伍文化水平普遍较低。这就导致面对新的形势和工作局面，部分党员缺乏应对能力，不能很好地理解和贯彻实施党的各项任务要求，致使很多工作无法开展。在社会主义革命和建设的关键时期，党清楚地认识到了自身能力的不足，并且以强烈的自我革命精神加紧对党员及干部的教育培训，以此来提升党的执政能力，夯实执政地位。首先是社会主义理想信念教育。开展社会主义理想信念教育是保证党员发展方向的重要举措，党注重将社会主义理想信念教育贯穿于各项工作之中，提升党员和干部的政治站位，尤其在对落后分子、不符合要求的党员进行改造时，始终遵循教育改造为主的方针，确保党员的思想水平和政治水平符合要求，增强党组织的凝聚力和战斗力。其次是马克思主义理论教育。作为马克思主义政党，必须加强对党员队伍的理论教育。党在这一时期陆续开办了各级各类党校，对党员干部进行系统化、常态化的教育培训。1950年10月在《中共中央关于在职干部学习问题的通知》中，号召全体党员干部自觉投身于马克思列宁主义科学真理的学习中去，对学习的形式、时间、途径等提出了较为具体的指导。1951年3月，中共中央发出的《关于加强理论教育的决定（草案）》中也指出要加强对广大党员毛泽东思想的教育，增强党员对马克思主义理论的认识和理解。最后是专业化的教育培训。党注重加强对党员干部的专业化培训，这是应对国家建设工作广泛需要的必要举措。这一时期，面对社会主义建设的重要任务，党注重提高党员干部的专业技术水平，更好推进工业化发展。

社会主义革命和建设时期，党把对党员及干部的教育培训作为一项重大战略任务来推进。因为党深刻认识到能力不足的风险持续下去，就会演变为更大的政治风险。基于这种强烈的危机意识和自省精神，党培养了大批治党治国治军的优秀人才，极大提升了组织队伍的总体水平，从而引领了社会主义革命和建设事业的前进。

三、改革开放和社会主义现代化建设新时期，强调以制度建设提升组织队伍

随着党建设经验的不断丰富以及对自我革命规律的深入把握，党逐渐认识到，自我革命是一项需要整体推进、长期坚持的事业。因此，党在推动组织队伍的自我提升上更加强调制度的作用。在实践过程中逐渐转变整党方式，突出制度约束，同时深化制度改革，推进制度创新。通过制度治党，保证了党自身事业的顺利发展，也适应了这一时期国家建设的需要。

（一）转变整党方式，加强制度规范

改革开放和社会主义现代化建设新时期，中国共产党深入总结正反两方面的经验教训，延续了党在过往进行自我革命的有效方式，即开展广泛深入的整党运动。同时，也吸取了过去的教训，避免了群众性、运动式的整党方式，转向利用制度规范来形成约束，提升了整党运动的科学性和有效性。

在社会主义革命和建设时期，由于对社会主义发展规律认识不足，对发展形势的错误估计，党利用大规模的群众斗争造成了严重后果。但也正如《关于建国以来党的若干历史问题的决议》中所指出的："我们党敢于正视和纠正自己的错误，有决心有能力防止重犯过去那样严重的错误。"①在经过教训总结和深入思考后，党认识到了制度规范的重要性。基于此，根据形势任务的变化，改革开放和社会主义现代化建设新时期，党在整党运动的过程和方式上都具有了明显的制度化倾向。在步骤方法、验收标准、领导工作、后续巩固等方面都进行了明确部署，探索出了更具规范性和持久性的整党路径。1983年到1987年的整党运动便是具有典型意义的一次对党的组织进行的全面整顿。这是进入改革开放后第一次全面广泛的整党运动，效果十分显著。首先，注重统筹规划。一是采用试点方法，通过提前试点，中共中央能够及时准确地了解党内状况，摸清突出问题，提升整党运动的工作效率和

① 《改革开放三十年重要文献选编》上，中央文献出版社2008年版，第216页。

针对性。二是分期进行，三期工作有序开展，重点突出，对党的组织进行了一次全面整顿。整党运动不仅是阶段性任务的完成，更是政策宣传、组织优化、结构调整的良好机会，使全党的思想水平和工作能力在集中全面整顿中得到提高，充分发挥出了整党运动在组织提升上的效能，也彰显出党自我革命能力的不断提升。

在长期的理论思考和生动实践中，党对整党运动的认识逐渐深入，不断增强其规范性、连续性，这是组织队伍能够持续得到提升的必然要求，也是党不断提升自我革命能力的方向和关键所在。

（二）深化制度改革，推进制度创新

改革开放之初，邓小平同志就明确了制度改革的迫切要求，他指出："我们过去发生的各种错误，固然与某些领导人的思想、作风有关，但是组织制度、工作制度方面的问题更重要。"[①]在全面推进改革开放的发展形势下，党深刻认识到"为了坚持党的领导，必须改善党的领导"[②]，提出了"党的自身建设也必须进行改革"的重大命题，通过深化制度改革，为党的领导以及党和国家各项事业的发展提供了重要保障。

改革开放和社会主义现代化建设新时期，是各项事业全面发展的关键期，也是各项制度日益完善、实现重大变革的时期。要想持续推动组织队伍的自我提升，就要以制度改革和创新来破除旧的思想观念、领导体制与领导方式。"改革党的领导制度""改革领导机构和干部制度""改革干部人事制度""改革和完善党内选举制度"等成为这一时期党的建设的关键词。这充分展现出了中国共产党锐意进取、勇于自我革命的鲜明品格。1978年，在深刻反思中，党的十一届三中全会作出了"健全党的民主集中制，健全党规党法，严肃党纪"[③]的决定。将制度建设置于重要地位，开启了以制度改革和完善为主要方向的自我革命历程。1980年，党相继通过了《关于党内政治生

① 《邓小平文选》第2卷，人民出版社1994年版，第333页。

② 《改革开放三十年重要文献选编》上，中央文献出版社2008年版，第212页。

③ 《改革开放三十年重要文献选编》上，中央文献出版社2008年版，第20页。

活的若干准则》《中共中央关于丧失工作能力的老同志不当十二大代表和中央委员会候选人的决定》等文件，进一步完善了党的领导制度。同年8月，邓小平在《党和国家领导制度的改革》的重要讲话中指出："主要的弊端就是官僚主义现象，权力过分集中的现象，家长制现象，干部领导职务终身制现象和形形色色的特权现象。"[①]因此，邓小平着力推动党和国家领导制度的改革，在一系列科学举措下，完成了党的组织机构调整和组织队伍的优化，以自我革命实现了组织队伍的提升。1987年党的十三大对改进党的领导方式作出了进一步指示，提出"在建立国家公务员制度的同时，还要按照党政分开、政企分开和管人与管事既紧密结合又合理制约的原则，对各类人员实行分类管理"[②]。这既能有效克服组织机构僵化、组织队伍腐化，又能够使党真正发挥出协调各方的作用。1990年颁布了《中国共产党党内法规制定程序暂行条例》，党内法规建设日益向制度化、规范化、程序化发展。1993年国务院颁布《国家公务员暂行条例》，到1997年年底，中国特色公务员制度在我国基本建立。1998年，中央组织部发布了《1998—2003年全国党政领导班子建设规划纲要》，明确了新形势下加强领导班子建设的具体要求，以长期规划和顶层设计来促进干部队伍的建设与优化。2002年，党的十六大明确指出建立健全党内民主制度要从改革体制机制入手。2007年，党的十七大召开，在党章中进一步明确了党务公开制度、巡视制度等。可见，这一时期党的自我革命围绕制度改革和创新而有序展开。

改革开放和社会主义现代化建设新时期，"以改革的精神不断推进党的建设的创新"与"以改革创新精神加强自身建设"成为党的建设的关键词。中国共产党加强制度建设来提升组织队伍，通过制度的完善和革新来破解发展中的难题，努力提升自我革命本领，探索出了自我革命的有效路径。

---

① 《改革开放三十年重要文献选编》上，中央文献出版社2008年版，第146页。

② 《改革开放三十年重要文献选编》上，中央文献出版社2008年版，第493页。

第四节　中国共产党持续净化党内作风的历程

党风问题是关系执政党生死存亡的大事，因而高度关注并持续净化党内作风至关重要。中国共产党始终将作风问题与党的形象、党的先进性、党和国家的事业兴衰相联系，始终对党的作风问题保持高度自觉。新民主主义革命时期，形成批评与自我批评的优良作风；社会主义革命和建设时期，开展广泛的整党整风运动；改革开放和社会主义现代化建设新时期，持之以恒加强正风肃纪。在长期的作风净化中，党的号召力、凝聚力、战斗力不断增强，也展现出中国共产党自我革命的宝贵特质和作为无产阶级政党的先进性。

一、新民主主义革命时期，形成批评与自我批评的优良作风

善于进行自我批评是马克思主义政党的显著特征，也是其能够保持自身先进性的一个重要原因。党开创性地发展了马克思主义党建理论中的自我批评思想，在理论与实践的探索中形成了批评与自我批评的优良作风。这一优良作风既是党进行自我检视、修正错误的有效方法，也是发扬民主、净化党内生态的重要手段，铸就了中国共产党自我革命的勇气和动力，贯穿于党自我革命的全过程。

（一）批评与自我批评是自我检视、修正错误的有效方法

批评与自我批评是共产党人检视自身言行，查找工作中的缺点、错误并及时纠正的有效方法，是党始终保持先进性、纯洁性的锐利武器。新民主主义革命时期，党就通过积极进行批评与自我批评，及时发现党内的问题，及时纠正党的错误，致使党能够在正确的领导下不断取得革命的胜利。

1923年，在中国共产党第三次全国代表大会上的报告中，陈独秀对个别中央委员提出了批评意见。他首先进行了自我批评："陈独秀由于对时局的

看法不清楚，再加上他很容易激动，犯了很多错误。”[①] 然后对张国焘等同志所犯的不同程度的错误也进行了批评指正。这充分体现了党在建立之初就已经具有批评与自我批评的优良作风，反映了党的领导人和各级同志都能够保持严谨审慎的态度，在不断检视自身的过程中开展工作。在党的三大相关文献中，也出现了“批评”的相关表述，此后，在《中央通告第七号》中则更为明确地提出了“自我批评”的要求。正如刘少奇所说，“我们的党从最初组织起就有自我批评和思想斗争。”[②]此后，中国共产党始终坚持并践行“批评与自我批评”这一有效方法，在对自身问题的深刻反思中发现错误、解决错误，进行深刻的自我革命。1929年的古田会议，是中国共产党运用批评与自我批评方法进行错误纠正的典范。其中在对“单纯军事观点”的纠正办法中指出“发动地方党对红军党的批评和群众政权机关对红军的批评，以影响红军的党和红军的官兵”[③]。在关于“非组织观点”的纠正办法中，也提到“党内批评是坚强党的组织、增加党的战斗力的武器”[④]。1935年，党在历史转折关头召开了遵义会议。这次会议同样是通过批评与自我批评的方法，充分发挥出纠错纠偏的功能作用，解决了当时党内的重大问题，使党走上了正确道路。随着革命斗争的不断推进，对批评与自我批评的认识更加明确，在批评与自我批评的实践上也更加成熟，使得党的自我革命意识日益强烈。延安整风运动期间，毛泽东对批评与自我批评进行了具体的内涵阐释，他指出分析事物首先要学会分解，“找出哪些是正确的，哪些是不正确的，哪些是应该发扬的，哪些是应该丢掉的，这就是批评。对自己的工作、自己的历史加以分析，这是自我批评”[⑤]。此外还提出了对待批评与自我批评的正确态度并将这一作风广泛推广，从党的高级领导干部到广大党员同志，虚心面对批评，也经常性地检讨自己工作中的问题与不足，使党内在思想和行动上都达到了空前的团结。之后，在党的七大上，批评与自我批评正式作为党

① 《陈独秀文集》第2卷，人民出版社2013年版，第396页。

② 《刘少奇选集》上卷，人民出版社1981年版，第186页。

③ 《毛泽东文集》第1卷，人民出版社1993年版，第80页。

④ 《毛泽东文集》第1卷，人民出版社1993年版，第82页。

⑤ 《毛泽东文集》第3卷，人民出版社1996年版，第254页。

的“三大作风”之一被确定下来，正如毛泽东所说：“房子是应该经常打扫的，不打扫就会积满了灰尘；脸是应该经常洗的，不洗也就会灰尘满面。”[①]以这样生动的比喻诠释了思想净化的重要作用，而批评与自我批评就是党“打扫与洗涤”党内思想的有效方法。

总之，批评与自我批评的优良作风是中国共产党人检视自身、修正错误的有效途径。通过领导干部带头进行自我批评，形成了及时查找和反省自身问题的良好风气。批评与自我批评的方法，在党自我革命的历程中发挥了重要作用。

（二）批评与自我批评是发扬民主、净化党内生态的重要手段

批评与自我批评不仅是解决党内思想矛盾的有力武器，也是发扬民主、净化党内生态的重要手段，是深入推进党的自我革命的关键。新民主主义革命时期，通过采用正确的态度和方式进行了批评与自我批评，在领导干部的带领下，使广大党员都能够虚心接受别人的批评，在党内营造了良好的氛围。

党不仅在新民主主义革命时期形成了批评与自我批评的优良作风，而且在长期的斗争实践中日益明确了批评与自我批评的作用和力量，逐渐深化了认识，掌握了运用这一优良作风的科学方法，使其在净化党内作风上发挥出了重要作用。早在1929年，毛泽东在《关于纠正党内的错误思想》中就指出：“我们有批评和自我批评这个马克思列宁主义的武器。”[②]但这个武器如何运用，如何能够用得好，亦是需要在实践中不断思考的问题。在土地革命战争时期，党利用批评与自我批评的方法来指出并解决党内思想上、政治上、组织上的错误，要求党员干部虚心接受其他同志和人民群众的批评，也要积极进行自我批评，对错误不隐瞒、不避讳。并且这一时期党对如何正确开展批评和自我批评进行了指导，提出“党内批评要防止主观武断和把批评

---

① 《毛泽东选集》第 3 卷，人民出版社 1991 年版，第 1096 页。
② 《毛泽东选集》第 4 卷，人民出版社 1991 年版，第 1439 页。

庸俗化，说话要有证据，批评要注意政治”[①]。批评与自我批评不是互相猜忌，不是攻击他人的工具，而要以党的政治任务为指向，以加强思想统一和党内团结为目的。在这样正确的方法指导下，批评与自我批评成为党内民主生活的重要部分，从而在党内营造起积极、民主的良好氛围。1945年，毛泽东在讲话中提到批评与自我批评时说：“缺点错误，有就是有，没有就是没有；有则说之，无则不说；讲对了很好，讲出了真理；讲的不对也不要紧，言者无罪。”[②]进一步发扬了党内民主，营造了风清气正的党内氛围。

由于党不惧怕批评与自我批评，保持并发扬了这种优良品质，我们党能够抵抗各种不良因素对党的思想和党的肌体侵蚀，能够在及时纠正党内存在的各种错误中，积极进行自我检查和自我反省，有效增强了全党自我革命的能力和水平。

二、社会主义革命和建设时期，开展广泛的整党整风运动

社会主义革命和建设时期，中国共产党通过开展广泛的整党整风运动来整顿党内作风。整党整风运动贯穿于党整顿党内作风的全过程，成为全面执政条件下中国共产党自我革命的重要标识。在这一过程中通过探索科学有效的整党整风形式，集中解决了当时党内存在的作风不纯问题，保持了党的先进性和纯洁性，及时纠正了脱离群众的执政危险，并为整个社会树立起了良好的风尚。

（一）探索科学有效的整党整风形式

新中国成立后，部分党员在新的执政形势下渐渐放松了警惕，摒弃了战争岁月中艰苦奋斗、吃苦耐劳的优良品质，转向了物质享受，形成了奢靡之风。这严重损害了党内生态。基于此，党深刻认识到，要想化解党内外的风险挑战，必须着眼于党的自身建设，采取必要举措改善党内作风。党在新形

① 《毛泽东文集》第1卷，人民出版社1993年版，第85页。

② 《毛泽东文集》第3卷，人民出版社1996年版，第255页。

势下积极探索，调整形式，从而发挥出整党整风运动的最大效能。

首先，进行深刻的、彻底的整党整风运动。社会主义革命和建设时期，党敢于向党内不良作风开刀，严厉惩治党内的贪污腐败、违法乱纪行为，通过长期的、彻底的整党整风运动铲除长期隐匿于党内的沉疴痼疾，生动彰显了党敢于自我革命的精神。新中国成立初期，正是党以自我革命的魄力和决心积极开展“三反”运动，贪污浪费和官僚主义得到有效揭发，那些破坏党内生态的腐败分子和落后分子也得到了应有的惩治，从而较为彻底地肃清了落后思想，有效净化了党内作风。其次，要防止整党整风事态扩大化。随着对整党整风认识的进一步深化，党逐渐规范了整党整风的形式，在实践中时刻警惕阶级斗争。1957年发出了《关于整风运动的指示》，提出要在全党开展反对官僚主义、宗派主义和主观主义的整风活动。其中规定这场整风运动应该是一次既严肃认真又和风细雨的思想教育运动，通过提倡多采取个别谈心或开小型的座谈会和小组会的方式，尽量不要开批评大会或斗争大会，使整风运动总体上朝着正确的轨迹发展。再次，要充分发扬民主。在整党整风运动中注重发挥群众力量，鼓励人民群众和党外人士发表意见，以这种方式深入揭露党内的各种不良作风。如1957年《关于继续组织党外人士对党政所犯错误缺点展开批评的指示》中就倡导各地党组织采取民主形式，欢迎党外人士提出宝贵意见，借助外力将党的自我净化推向深入。最后，注重立法和建章立制。在整党整风过程中，党也注重颁布专项法规和一系列规章制度，以此对一些不良作风和行为形成长期约束，夯实整党整风运动的成果。如在党内贪污腐败问题上，先后颁布了《关于处理贪污、浪费及克服官僚主义错误的若干规定》、《关于追缴贪污分子赃款赃物的规定》和《惩治贪污条例》等，在惩治和遏制贪腐中发挥了重要作用。1960年到1962年，党中央还相继出台了《中共中央关于不准请客送礼和停止新建招待所的通知》《党政干部三大纪律、八项注意》《关于加强党的监察机关的决定》等文件，为整党整风运动提供了坚实保障。

在一系列科学有效的举措下，党员的思想觉悟和作风水平得到了明显提升，党内生态得到了净化，同时，党在这一过程中也积累了执政党利用整党整风运动推进自我革命的有益经验。

（二）严厉惩治党内的不良作风

在社会主义革命和建设时期，尤其是新中国成立初期，党面临着新的更为严峻的执政考验。新形势下，部分党员干部思想意识出现了偏差，在工作和生活中形成了诸多不良作风。这严重削弱了党的执政能力，损害了党的肌体和形象。针对这些问题，中国共产党开展了一系列整风运动，严厉惩治党内的不良作风，纯洁了党的队伍，推进了党的自我革命。

1950年5月1日，中共中央发出《关于整党整干工作的指示》和《关于全党全军进行大规模整风运动的指示》，正式开启了整风运动的序幕。党内的不良作风被集中揭露出来，引发了全党上下的高度重视和警醒。1951年11月，中共中央作出《关于实行精兵简政、增产节约、反对贪污、反对浪费和反对官僚主义的决定》，“三反”运动由此开展起来。此次运动目标明确，对党内的贪污腐化现象进行深入、彻底的揭露、批判、教育和惩治。通过有序开展大规模群众参与式的运动不断将“三反”运动推向深入，有效遏制了党内的腐败现象和官僚主义的不正之风。其中，党内高级干部刘青山、张子善的贪腐罪行得到了严厉惩治，更加明确了党在惩治贪腐问题上的鲜明导向，也体现出党净化党内作风，深入推进自我革命的决心。在“三反”运动取得良好成效的基础上，1953年又开展了新“三反”运动。此次整风运动以“反对官僚主义、反对命令主义和反对违法乱纪”为主要内容，对党内尤其是农村地区进行严格检查，坚决肃清这种不良作风以防其在党内继续蔓延。随着社会主义建设事业的不断推进，党的任务逐渐艰巨，对党的执政能力提出了更高的要求，因而党的自我革命需求也日益迫切。1957年4月，根据党内存在的作风问题，中共中央正式发出《关于整风运动的指示》，号召全党开展“反对官僚主义、反对宗派主义和反对主观主义”的整风运动。此后，党也不同程度地开展了一些整党整风运动，但囿于局势发展，这些运动并未完全发挥出应有的作用，但从中也可以看到，党对自身问题的自省意识是始终存在的，党通过自我革命引领社会革命的初衷是不变的。

以上一系列整风运动，目标明确，举措有效，在净化党内作风上取得了显著成效，产生了深远影响，切实增强了党的先进性与纯洁性。同时，也为党之后开展整风运动积累了丰富经验，为党进一步推进自我革命奠定了基础。

（三）注重深化与群众的血肉联系

作为马克思主义执政党，党时刻谨记自身的性质和宗旨，注重保持与群众的密切联系，坚持为人民服务。在新中国成立后，面对部分党员干部滋生的特权思想、骄奢习惯和官僚主义作风，党及时警觉，以深刻的忧患意识和自我革命精神广泛开展整风运动，有效遏制了不良作风对党形象的损害以及对党群关系的破坏。

首先，整风运动的目的是紧密联系群众。党的作风关系到党的形象、关系人心向背，解决好党的作风问题根本上就是要实现保持同人民群众的血肉联系。自党成立以来，就始终围绕同人民群众的血肉联系这个核心来开展作风建设，推进自我革命。在新中国成立之后，党仍然高度重视以优良的党风来凝聚民心，夯实执政基础。当党内出现了破坏党的形象和党群关系的不良作风，党立即开展了广泛深入的整风运动。《关于在全党全军开展整风运动的指示》中就明确指出这次整风运动的目标之一就是要改善党和人民的关系，以一系列切实有效的整风举措来加深与群众的血肉联系。只有通过开展整风运动，让广大党员看到了党不断实现自我净化、不断追求自我提高的决心，才能更加赢得人民的信任，密切同群众的关系。群众对党的满意度是党自身建设的重要参照，也是党进行自我革命的重要助推力。

其次，整风运动的过程需要群众的广泛参与。社会主义革命和建设时期开展的整风运动，大多以发动群众、教育群众、引导群众为主要方式。把党的问题摆出来，让群众来监督并批评，促使党时刻保持优良作风。1950年，在整风运动开展之初，党中央就提出要注重发挥群众力量，在具体方法上提出“用人民代表会议的形式来检讨工作，检查工作人员的作风，是很有效的，是正确的”[①]。此后开展的“三反”“五反”运动，同样是在广泛依靠群众力量的基础上开展的。在“新三反”运动中，党中央发动人民通过写信的方式来揭露不良作风和违纪现象，群众的推动作用更加凸显。之后，在1957年开展的整风运动中，党同样以批评和自我批评的方法，大力引导群众对党的工作和作风提出批评与建议，从而有针对性地对党内官僚主义、宗派主义和主观主义等不正之风进行了重点整治。

这一时期，党开展的整风运动可以说是一场群众动员型的自我革命。一系列积极举措，既是为了紧密联系群众，也广泛动员了群众参与其中。过程中既提高了党在人民群众中的威信力，也推动了党群关系的和谐建构。同时，这也是推动自我革命不断深入的重要动力，深刻彰显出党敢于壮士断腕的魄力和敢于自我革命的精神。

三、改革开放和社会主义现代化建设新时期，持之以恒加强正风肃纪

改革开放和社会主义现代化建设新时期，党的自我革命持续推进并进一步向制度化、规范化演进。这一时期，党持之以恒正风肃纪，通过开展规范化、常态化的党内集中教育活动，建立健全权力监督与腐败惩治体系等举措，从解决思想问题出发并以制度建设为保障，使党内作风得到持续净化，党的自我革命也随着各项举措的落实和作风建设的逐渐完善而不断深化。

（一）开展规范化、常态化的党内集中教育活动

党内教育是中国共产党自我审视、自我提升的重要方式。在改革开放和社会主义现代化建设新时期，党充分利用党内教育这一有效方法，有目的、有计划地开展了系列教育活动，极大地提升了党员干部的思想水平，改善了党内纪律作风状况。

---

① 《中共中央文件选集（一九四九年十月——一九六六年五月）》第3册，人民出版社2013年版，第229页。

党的十一届三中全会以后，党和国家的各项事业都开始迈向新的发展阶段，形势多变，任务艰巨，自我革命的重要性也日益凸显。这一时期，针对提升党执政能力和解决党内突出问题的迫切需求，党立足时代发展和党内情况，延续了开展党内教育的优良传统，开启了围绕不同教育主题进行活动式党内教育的新阶段，推进了党内教育活动的规范化、常态化。20世纪末，国际形势动荡且我国改革开放已经进入攻坚阶段，在此背景下，为了加强党员干部的党性修养，党在县处级以上干部范围内开展了以“讲学习、讲政治、讲正气”为主要内容的“三讲”教育。广大干部在教育活动过程中充分运用批评和自我批评的武器，广泛听取群众意见，积极查找自身问题，对自己的思想和作风进行了一次深刻的检视和洗礼。同时，此次教育活动也格外注重教育成效和整改落实情况，在集中教育过后进行了“回头看”，确保党内集中教育作用的充分发挥。此后，党开展了多次党内集中教育活动，在潜移默化中推进了党内作风的持续净化，保持了党的先进性和纯洁性。例如，2000年开始，中共中央发出指示，要求在全国县（市）部门、乡镇、村领导班子和基层干部中，有计划、有步骤地开展“三个代表”重要思想学习教育活动。此次教育活动主要面向基层干部，旨在通过集体学习、自我审查、整改落实等系列举措，全面提升基层干部的思想认识，改善其工作和生活作风，从而筑牢基层堡垒。2004年，党又开展了以实践“三个代表”重要思想为主要内容的保持共产党员先进性的教育活动，以思想理论学习为主要抓手，围绕保持党的先进性、纯洁性来展开，着力解决党员干部在思想、组织、作风上存在的突出问题。2008年，全党开展了深入学习实践科学发展观的教育活动。这次教育活动使广大党员对于发展这一问题有了科学的认识，带领人民科学发展的能力增强，执政能力获得明显提高。

党在这一时期开展了多次主题鲜明的集中教育活动，促进全党上下的思想提高和作风净化。同时，党也认识到保持党的先进性、纯洁性是一项长期的系统性工作，因此在实践过程中制定了诸多相关机制，如约束机制、评估机制等，促进了党内集中教育常态化，使其成为推动党自我革命的锐利武器。

（二）建立健全权力监督与腐败惩治体系

随着改革开放的逐渐深入，一些腐朽思想随之滋生，为党内正风肃纪带来了新的挑战。这一时期，中国共产党始终秉持自我革命精神，不断加大反腐工作力度，通过建立健全权力监督与腐败惩治体系来遏制党内的不正之风，以制度建设来适应不断变化的执政环境，巩固党的执政地位。

改革开放和社会主义现代化建设新时期，党把构建和完善党内权力监督和腐败惩治体系提升到了前所未有的高度，同时推动了自我革命制度化和规范化。1986年，第六届全国人大常委会决定恢复重建国家行政监察体制，1989年中国第一个反贪局——广东省人民检察院反贪污受贿工作局成立后，全国各地相继成立了反贪局。这一时期，中国共产党主要从制度方面继续推进党的纯洁性建设，不断深化党和国家制度改革、加强民主与法治建设。党的十三届四中全会以后，党中央不断加大反腐倡廉力度。党中央先后颁布《中国共产党纪律检查机关控告申诉工作条例》《中国共产党党员领导干部廉洁从政若干准则（试行）》等党内法规来整顿党员作风与规范党员行为。1993年纪检监察机构合并，“一个机构、两块牌子”设立，契合了党政分离的廉政改革需要。2002年，党的十六大提出：“加强对权力的制约和监督。建立结构合理、配置科学、程序严密、制约有效的权力运行机制，从决策和执行等环节加强对权力的监督。”①以权力制约权力、以权力监督权力是党自我革命的内在要求，这样做既能捆住胡作为、乱作为的“手脚”，又能放开有作为、干事业的“锁链”。2003年党中央组建了专门巡视工作机构并在同年颁布了《中国共产党纪律处分条例》，2007年，胡锦涛同志提出“反腐倡廉建设”这一重要工作思路，将其纳入党的建设总体工作中，在原有“四个建设”的基础上形成相互协调、整体推进的强大态势。党的十七大再次强调了党同各种腐败现象“水火不相容”，将反腐倡廉建设放在更加突出的位置并继续推进反腐工作的制度化。上述举措体现了党对腐败问题的重视和坚决解决腐败问题的坚强决心。中国共产党通过加强制度构建来进行正风肃纪，

① 《十六大以来重要文献选编》上，中央文献出版社2005年版，第28页。

为党的自身建设提供了有力武器。

随着一系列党内监督条例和纪律规范的出台、反腐斗争体系的日益完善以及党风廉政制度的不断更新，这一时期党推进正风肃纪的方向不断明确，党风廉政建设和反腐败斗争取得了显著成效并日益走向制度化与科学化。这既为严肃党的纪律、纯洁党的组织提供了基本遵循，也为推进党的自我革命提供了坚实的制度保障。

第五节　中国共产党对世界上其他政党败亡教训的镜鉴

中国共产党坚持自我革命的历史主动，既生发于对历史上王朝兴衰成败的高度警觉和自身建设的生动实践，也来源于对世界政党发展过程中经验教训的深刻总结。中国共产党是善于从历史中学习经验、总结教训的先进性政党，所以国际上各个政党的沉浮历程无疑为我们提供了丰厚的历史养料。回顾历史，以苏联共产党为代表的一些老党、大党从长期执政走向失败倒台，必然有外界因素，但根本原因还在于政党自身出了问题，其中的惨痛教训值得引以为戒。正是在这样的镜鉴中，中国共产党得以在各种执政挑战中不变质、不变色、不变味，始终以“打铁必须自身硬”的魄力与行动不断提升执政能力，巩固党的执政地位。

一、对一些老党大党衰败的高度警惕

从世界范围来看，能够实现长期稳定执政的政党少之又少，世纪之交，世界上一些长期执政的老党大党相继失去了执政地位，特别是苏联、东欧等一些社会主义国家的共产党丧失政权，尤其催人警觉，其中的教训和启示是十分深刻的。从其沉浮变化的历史来看，这些政党从辉煌走向败落定然是多方面因素的综合结果，但根本上还是政党自身出了问题。一个政党长期疏于

对自己的管理和要求，便无法及时消除弊端、有效解决问题，继而会阻碍整个社会的发展和国家的进步。以史为镜，可以知兴亡。一个个生动的例证时刻警示中国共产党必须时刻警惕保守僵化、党内腐败及民心丧失等一系列问题，并且不断加强自身建设，以此保证长期稳定的执政地位。

（一）警惕僵化保守问题

纵观世界历史上一些老党、大党的发展历程，执政后期在思想、组织、体制、政策上的僵化保守往往是导致其走向覆灭的主要原因之一。一个长期居于执政地位的政党，如果不能做到与时俱进，不能按照时代要求和发展形势及时进行自我革新，就很容易陷入僵化保守的境地，而被时代和人民所抛弃。

20世纪80年代末至90年代初，苏联解体。东欧剧变使共产党相继丧失政权，引起了巨大动荡，留下了深刻的历史教训。苏联固守传统的、高度集权式的执政方式，使得发展观念和管理体制都逐步走向僵化，导致权力系统弊病丛生。其固有的社会主义发展模式已然落后于时代发展，无法带动整个国家和社会前进。而东欧一些国家既不分析时代特点，也不考虑本国国情，延续苏联教条化的发展模式，最终引发了各执政党相继下台，社会主义发展陷入了困境。再有印度国大党，自1947年8月印度独立后开始长期执政。但是在取得执政地位后，印度国大党仍然受自然经济和旧有思想观念的影响和束缚，改革思路与方式都较为保守，也没有及时制定出符合印度社会生产力发展要求的方针政策，国家经济增长缓慢，进入20世纪90年代，虽然出台了一些相关改革政策但并无显著起色。狭隘思想与保守做法导致这些大党在政绩方面表现不佳，党内的官僚化与体制机制僵化问题也逐渐显露，丧失了长达几十年的长期执政地位并逐渐走向没落。这些政党的下台都与其长期僵化保守、故步自封有着必然关系。

面对一个又一个因为僵化保守、故步自封而走向衰落的老党、大党，中国共产党始终保持高度警惕并深刻认识到，执政党只有高度自觉，始终保持革命精神与革命勇气，根据时代要求、人民要求、自身要求进行自我变革，持续革除弊端，才能不断适应新形势、不断获得新发展。这是执政党长盛不衰、行稳致远的关键。

（二）警惕党内腐败问题

在总结世界政党下台的教训时，不难发现，党内腐败是较为显著的共性原因。不论是那些仅有短暂执政经历的政党，还是长期执政、曾经拥有深厚历史和群众基础的政党，丧失执政地位的重要原因就在于长期忽视党的自身建设。以党内腐败为开端，逐渐引发利益集团分化、官僚主义盛行、意识形态动摇等系列问题，最终酿成恶果。

就日本自民党而言，从1955年至1993年一党独大，连续单独执政30多年。回溯其下台原因，尽管有多重因素影响，但仍要归咎于自民党长期忽视党内建设而导致党内腐败的盛行。从领导者开始的经济腐败极大损害了政党的肌体和形象，如自民党前副总裁金丸信就因隐瞒政治捐款收入、蓄意逃税等问题被捕，在党内党外造成了恶劣影响。长期没有得到遏制的党内腐败最终使日本自民党在1993年大选中失去了执政地位。再如墨西哥革命制度党，从1929年起连续执政71年，也曾带领国内人民实现了国家统一和高速发展，有着深厚的执政基础。但后期党内腐败问题日益严重，由于缺乏有效的党内民主和监督机制，以权谋私、任人唯亲、贪污受贿等现象便有了生长土壤，派系斗争问题也随之而来。不正之风和腐败现象长期得不到遏制，政党形象一落千丈，导致其在2000年大选中失败。

世界各国政党，诸如日本自民党、墨西哥革命制度党等由于党内腐败而失去执政地位的案例数不胜数，这已成为许多政党由兴转衰的根本原因之一。一个政党在执政过程中，如果听任自身腐败滋长，且又无力遏制，必然会严重败坏党的作风、损害党的形象、动摇党的执政地位。所以能否有效遏制党内腐败问题，保持政党清正廉洁和良好形象是执政党能否保持长期执政的关键因素。正如江泽民同志在中国共产党建党80周年纪念大会上所告诫全党的，“要深刻认识和吸取世界上一些长期执政的共产党丧失政权的教训。

党执政的时间越长，越要抓紧自身建设，越要从严要求党员、干部”[①]。中国共产党深刻吸取其教训，时刻警惕党内腐败问题并始终将反腐倡廉工作作为加强党的执政能力建设的重要举措来推进。

（三）警惕民心丧失问题

“得民心者得天下，失民心者失天下。”世界政党的沉浮历程便是对这一论断的生动注解。虽然各个政党的情况不同，但那些丧失执政权力甚至逐渐衰落消失的政党，都失去了人民的支持和拥护，也就失去了执政的根基和依靠。

苏联共产党在执政70多年后，突然倒台，丧失了执政地位。但当时很多群众没有为此感到惋惜，甚至连党员都对这一政党情感淡漠。可见其执政根基早已坍塌，正如亚里士多德所认为的，“一种政体如果要达到长治久安的目的，必须使各邦各部分（各阶级）的人民都能够参加而怀抱着让它存在和延续的意愿”[②]。在苏联解体前，学者曾以“苏共代表谁”为题搞过一个社会调查，结果显示，认为苏共代表全体劳动人民的只占7%，认为苏共代表工人的占4%，认为苏共代表全体党员的也只占11%，而认为苏共代表党的官僚、代表干部、代表机关工作人员的占78%。可见苏共在解体前的执政基础已经十分薄弱，严重脱离了群众，模糊了自己的政党性质。墨西哥革命制度党是拥有1300万名党员的大党老党，带领群众从统一走向经济的迅速发展，受到人民的广泛支持。但在20世纪80年代，墨西哥革命制度党不顾国情与民情，全面推行新自由主义经济政策，在经济、社会、外交等方面实行了一系列举措，虽然一定程度上提振了宏观经济，却诱发了各种社会矛盾，出现了大批中小企业倒闭、工人失业、农民破产等问题，社会贫富分化加深，人民生活水平下降。长此以往，人民对政党的信任度和支持度日益下降，政党的执政基础也逐渐丧失。正如邓小平同志所说：“世界上一些国家发生问题，从根本上说，都是因为经济上不去，没有饭吃，没有衣穿，工资增长被通货膨胀抵消，生活水平下降，长

① 《江泽民文选》第3卷，人民出版社2006年版，第290页。

② 《政治学》，商务印书馆1997年版，第88页。

期过紧日子。”[①]这道明了政党政策和举措的出发点和落脚点应该是人民的切实利益。这说的不只是经济问题，实际上是个政治问题。

不论是资产阶级政党还是无产阶级政党，要想实现长期稳定执政，必须要获得人民的支持和信任，一个失去民心的政党像是一座“空中楼阁”，无力抵挡任何的挫折和风险。面对世界上多个老党、大党相继丧失执政地位的现象，中国共产党高度警惕，江泽民便从这些执政党兴衰成败的沉痛教训中，得出了“中国历史上一个个王朝的覆灭，世界历史上一个个不可一世的大帝国的崩溃，当今世界一些长期执政的政党的下台，都与人心向背的变化有很大关系”[②]的结论，所以“一个政权也好，一个政党也好，其前途命运最终取决于人心向背”[③]。这是我们对世界政党兴亡规律的一个重要经验总结。中国共产党作为无产阶级政党更要始终牢记这一点，始终坚持全心全意为人民服务，不断实现好、维护好、发展好最广大人民的根本利益，以此来巩固夯实党的执政基础。

“无产阶级政党夺取政权不容易，执掌好政权尤其是长期执掌好政权更不容易。党的执政地位不是与生俱来的，也不是一劳永逸的。”[④]因此我们党需要居安思危，始终以强烈的忧患意识和自省精神来应对党长期执政面临的风险与挑战，以高度的历史自觉推动党进行自我革命的历史主动，从而使中国共产党成为始终走在时代前列的马克思主义政党。

二、对苏共政党建设教训的不断总结

前事不忘，后事之师。苏联共产党在执政70多年后走上亡党亡政的道路，这是诸多因素相互交织的结果，但究其根本，还是自身建设上的不足导致了政党的最终覆灭。执政党的自身建设是其执政能力的重要支撑，作为马

① 《邓小平文选》第3卷，人民出版社1993年版，第354页。
② 《江泽民文选》第3卷，人民出版社2006年版，第185页。
③ 《江泽民文选》第3卷，人民出版社2006年版，第129页。
④ 《十六大以来重要文献选编》中，中央文献出版社2006年版，第273页。

克思主义政党，自我改革也是必然要求。因此，在对苏共政党建设教训的总结中可以获得一些有益启示，即执政党对自身的要求时刻不能松懈；执政党的自我改革要遵循正确的原则和方法；要重视建立错误调整和改正的相关机制。总结苏共政党建设的深刻教训，可以更好地揭示和把握马克思主义执政党自身建设的规律，从而为中国共产党的自身建设提供启示借鉴。

（一）执政党对自身的要求时刻不能松懈

执政党的自身建设是一项长期的、艰巨的、系统的工作，不可能一蹴而就，也无法一劳永逸，在新情况、新问题、新形势的不断变化中持续推进自身建设是执政党的永恒主题。回顾历史，苏联共产党在政党建设取得阶段性成果后便逐渐放松了对自身的要求，躺在了历史的功劳簿上，政党的纯洁性和先进性也随之消减。这也是导致苏联共产党走向败亡的主要原因之一，为中国共产党提供了深刻启示。

一要时刻关注党内党外的思想动态。思想理论上的错误往往是执政错误的发端。苏联共产党在改革后期忽视了党内的思想动态变化，甚至主动放弃了马克思主义在意识形态领域的领导地位。从内部来看，党内长期思想混乱，共产党员的信仰日益崩坏，党内凝聚力和向心力严重下降，导致苏共的指导思想、认知标准在落实层面上出现偏差。从外部来看，苏联共产党不重视思想阵地的建设，给反对势力提供了机会，他们对马克思主义和社会主义制度进行大肆诋毁，极大损害了政党形象，也造成了舆论失控、社会动荡的局面，为苏联最终解体埋下了伏笔。作为马克思主义执政党，必须牢牢守住马克思主义在意识形态领域的指导地位，关注党内党外的思想动态，这是关系到政党兴衰存亡的关键。

二要时刻关注党员干部的作风情况。在苏联共产党以党代政，党政不分的政治体系下，党内官僚主义作风日益盛行。从党的最高领导人到各级工作人员，都成了现行体制的既得利益者，对这一问题没有丝毫警惕。苏共的官僚特权阶层日益增多，随之带来的腐败问题也十分严重，一些官员深陷于追名逐利的旋涡之中，完全丧失了其劳动阶级的代表性。曾经的先进分子、革命战士也在各种特权享受中迷失自我，渐渐背离了马克思主义政党的初心和信仰。党内的官僚主义作风和腐败现象是导致政党覆灭的导火索，必须时刻关注并加以遏制。

三要时刻关注党员队伍建设和内部团结。苏联共产党长期以来不注重党的队伍建设，片面追求党员的数量。一方面，党员性质逐渐发生了蜕变，见风使舵、追求名利地位、谋取私利的人增加；另一方面，各种投机分子加入党的队伍中甚至成为领导干部。长此以往，党的统一性和战斗力遭到严重破坏。并且苏联共产党党内派系斗争严重，列宁执政时期，尽管存在严重的内部分歧，但列宁以正确的引导方式基本保持了党内的稳定。列宁逝世以后，各个时期的苏联共产党高层围绕权力不断争夺，排除异己，培植亲信，将个人利益凌驾于党的利益之上，使得苏联共产党内部日益分散。这启示我们，党员及党的干部是政党执政的重要依靠，只有建设一支坚强有力的党员队伍，才能保证党的执政基础不动摇。

政党在发展过程中必然不是一帆风顺的，都会不同程度地出现各种问题，遇到各种困境与危机，这是历史发展的普遍规律。苏联共产党败亡的教训启示我们，不论政党的历史长短，规模大小，要想保证执政地位，壮大政党力量，不断提高自身的影响力、凝聚力和整合力，就必须时刻保持警惕、清醒和坚定，不断回应党内出现的新情况和新挑战。唯有如此，政党才能生存和发展，才能获得执政地位并保持执政优势。

（二）执政党的自我改革要遵循科学的原则和方法

对执政党来说，能否自觉进行自我改革是一种能力，同时，是否能够改得好，改得对，更是衡量一个政党先进与否的重要标志，也是关系到政党兴亡的关键。苏联在发展后期，体制僵化带来的弊端日益显露，苏联共产党也尝试从政党自身出发去寻找解决的办法，但其在实践过程中未能真正发挥出自我改革的作用。将自我改革与自我否定混同，迷失了改革的方向。并且由于缺乏顶层设计而在改革的内容、方式、过程上存在诸多问题，最终适得其反，不仅没有化解党内和国内面临的困境，反而丧失了马克思主义政党的执政地位，最终走向败亡。

一是自我改革并不等同于自我否定。苏联共产党在进行自我革命时，对自身的性质和定位缺乏一个清晰、坚定的认识，在改革过程中逐渐模糊了一些根本性的原则，出现了否定政党领导人、否定自身历史直至否定社会主义制度的情况。首先，对政党领导人的否定。在1956年召开的苏共二十大上，赫鲁晓夫公开批评了斯大林，对其个人和其过往功过进行全盘否定，这种对党的领导人进行的公开批评，不仅是对其个人的否定，更是对党的领导核心地位和作用的否定，严重影响了政党形象，也使人民对苏共的信任度逐渐降低。其次，对自身历史的否定。自斯大林时代开始，苏联共产党对自身历史的认识和评价就开始有失客观，20世纪50年代以来，从赫鲁晓夫到戈尔巴乔夫，随着党内党外斗争的加剧和社会矛盾的增多，这种自我否定的意识越来越强烈，轻视过往的革命和建设历史转而推崇西方民主制度和新自由主义主张，最终造成了党内思想和派系上的四分五裂。最后，对社会主义性质的政党体制的否定。苏联共产党在改革中错误地将党内、国内面临的困境归因于社会主义性质的政党体制，对社会主义制度从根本上产生了动摇，同时向往资产阶级的“政治多元化”“多党制”，彻底偏离了马克思主义政党的改革方向，改变了社会主义的性质，最终丧失了自身的执政权力和地位。自我改革并不等同于自我否定，只有遵循这一科学原则，才能保证改革过程中不会发生方向偏离、性质改变的颠覆性错误。

二是自我改革需要加强在内容、方式、过程上的顶层设计。回顾苏联共产党对自身的改革过程，可见其在推进过程中存在很大的片面性和盲目性，缺乏顶层设计，从而出现了改革内容太过片面、改革方式太过激进以及改革过程盲目求快等问题，使得苏联共产党的自我改革并未起到应有的效果。首先，改革内容太过片面。在后期的自我改革中，苏联共产党常常出现简单化、片面化的错误。如斯大林后期过于关注阶级斗争和政权安全问题，将其视为党内主要矛盾而忽视社会主义民主和法制建设；赫鲁晓夫在分析问题时只批判斯大林的个人错误而没有触及体制这一深层次原因；戈尔巴乔夫用彻底的改革方式来实现改变而没有对苏共政党模式的根本问题进行探究。所以苏联共产党的自我改革缺乏系统而整体化的实施方案，自我改革的各项举措针对的都是党内当下的具体问题，而对构建自我改革体系缺乏足够的重视。其次，改革方式太过激进。苏联共产党的改革方式常常因为太过激进而起到反作用，如党内进行的“大清洗”运动，便是一种鲁莽草率的改革方式，以强制的行政命令，简单粗暴的镇压、暗杀、流放方式来“净化队伍”，不仅违背了改革的初衷还激发出了新的问题。最后，改革过程盲目求快。政党的自我改革不是一蹴而就的，需要循序渐进。苏联共产党在自我改革过程中急于看到成果，变成了为改而改，从而导致党内出现混乱局面。如赫鲁晓夫频繁提出政党改革的重点和方案，而这些内容大多缺乏整体的规划，也没有与之相匹配的制度设计和保障体系，因而在执行层面流于形式或被人为异化，在落实上难见成效。自我改革是一项系统性、长期性的艰巨任务，需要在遵循政党发展规律、研究政党发展特点的基础上，加强在改革内容、方式、过程上的顶层设计和整体规划，才能提出科学有效的改革方案，达到自我改革的根本目的，提升政党执政能力。

（三）重视建立错误调整和改正的相关机制

政党的自我改革不仅是一种精神上的主动，还需要具备一定的客观条件，苏联共产党在发展过程中也在不断尝试自我改革，但成效并不显著，尤其到后期的自我改革还起到了反向作用，这与苏联共产党缺乏错误调整和改正的相关机制有必然联系。

一要畅通党内外意见表达的渠道。苏联在二月革命推翻沙皇统治时就把其他社会主义民主政党都取缔了，并且此后也不允许其他政党的存在。这在一定程度上保证了苏联共产党的执政地位，但是苏联共产党在这一问题上把无产阶级专政与一党制画了等号，过度保护自己的执政权力。苏联共产党没有与其他政党进行意见交流的机会和平台，因而缺失了对政党自身较为客观的审视角度。党内也有监察委员会等机关，但在权力高度集中的体制下其监察职能也逐渐萎缩，权力失去了制约和监督，进一步剥夺了党内外的民主权利，从党员到群众都没有恰当的渠道表达诉求。党的路线、方针、政策一旦出现错误，也无法得到及时调整和改正。所以畅通党内外意见表达的渠道是政党能够及时有效应对风险的必要举措，要注重建立相关的体制机制，

二要切实加强民主集中制的贯彻。苏联共产党在政党体制上的最大弊端就是党内没有建立起健全的民主集中制。相当长一段时间里，苏联共产党建立了严格的党的领导等级制，在党政不分的体制下，这种等级制又与国家管理等级制融为一体，造成了党的领袖以及各个层级领导人的权力专制。这对民主集中制是极大的破坏，党的机构和党员同志渐渐脱离了人民群众，更多是服务于整个官僚体制，长此以往政治局面必然会陷入僵化。后来党内也认识到了这一弊端，但又走向了另一个极端，完全批判党的集中领导而公开倡导“民主化”“公开化”，没有处理好民主与集中的关系。民主集中制是马克思主义政党发挥领导作用的根本指导原则，切实贯彻民主集中制可以有效减少政党的决策失误，同时也能为政党纠正错误提供有力保障。

三要为改革创新实践提供空间。长期以来，苏联共产党在政治领域实行的是高度集权的领导体制和行政命令式的执政方式，思想领域则长期存在意识形态僵化问题和教条主义错误。随着国内外形势的变化，各种新情况新问题新挑战层出不穷，上述模式的种种弊端也日益显现出来。但是由于苏联共产党长期处于旧有体制中，思维固化且缺乏改革创新的意识，加之一定程度上对自身发展模式的骄傲情绪使其不能直面问题，因此一再错过改革时机，在积弊已深的情况下再进行改革已无力回天。不论是思想上还是实践上，党内的改革创新空间都极其有限，错误的不能被推翻，正确的又无法建立，所以最终在外界冲击和内部压力下走向自我封闭的循环中，不断落后、衰退直至走向覆灭。这也就启示我们要在党内充分倡导改革创新的意识和实践。

对苏共政党建设的历程回顾、归纳梳理和教训总结是中国共产党推进自我革命的重要参照。中国共产党坚持自我革命的历史主动是建立在对历史发展规律的正确把握和遵循、对历史经验与教训的深刻了解和吸取基础之上的，是兼具历史性和科学性的。

第二章

新时代中国共产党坚持自我革命的理论自觉

中国共产党在革命、建设和改革的各个历史时期，都始终饱含着历史主动精神，在不断进行深刻反思和经验总结的过程中，坚持刀刃向内，直面和不断解决自身存在的问题，推进着党的自我革命的历史进程。在此过程中，中国共产党人立足实践发展的新情况、新问题，不断提出关于自我革命的新思想、新论断，实现理论指导的与时俱进，强化了全党的理论武装，彰显了中国共产党人的理论自觉。进入新时代，面对世情国情党情出现的新变化，在坚持马克思主义的科学指导和接续发扬党的自我革命优良传统的同时，立足新时代的发展实际，习近平总书记提出了一系列关于党的自我革命的重要论述。这些重要论述内含着的新认识、新观念，实现了新时代党的自我革命理论的创新发展。深刻剖析新时代习近平总书记关于自我革命重要论述的根本指向、理论逻辑、方法论原则和价值导向，有利于加深对于自我革命这一重大命题的深刻认识，形成对于这一重大命题的整体把握，从而增强全党的理论自觉与理论自信。在习近平总书记关于党的自我革命的重要思想的指导下，逐步推动全党将理论学习转化为切实举措，推进新时代党的自我革命向纵深发展，实现党的长期执政和国家发展的长治久安。

第一节　关于自我革命的根本指向

进入新时代，习近平总书记在深刻总结党的建设经验基础上，立足党的十八大以来管党治党新实践，提出了“自我革命”这一重要政治论断，对什么是自我革命、为什么自我革命及如何自我革命等问题进行了论述。其中，习近平总书记深刻指明了党的自我革命的根本任务、根本动力和根本要求这一系列根本性问题：确保全党不忘初心、牢记使命是自我革命的根本任务，越是长期执政，越不能丧失自我革命精神是自我革命的根本动力，以伟大自我革命引领伟大社会革命是自我革命的根本要求。这深刻揭示了习近平关于自我革命重要论述的根本指向。深刻认识这一问题，有利于科学把握自我革命的核心内容，也就对自我革命有了最本质、最深刻的认识。

一、根本任务：确保全党不忘初心、牢记使命

党自成立以来，始终将为中国人民谋幸福、为中华民族谋复兴作为自身的初心和使命，并且号召广大党员和干部要始终不忘初心、牢记使命。一百多年来，党不断直面和解决党内存在的背离党的初心和使命的问题，确保党的初心不改，使命不移。进入新时代，习近平更加强调坚守党的初心使命的重要性，指出：“忘记初心和使命，我们党就会改变性质、改变颜色，就会失去人民、失去未来。”[①]做到不忘初心、牢记使命，并不是一件容易的事

① 《习近平谈治国理政》第 3 卷，外文出版社 2020 年版，第 538 页。

情，必须有强烈的自我革命精神。因此，号召全党以彻底的自我革命精神抓好党的建设，以不断深化自我革命的方式，解决党内存在的突出问题，从而确保全体党员都能够始终不忘初心、牢记使命。

（一）不忘初心、牢记使命是党的建设的永恒课题

党自成立以来，就坚守自身初心，牢记和不断践行着自身的使命担当。不忘初心、牢记使命，是党的建设的永恒课题，全体党员要将其作为终身追求。习近平总书记指出“做到不忘初心、牢记使命，并不是一件容易的事情，必须有强烈的自我革命精神”①。为了确保党能够始终不忘初心牢记使命，就要求党要永葆自我革命精神，不断加强自身建设，不断提高自身的能力和本领。

党的初心和使命集中体现了党的性质宗旨。党既是中国工人阶级的先锋队，同时也是中国人民和中华民族的先锋队。一方面，党没有自身的特殊利益，是为最广大的人民群众谋利益的，因而能够全心全意致力于为人民群众谋求幸福生活；另一方面，党具有超越普通群众的先进性，是要在为人民谋幸福的基础上带领广大人民致力于实现民族复兴。中国共产党坚守全心全意为人民服务的宗旨，因而不管是为人民谋幸福还是为民族谋复兴，都始终坚持从人民群众的立场出发，为人民获得更加美好的生活而不懈奋斗。党的初心和使命，就要求党要时刻牢记自己的性质和宗旨，弄清和搞懂党没有自身的私利，要始终为人民谋利益、为人民服务的重要问题，时刻坚守自身政治立场，保持自身的先进纯洁。此外，初心和使命还集中体现了党的理想信念。实现共产主义是马克思主义政党的崇高理想。作为马克思主义政党，实现共产主义也是中国共产党的远大追求。习近平总书记指出：“中国共产党一经成立，就把实现共产主义作为党的最高理想和最终目标”②，并且在实现远大理想的过程中，党还提出了阶段性的目标，形成了符合中国特色社会

① 《习近平谈治国理政》第3卷，外文出版社2020年版，第531页。

② 习近平：《决胜全面建成小康社会 夺取新时代中国特色社会主义伟大胜利——在中国共产党第十九次全国代表大会上的报告》，人民出版社2017年版，第13页。

主义事业发展的共同理想。党的初心和使命，也就要求党要致力于为实现共同理想和远大理想而奋斗，不断提高党实现理想目标的能力和水平。总之，正是在初心使命的激励下，党才能始终牢记党的性质宗旨，始终坚守共产党人精神追求，始终坚持人民至上。这也就要求要时刻牢记和保持党的初心使命，通过不断强化党的建设，充分发扬自我革命精神，坚决同一切背离党的初心和使命的问题作斗争。

（二）不忘初心、牢记使命，关键是要有正视问题的自觉和刀刃向内的勇气

习近平总书记深刻指出："敢于直面问题、勇于修正错误，是我们党的显著特点和优势。"[①]百年来，党不断强化自身建设，同弱化党的先进性、损害党的纯洁性的因素进行坚决斗争，同党内存在的错误和突出问题作坚决斗争。"不忘初心、牢记使命，说到底是要解决党内存在的违背初心和使命的各种问题，关键是要有正视问题的自觉和刀刃向内的勇气。"[②]通过坚决同这些问题作斗争，不断实现党的自我净化，从而确保党的初心不改，使命不移。

在政治建设方面，党内存在党的领导弱化和虚化的问题，部分党员不服从党中央权威和集中统一领导，不能很好地贯彻和执行党中央的各项规定，并且在工作的过程中易出现政治立场动摇的现象，存在担当意识不强、斗争精神不足等问题。在思想建设方面，党内存在思想不纯的问题。部分党员的理论学习不够深入，并且受西方意识形态的干扰，出现理想信念动摇，宗旨意识淡化的严重问题。在组织建设方面，党内存在组织不纯的问题。部分并不符合党员标准的人员进入党员队伍之中，严重影响着党员队伍的纯洁。并且党内也存在对党员干部监督管理的弱化和虚化问题，部分党员干部的违法乱纪行为没有得到及时制止，严重损害了党的干部队伍的良好形象。在作风

---

① 习近平：《在"不忘初心、牢记使命"主题教育总结大会上的讲话》，人民出版社2020年版，第15页。

② 《习近平谈治国理政》第3卷，外文出版社2020年版，第532页。

建设方面，党内存在作风不纯的问题。官僚主义、形式主义作风问题形势严峻，部分党员和干部在落实党中央精神和党中央相关规定时采取敷衍的态度，致使党中央的决策部署无法得到应有落实；享乐主义和奢靡主义作风也甚嚣尘上，党内仍然有部分党员和干部顶风违纪，并且呈现出更加隐蔽的特征。这些问题都是严重违背党的初心使命的突出问题，严重侵蚀着党的肌体健康，损害着党的良好政党形象，进而阻碍着党的事业的发展。习近平总书记告诫全党："对自身存在的问题不能反应迟钝，处理动作慢腾腾、软绵绵，最终人亡政息"[①]。这就要求必须有正视问题的勇气和决心，在深刻剖析违背初心使命各类问题原因的基础上，坚持不懈地以彻底的自我革命精神纠正自身问题，有效解决党内存在的政治、思想、组织、作风等诸多突出问题，从而保障全体党员都能始终不忘初心、牢记使命。

（三）新时代要不断把党的自我革命推向深入，确保全党始终不忘初心、牢记使命

新时代，我们党要做到不忘初心、牢记使命，就要不断把党的自我革命推向深入。要通过强化理论学习、开展批评和自我批评等多种方式，不断推动党的自我革命向纵深发展，以确保全体党员干部始终不忘初心、牢记使命。

一是要以先进理论滋养初心、引领使命。习近平总书记强调："共产党人的初心，不仅来自于对人民的朴素感情、对真理的执着追求，更建立在马克思主义的科学理论之上。"[②]这就要求党员必须要加强理论学习，不断提高学习能力和学习本领，实现党的自我提高，在先进理论的指导下，更加深刻认识和更加自觉践行党的初心和使命。首先，要加强对马克思主义理论的学习。号召广大党员干部通过阅读经典著作的方式，使党员干部更加深刻认识无产阶级政党解放无产阶级和全人类的崇高使命所在，明确作为无产阶级政

① 《习近平谈治国理政》第 4 卷，外文出版社 2022 年版，第 544 页。

② 习近平：《在"不忘初心、牢记使命"主题教育总结大会上的讲话》，人民出版社 2020 年版，第 13 页。

党党员应具备的使命担当，进而激励广大党员将理论学习成果应用于奋斗实践之中，为践行使命而不懈努力。其次，要加强对马克思主义中国化理论成果的学习。通过学习，科学认识党的性质、宗旨、初心使命和行动指南等问题，形成对中国共产党和中国共产党党员身份更加深刻的认识。深刻学习和把握党的奋斗历程，深刻体悟中国共产党一百多年来对初心使命的坚守。新时代，尤其要把学习习近平新时代中国特色社会主义思想放在重要位置，通过开展党内集中教育和经常性教育等方式，在党内形成自觉加强理论学习的良好氛围，确保新时代广大党员和干部能够有效提升自身理论水平，不断将学习贯彻习近平新时代中国特色社会主义思想引向深入，使全体党员统一思想、统一意志、统一行动。通过以先进理论武装全党，端正党员干部的思想作风，确保新时代广大党员干部能够更好牢记初心，践行使命。

二是用好批评和自我批评的有力武器，确保党始终不忘初心、牢记使命。习近平总书记指出："批评和自我批评是我们党强身治病、保持肌体健康的锐利武器"。[①]一百多年来，中国共产党通过运用批评和自我批评的方式，及时发现自身存在的问题，并对这些问题进行及时整改，有效清除影响和干扰党的健康肌体的不良因素，确保了党员队伍的先进纯洁，也使得党能够始终坚守初心和使命。新时代，要继续用好批评和自我批评这个锐利武器，有效解决党内存在违背初心和使命的突出问题。首先，正确开展批评。要鼓励上级对下级、同级党员之间以及下级对上级进行批评，及时指出存在的问题和错误。但是在开展批评的过程中，要采取正确的方式，坚持实事求是的原则，不能影响和违背党内团结。其次，党员干部要发挥领导和示范作用。在民主评议会、组织生活会上，党员干部要发挥模范带头作用，及时对自身问题进行自我批评，为广大党员剖析自身存在的问题作出良好示范，并带头主动对自身存在的问题进行改正。此外，要重视发挥群众的监督作用。畅通群众监督的渠道，积极引导广大人民群众及时对党内出现的问题进行揭露，有效加强对广大党员和干部的批评，帮助广大党员和干部找到自身问

---

① 《习近平关于全面从严治党论述摘编》，中央文献出版社 2016 年版，第 171 页。

题，促使其保持初心、更好承担起使命责任。

二、根本动力：越是长期执政，越不能丧失自我革命精神

一百多年来，中国共产党通过修正错误和解决自身问题，不断进行自身的革命性锻造，使党拥有强大生命力和战斗力，成为蓬勃发展的百年大党。作为百年大党，“如何实现长期执政，是我们必须回答好、解决好的一个根本性问题”[①]。对此，习近平总书记指出：“越是长期执政，越不能丢掉马克思主义政党的本色，越不能忘记党的初心使命，越不能丧失自我革命精神。”[②]必须始终保持党的自我革命精神，不断解决阻碍新时代党的长期执政的深层次问题，把党建设成为具有强大生机活力的马克思主义政党，有效保障党的长期执政。

（一）要想实现长期执政，关键是要通过自我革命跳出历史周期率

跳出历史周期率是深入推进党的自我革命的战略目标。回望历史，历代封建王朝的统治阶级内部都存在奢靡享乐、吏治腐败等现象，他们因自身的历史局限性，不能有效解决自身存在的问题，因而无法跳出历史周期率。这告诫我们，要想真正破解和解决自身存在的问题，跳出历史周期率，实现政权的巩固，就要“敢于进行自我革命，敢于刀刃向内，敢于刮骨疗伤，敢于壮士断腕，防止祸起萧墙”[③]。

历史周期率的本质是长期执政的政治安全问题。纵观中国历史，历代封建王朝都没有摆脱历史周期率的最终宿命，最终走向了盛极而衰的道路。对这一问题的思考关系着党的千秋伟业。从实现全国执政到巩固执政地位，再到确保长期执政，如何跳出历史周期率的问题越来越突出和迫切。一百多年

① 《十九大以来重要文献选编》中，中央文献出版社2021年版，第118页。

② 《十九大以来重要文献选编》中，中央文献出版社2021年版，第118页。

③ 《习近平关于“不忘初心、牢记使命”论述摘编》，党建读物出版社、中央文献出版社2019年版，第172页。

来，中国共产党正是通过自我革命的方式，及时纠正和解决自身出现的问题和错误，不断破解跳出历史周期率的难题，对如何确保党的长期执政作出了深刻回答。新民主主义革命时期，党内一度出现“左”倾、右倾的错误思想，并且在其指导下采取了错误的路线方针政策，使中国的革命事业和党的自身建设都遭遇了一定的挫折。面对这些错误思想，党采取直面和正视问题的态度，及时召开了八七会议和遵义会议，及时调整了党的路线方针政策，使党带领人民取得了革命的胜利。社会主义革命和建设时期，面对开展社会主义建设的重要任务，党在领导人民进行建设的过程中急于求成，因此出现了一些脱离国家发展实际的失误。面对错误路线和方针政策指引下国家发展建设中产生的诸多问题，党能够及时进行反思和修正，逐渐扭正了党和国家的发展方向。改革开放和社会主义现代化建设新时期，为了解决“文化大革命”给党和国家带来的混乱局面，党着力破除了“两个凡是”错误思想的束缚，及时纠正了党的错误，作出了将党和国家的工作重心转移到经济建设上来的正确决策。新时代，习近平总书记给出了跳出历史周期率的第二个答案，指出“经过百年奋斗特别是党的十八大以来新的实践，我们党又给出了第二个答案，这就是自我革命”①。党的十八大以来，党深刻检视自身存在的不足和问题，以前所未有的勇气和决心推进党的自我革命，有效打出了一套“自我革命”的组合拳，解决了影响党长期执政、国家长治久安、人民幸福安康的突出矛盾和问题，有效探索出一条长期执政条件下解决自身问题、跳出历史周期率的成功道路。新时代我们党要汲取宝贵经验，继续保持自我革命精神，避免重犯历代封建王朝犯过的错误，长期坚持并不断深化推进党的自我革命，依靠党的自我革命跳出历史周期率，进而实现党的长期执政。

（二）要想实现长期执政，必须通过自我革命有效化解党面临的危险和考验

生于忧患、死于安乐是历史给我们党的深刻启示，这也就要求党必须常

① 《习近平谈治国理政》第4卷，外文出版社2022年版，第541页。

怀忧虑、居安思危，勇敢面对各种危险考验。习近平总书记指出："我们党作为世界上最大的马克思主义执政党，要始终赢得人民拥护、巩固长期执政地位，必须时刻保持解决大党独有难题的清醒和坚定。"[①]全党必须深刻认识到长期执政条件下，党所面临的"四大考验"和"四种危险"的长期性、复杂性、严峻性。只有不断推进党的自我革命，以解决大党独有难题为主攻方向，有效应对和化解各种危险和考验，党才能进一步巩固执政根基，实现党的长期执政。

首先，必须以强大的自我革命能力化解党面临的"四大考验"。一是执政考验，即在执政环境日趋复杂的背景下，党如何保持自身长期执政地位，如何实现党执政能力的提高。二是改革开放考验，即如何全面深化改革开放，并在此过程中坚定不移地坚持和发展中国特色社会主义。三是市场经济的考验，即在推进市场经济的过程中，如何防范市场经济对意识形态安全的冲击，以及市场经济可能带来的贪污腐败、拜金主义、自由主义等问题，维护党的先进性和纯洁性。四是外部环境的考验，即国内外存在遏制、打压、分化中国的多种行径，党面临着复杂严峻的国内外环境。如何应对和处理这些考验，事关党的前途命运。必须通过自我革命的方式加强党的自身建设，提升党经受"四大考验"的定力，保障党的坚强领导核心地位。要通过锻造干净纯洁的干部队伍，提升党的执政能力和执政水平，及时清理党的组织队伍，保障党执政队伍的纯洁性与先进性，化解执政考验。要使广大党员形成清醒的认识，从而正确把握改革开放的性质和方向，不断增强党的斗争精神和斗争本领，提升党科学应变、主动求变的革新调整能力，化解改革开放考验。要加强党员队伍的理论学习，通过牢牢把握党对意识形态工作的领导权，严防西方腐朽思想对党员队伍的干扰和侵蚀，持续加大反腐力度，化解市场经济考验。要提升党科学分析国内外形势的自觉，增强党防范化解各种风险挑战的能力，促使党更好地肩负起政党责任，树立良好政党形象，化解外部环境的考验。

---

① 习近平:《高举中国特色社会主义伟大旗帜　为全面建设社会主义现代化国家而团结奋斗——在中国共产党第二十次全国代表大会上的报告》，人民出版社 2022 年版，第 63 页。

其次，必须以彻底的自我革命精神化解党内存在的“四种危险”。一是精神懈怠危险，即丧失共产主义远大理想，丧失坚定的政治立场。二是能力不足危险，即包括政治领导能力、依法执政能力、学习能力、改革创新能力、落实发展能力等在内的多种能力不足的危险。三是脱离群众危险，即漠视或者采取敷衍了事的态度对待人民群众所反映的问题，不能虚心听从人民群众的建议，甚至无法切实维护人民的利益，使人民群众的利益受到极大损害。四是消极腐败危险，即部分党员干部还存在以消极态度对待工作，以及党内腐败问题尚未得到彻底解决。这些危险的存在严重影响着党的公信力，破坏着党的执政形象。这也就要求必须通过自我革命的方式，同这些党内存在的危险作坚决斗争，以马克思主义信仰化解精神懈怠的危险，以执政本领的增强化解能力不足的危险，以人民至上理念化解脱离群众的危险，以刮骨疗毒、去腐生肌的勇气化解消极腐败的危险。

党的二十大报告中指出：“党面临的执政考验、改革开放考验、市场经济考验、外部环境考验将长期存在，精神懈怠危险、能力不足危险、脱离群众危险、消极腐败危险将长期存在。”[①]要想实现党的长期执政，就必须继续坚持全面从严治党，坚定不移推进党风廉政建设和反腐败斗争，以强大的自我革命能力和彻底的自我革命精神，有效化解这些危险考验，进一步赢得人民群众的支持。

（三）要想实现长期执政，必须通过自我革命解决好腐败这一最大威胁

《中共中央关于党的百年奋斗重大成就和历史经验的决议》指出，“腐败是党长期执政的最大威胁，反腐败是一场输不起也决不能输的重大政治斗争”[②]。一百多年来，中国共产党高度重视党内存在的腐败问题，采取了一系列有力举措推进反腐败斗争不断发展。尤其是进入新时代以来，以习近平同志为核心的党中央坚持以零容忍的态度惩戒腐败，采取了前所未有的反腐

① 习近平:《高举中国特色社会主义伟大旗帜　为全面建设社会主义现代化国家而团结奋斗——在中国共产党第二十次全国代表大会上的报告》，人民出版社 2022 年版，第 64 页。

② 《中共中央关于党的百年奋斗重大成就和历史经验的决议》，人民出版社 2021 年版，第 32 页。

力度，使得腐败问题得到有效遏制。但是，目前反腐败斗争形势依旧严峻复杂，仍然存在腐败多发的现象，并且腐败问题不断呈现新的特征，惩戒腐败问题的难度不断增加。

一是新时代腐败存量和腐败增量的问题尚未得到圆满解决。首先，当前腐败存量问题尚未得到妥善解决。党内部分党员在对腐败存量这一问题的认识上存在偏差，认为腐败存量问题由于日久年深和数量众多，解决腐败存量这一问题的意义不大，因此在工作中存在落实不到位的情况。其次，当前滋生腐败的土壤依然存在，遏制腐败增量的任务依然艰巨繁重。尽管在新时代反腐的高压态势之下党内的腐败问题得到了有效遏制。但是党内仍然存在部分党员干部无视党的纪律、顶风作案的情况。二是新时代腐败问题呈现出新的特点，反腐败斗争的难度增加。新时代以来，腐败呈现出政治问题和经济问题交织、传统腐败和新型腐败交织、腐败问题和不正之风交织等特点。首先，政治问题和经济问题交织。党内一些党员干部无视政治纪律，在党内进行拉帮结派形成利益团伙，实现政治权力与经济利益的相互勾结。并且由于许多不法集团对党内部分党员干部进行拉拢腐蚀，致使这些党员干部与党外的不法企业相互勾结，出现权钱交易等行为。其次，传统腐败和新型腐败交织。在传统腐败问题尚未得到解决的同时，腐败问题呈现出新的变异形态。腐败的手段更加多样、隐蔽性增加，例如典型的“期权腐败”“高利转贷”，或者一些党员干部通过亲属或者代理人实现自身的权力受贿。此外，腐败问题和不正之风交织。不正之风是腐败问题产生的温床，党内许多党员干部就是在搞不正之风的过程中，逐渐走上了腐败的道路。党内呈现出由风变腐、风腐一体的复杂局面。

面对新时代反腐败斗争的严峻形势，我们党必须始终保持自我革命精神，坚持不懈推进反腐败斗争，保持对各种腐败问题的高压态势，早日打赢反腐败斗争攻坚战、持久战，解决好影响党长期执政的这一最大威胁，确保党的长期执政。

三、根本目的：以伟大自我革命引领伟大社会革命

马克思主义政党以实现人的自由全面发展和解放全人类为己任，要实现这样的崇高使命，必须在不断自我革命中永葆先进性和纯洁性，从而引领深刻的社会革命。中国共产党的百年历史就是不断以党的自我革命引领党的社会革命的历史。新时代，习近平总书记指出："必须持之以恒推进全面从严治党，深入推进新时代党的建设新的伟大工程，以党的自我革命引领社会革命"[①]。通过自我革命引领中国特色社会主义事业的发展，续写无愧于时代和人民的社会革命新篇章。

（一）党的百年奋斗历史就是以伟大自我革命引领伟大社会革命的历史

党的百年奋斗历史是一部不断进行自我革命的自强史。同时，在这个过程中，党团结带领人民创造了一系列伟大成就，不断推进着社会革命的历史进程。可以说，在党的百年历史发展进程中，自我革命与社会革命相辅相成，党的百年奋斗历史就是以伟大自我革命引领伟大社会革命的历史。

在新民主主义革命时期，我们党就十分重视以思想建设为重要任务，不断推进党的自我革命，通过八七会议、遵义会议和延安整风运动等，不断同党内存在的"左"倾和右倾的错误思想作斗争，创造了通过批评与自我批评进行马克思主义思想教育的整风形式等，促进了党的团结统一，引领了"人民独立和社会解放"的社会革命，有力地保障了新民主主义革命的胜利。在社会主义革命和建设时期，我们党通过整风整党运动有效治理了党内滋长的以功臣自居的骄傲自满情绪和形式主义、命令主义作风，坚决处理党内存在的腐败问题等，有力地保障了社会主义革命的成功，推进了社会主义建设事业的发展。在改革开放和社会主义现代化建设新时期，我们党始终注重不断提高党的领导水平和执政水平，通过开展"三讲"运动、"三严三实"等教育活动，加强党的执政能力建设和先进性建设，同时通过选举产生新的中共

---

① 习近平:《高举中国特色社会主义伟大旗帜　为全面建设社会主义现代化国家而团结奋斗——在中国共产党第二十次全国代表大会上的报告》，人民出版社 2022 年版，第 64 页。

中央纪律检查委员会、纪检监察机关合署办公等方式，坚决同这一时期的腐败问题作斗争，严肃处置了一批党内的腐败分子，有效保障了党内政治生态的风清气正，有力地推动了中国特色社会主义事业的发展。进入新时代，我们党以前所未有的勇气和决心，以敢于刀刃向内的彻底的革命精神，直面和解决党内突出问题，注重提高党的各项能力和水平，锻造坚强有力的党员队伍。通过推进党的政治建设，净化党内政治生态；加强思想建设，坚定全党理想信念；强化组织建设，增强组织力量；持续加强作风建设，促使党风政风民风焕然一新；加强纪律建设和制度建设，驰而不息开展反腐败斗争，锻造了一支坚强有力的党员队伍。依托这一系列自我革命的有力措施，极大促进了国家各项事业的发展，带领人民切实取得了新时代中国特色社会主义的伟大成就。

中国共产党作为马克思主义政党，就是为推进社会革命而生、为实现社会革命而战的。一百多年来，为了真正肩负起社会革命的重要历史责任，党在不同时期都始终坚持加强自身革命性锻造，重视发挥党的自我革命的引领作用。可以说，党的历史充分证明了通过不断加强自我革命，从而引领社会革命的发展是党的自我革命的必然要求，也是党的必然选择。

（二）要继续坚持以伟大自我革命引领伟大社会革命不断取得新胜利

当前，历史发展进入新阶段。要继续推进社会革命历史进程的向前发展，取得新时代伟大社会革命的胜利，必须要有党的伟大自我革命来保障与推动。展望新征程新任务，党必须坚持以自我革命引领社会革命，从而引领和保障中国特色社会主义伟大事业继往开来、行稳致远。

党的十八大以来，在以习近平同志为核心的党中央的带领下，全面建成小康社会，实现第一个百年奋斗目标。我国进入了全面建设社会主义现代化国家的新发展阶段。虽然取得了一定的成就，但我国仍是世界上最大的发展中国家，发展问题仍然是限制我国推进新发展阶段的重要影响因素，实现高质量发展的过程中仍然存在制度藩篱，体制机制也尚不完善。这就要求党必须通过自我革命，解决群众急难愁盼问题，着力化解那些可以预见和难以预见的风险。党的二十大报告更加明确地提出了新征程上党的中心任务。任务的艰巨性也使得要想完成这一中心任务，必须通过自我革命的方式，提升党对现代化的深刻认识和不断加强理论创新，形成适合中国发展的现代化建设理论，在实践中增强党协调各方的能力，从而确保党对中国式现代化的领导和推动作用，确保中国式现代化行稳致远，进而保证全面建设社会主义现代化国家的目标如期实现。

在新时代新征程上，必须继续坚持以伟大自我革命引领伟大社会革命，才能不断取得新的胜利。一是要加强党的自身建设，提高党的伟大自我革命引领伟大社会革命的领导势能。在纠治党内不正之风、打造党内铁规正纪、坚持高压反腐斗争等方面持续发力。围绕健全全面从严治党体系，着力健全上下贯通、执行有力的组织体系，素质培养、知事识人、选拔任用、从严管理、正向激励的干部工作体系，严把入口、优化结构、提高质量、发挥作用的党员管理体系，科学规范、开放包容、运行高效的人才发展治理体系，党的组织工作制度规范体系，全面从严治党责任体系。解决好党内存在的诸多问题，真正做到管党有力、治党有方，从而保障和提升党的领导水平和领导能力。二是要发扬伟大建党精神，为党的伟大自我革命引领伟大社会革命提供精神动力。必须注重挖掘伟大建党精神以及党的精神谱系的时代价值，通过弘扬伟大建党精神使广大党员干部更加注重遵守政治准则、注重自身行为操守，为党进行自我革命提供恒久的内生动力，推动广大社会成员坚持正确价值理念和道德标准，为党领导社会革命注入强大的精神动力。三是要利用好主题教育这一重要方式，为党的伟大自我革命引领伟大社会革命提供重要支持。推动广大党员干部学懂弄通以伟大自我革命引领伟大社会革命的重要要求，在理论学习中提高思想境界和认识能力。并且在理论学习的基础上，要求广大党员在深化、内化上下功夫，更好在日常工作中发扬自我革命精神，不断反思和查找自身问题，提高为人民群众办事的工作能力，真正实现学思用贯通，践行以伟大自我革命引领伟大社会革命的实践。

总之，伟大社会革命不断前进与发展的背后，蕴含了我们党不断自我净化、自我完善、自我革新、自我提高的精神品质。在推进伟大社会革命的路上，必然要求党要继续坚持不懈地进行自我革命，推进和引领伟大社会革命。

第二节　关于自我革命的理论逻辑

面对世情国情党情的深刻变化，新时代进一步加强党的自我革命成为党的必然选择。习近平总书记在总结管党治党历史经验的基础上，立足“两个大局”的全新形势，考察新时代党的建设的全新局面，提出了一系列关于自我革命的重要论述。厘清这些重要论述的内在理论逻辑，有利于科学准确地把握自我革命重要论述的重要内容，从而实现在科学理论的指导下，找准前进的方向，继续推进新时代党的自我革命。

一、广大党员干部是推进党的自我革命的主体力量

自我革命的重要目的就在于永葆党的先进性和纯洁性，确保党的长期执政。为了实现这一目的，各级党组织和全体党员干部不断致力于检视和切实解决自身问题。党员干部在推进党的自我革命中发挥着重要作用，锻造善于斗争、勇于自我革命的干部队伍是推进党的自我革命向纵深发展的重要着力点。

（一）党员干部是自我革命的重要主体

党员干部是党的事业的重要参与者和引领者，中国共产党历来高度重视党员干部作用的发挥。一百多年来，正是由于锻造了具有良好领导能力的干部队伍，才为党的革命、建设和改革事业提供了强大的组织保证。习近平总书记指出：“领导干部是党的执政骨干，只有管住‘关键少数’特别是高级

干部和各级主要领导干部，全面从严治党才有震慑力和说服力。”[①]进入新时代，习近平总书记更加突出强调党员干部在自我革命中的重要主体地位，号召广大党员干部不能丧失自我革命精神。

一方面，党员干部在党员队伍中起着重要的引领和示范作用，对广大党员具有重要的影响力。只有充分发挥党员干部自我革命的自觉性，才能带动广大党员积极主动进行自我对照，不断查找和解决自身存在的问题。“要教育党员干部以刀刃向内的自我革命精神，广泛听取意见，认真检视反思，把问题找实、把根源挖深，明确努力方向和改进措施”[②]，不断提高党员干部发现问题和解决问题的能力，为广大党员自觉实现自我革命作出良好示范。另一方面，党员干部特别是高级领导干部不同于普通党员，在制定落实国家大政方针、具体政策部署方面起着重要作用，具有不同于普通党员的职责属性。实现第二个百年奋斗目标、实现中华民族伟大复兴的中国梦，党员干部队伍发挥着重要的作用。这就要求党员干部要不断实现自我提高和自我超越，要求党员干部永葆自我革命精神，不断提高和发挥好领导能力和决策能力，推进党和国家事业的发展。

当前，党员干部虽然积极推进自我革命，为广大党员作出了重要表率。但是党员干部内部仍然存在一些问题。因此，自我革命依然要抓好党员干部这一重要主体。例如，党员干部中的形式主义和官僚主义问题虽然得到了一定的整改，但是根源并未消除，出现一些形式上的新变化。一些党员干部仍然存在不作为的现象，“履责”变“推责”，存在将责任上移或者下移的问题。部分党员干部在贯彻新发展理念、推进供给侧结构性改革的过程中，无法认清纷繁复杂的形势变化，找不到有效管用的好思路、好办法。此外，还有一些党员干部没有经过重大考验，斗争能力和应对风险挑战的能力不强等。这些问题的存在仍是阻碍党的革命性锻造的重要因素，也是当前党员干部亟须解决的重要问题。因此，必须继续推进自我革命，才能使广大党员干部真正认识自身存在的问题，推动不断解决党员干部队伍中存在的问题，进

① 《十九大以来重要文献选编》上，中央文献出版社2019年版，第189页。

② 《习近平谈治国理政》第3卷，外文出版社2020年版，第527页。

而带动广大党员认真审视自身存在的问题并积极进行问题整改，从而取得党的自我革命的良好成效。

（二）锻造善于斗争、勇于自我革命的干部队伍

“党要管党，首先是管好干部；从严治党，关键是从严治吏。”[①]要想实现真正的兴党强党，党就必须以自我革命精神打造和锤炼自己。这也就要求党要加强干部队伍的革命性锻造，锻造一支勇于自我革命的干部队伍。党的十八大以来，以习近平同志为核心的党中央高度重视并提出新时代党的组织路线，明确了信念坚定、为民服务、勤政务实、敢于担当、清正廉洁的好干部标准。不断完善干部人事工作，健全党员干部的选拔任用体系、考核评价体系、从严管理体系和激励保障体系，确保培养一大批高素质、专业化的干部队伍。

新时代新征程，必须紧紧抓住党员干部这一关键少数，强化党员干部增强自我革命的自觉，提升自我革命的能力和水平，不断锻造善于斗争、勇于自我革命的干部队伍。一是加强理论学习，坚定理想信念。党员干部要深入学习马克思主义基本原理和党的创新理论，特别要学好习近平新时代中国特色社会主义思想，提高科学掌握其世界观与方法论的能力和水平。积极参与到主题教育的各项活动当中，全面把握习近平新时代中国特色社会主义思想的基本观点、核心要义、科学体系，强化自身理论武装。在不断提升自身理论水平的同时，有效抵制错误思想的侵蚀，坚定自身理想信念。此外，重视党员干部党性修养的培养，要求党员干部注重加强党性锤炼，经常性对照党章党规党纪要求，使自己始终保持崇高革命理想和旺盛革命斗志。二是严守纪法规矩，增强拒腐防变和抵御风险的能力。面对物质、权力的诸多诱惑，党员干部要坚守自身的职责和底线。要自觉遵守相关纪律要求，在日常的工作中严格按照党章党规的要求规范自身行为，并且要以坦荡的胸怀自觉接受人民群众的监督，从而在自省自律与监督他律中提升拒腐防变的能力。面对

① 《习近平关于全面从严治党论述摘编》，中央文献出版社 2016 年版，第 131 页。

新时代的风险挑战，党员干部要积极应对，特别是面对以中国式现代化推进中华民族伟大复兴的进程中可能出现的各类风险挑战，党员干部要能够对现有的国内外形势具有清醒的认识能力，在此基础上，增强化解和防范各种风险的能力，不断发扬真抓实干作风，扎实推动各项工作高效落实。三是运用好手中权力。首先，党员干部要认清权力的来源，要正确认识权力是人民赋予的，始终把人民放在心中最高位置，在人民需要的时候挺身而出，多做对人民和对社会有益的事情，坚持权力造福于人民。其次，党员干部要时刻秉持作为马克思主义政党没有自身特殊利益的坚定信念，不谋求政党私利，真正将权力运用到实处。要通过加强对党员干部的监督等方式，坚决克服党员干部中存在的官僚主义、形式主义等突出问题，使广大党员干部能够真正落实好党的各项惠民方针、政策，将手中的权力用到干事创业的明处，用到为民请命的实处。四是要勇于进行自我批评。党员干部要及时进行反思省察，善于发现自身存在的不足，勇于及时对自身存在的问题进行公开的批判，尤其要通过进行公开自我批评的方式，彰显同问题和不足进行斗争的决心，从而既在进行自我批评的过程中提升自身的领导能力和干事能力，同时也为广大党员作出良好的示范，带动全党形成勇于和善于进行自我批评的良好风气。

二、推进社会革命是党进行自我革命的实践主线

中国共产党不断推进自我革命的重要目的，不仅仅局限于实现自身的革命性锻造，提高自身的执政能力和领导本领。更重要的是，通过自我革命的重要方式，不断推进社会革命的进程。一百多年来，中国共产党承担着引领伟大社会革命的历史任务，紧紧围绕着这一重要任务不断进行党的自我革命，从而开创了新时代中国特色社会主义这一具有崭新内涵的伟大社会革命，深刻影响着中国和世界历史发展的进程。推进社会革命作为党进行自我革命的实践主线，这也就要求新时代必须处理好二者的关系，坚持不懈地进行自我革命，从而将新时代这场伟大社会革命进行好。

（一）中国共产党承担着推进伟大社会革命的历史责任

推进社会革命的发展是党与生俱来的历史使命和历史责任。回顾历史，不难看出，党的历史就是一部为推进伟大社会革命而努力的历史。党的一大明确规定“党的根本政治目的是实行社会革命”[①]，此后我们党踏上了为实现社会革命而不懈奋斗的历史征程，承担起了自身的历史责任。

新民主主义革命时期，我们党在积极探索中成功找到正确革命道路，领导人民推翻“三座大山”的压迫，结束了中国几千年的封建专制统治，取得新民主主义革命的伟大胜利，建立起了中华人民共和国，使人民真正成为国家的主人，带领人民走向人民民主。社会主义革命和建设时期，我们党在短短几年时间里基本完成对农业、手工业和资本主义工商业的社会主义改造，确立起社会主义基本制度。改革开放和社会主义现代化建设新时期，我们党领导人民破除阻碍发展的思想和体制障碍，作出改革开放的伟大决策，开辟中国特色社会主义道路，使中国大踏步赶上时代。新时代，党统筹推进“五位一体”总体布局、协调推进“四个全面”战略布局，不断促进人的全面发展、社会全面进步、人民共同富裕。可以说，一百多年来，党始终坚持和不断践行推进伟大社会革命的历史责任，不断推进着社会革命的历史进程，铸就了革命、建设和改革的一系列“中国奇迹”。而这些社会革命取得的阶段性革命成果，和我们党敢于进行自我革命，做到打铁必须自身硬是密不可分的。党的百年奋斗历程充分证明了，我们党能够发扬彻底的自我革命精神，以不断自我革命保持自身先进性纯洁性，坚定地为人民利益而奋斗，承担起了推进伟大社会革命的历史责任，凝聚起持续推进社会革命的强大动能。

（二）新时代中国特色社会主义是具有崭新内涵的伟大社会革命

在党的不懈奋斗之下，推进了社会革命的发展历程，使得中国特色社会主义进入新时代。这也标志着社会革命进入新阶段。新时代中国特色社会主义是具有崭新内涵的伟大社会革命，必须一以贯之进行下去。同时这场新的

---

① 《建党以来重要文献选编（1921—1949）》第1册，中央文献出版社2011年版，第1页。

伟大社会革命，也对党的自我革命提出了更高的要求。

一是新时代中国特色社会主义立足于新的历史方位。新时代中国特色社会主义是建立在我国发展取得历史性成就和发生历史性变革，我国社会主要矛盾发生了新的变化的基础上的。同时新时代中国特色社会主义也面临着纷繁复杂的内外部环境，必须进行许多新的特点的伟大斗争。这也就对党领导新时代中国特色社会主义这一伟大社会革命提出了新的更高的要求。要求党必须加强自我革命，提高自身准确把握我国发展新的历史方位的能力，制定更加完善的大政方针和发展战略，更加坚定地向着伟大社会革命前进，不断夺取新的胜利。二是新时代中国特色社会主义具有新的战略目标。党的十九大报告明确了从2020年到本世纪中叶分“两步走”的新战略目标。党的二十大报告更加明确了到2035年和本世纪中叶我国发展的总体目标，赋予社会主义现代化强国新的丰富内涵。这也就要求党必须通过自我革命不仅造福中国人民，提升带领广大人民群众践行战略安排的能力和水平，早日实现国家发展的宏伟目标，还要更加彰显党为世界谋大同、为人类创造未来的责任担当。三是新时代中国特色社会主义具有新的指导思想。习近平新时代中国特色社会主义思想作为马克思主义中国化时代化最新理论成果，指导着新时代的实践发展，对国家事业发展起着重要的推动作用。这一思想把中国特色社会主义和实现社会主义现代化、实现中华民族伟大复兴有机贯通起来，为新时代进一步推进伟大社会革命提供了思想指南。正是在其指引下，新时代中国特色社会主义呈现出不同于以往的鲜明特色。继续推进新时代中国特色社会主义的伟大社会革命，就要求党必须加强自我革命，促使广大党员干部在坚持马克思主义基本原理的学习的基础上，提高学习和运用习近平新时代中国特色社会主义思想的能力，真正学懂弄通悟透，在理论上不断拓展新视野、作出新概括。在科学理论的指导下，确保全党能够更加准确地把握国家未来发展面临的一系列重大战略问题，带领人民不断取得新胜利。

（三）以自我革命引领社会革命，以社会革命促进自我革命

“中国共产党要担负起领导人民进行伟大社会革命的历史责任，必须勇

于进行自我革命”[①]。新时代，既要继续加强自我革命，发挥好自我革命的引领作用，又要发挥好社会革命对自我革命的促进作用。

坚持以党的自我革命引领社会革命，一是用党的政治方向引领社会革命的发展方向。新时代，必须坚持以党的政治建设为统领，坚守自我革命根本政治方向。要坚持党中央集中统一领导，坚决拥护“两个确立”，做到“两个维护”。强化政治引领，引导督促广大党员干部真正做到始终与党中央保持高度一致，正确领悟和执行党中央大政方针，从而实现在推进社会革命的过程中，确保广大党员能够在先进科学的政治领导下，始终坚持正确的政治方向不动摇，推进社会革命沿着正确的方向发展。二是用党的思想武器解决社会革命的思想问题。新时代，党的自我革命必须抓住思想建设这一重要问题，要高度重视党内的思想建设，淬炼自我革命锐利思想武器，从而实现持续为社会革命注入强大思想动力，解决阻碍社会革命发展的诸多思想问题。这也就要求要将学习和践行习近平新时代中国特色社会主义思想作为对广大党员干部的必然要求，不断提升党员干部科学运用马克思主义思想方法和工作方法的能力。通过提升全党的理论武装，有效解决社会革命中存在的思想问题和各种矛盾，防范化解错误思想对党的思想侵蚀，不断推动社会发展，创造新的辉煌。三是用党的组织路线铸造社会革命的中坚力量。通过不断深化党的自我革命，完善党的各级组织，提高党的各级组织对党员队伍的教育、管理等能力和水平。持续提高党员干部的领导水平，充分发挥党员干部的模范作用。加强对于党员的严格要求，提升党员队伍的整体素质，不断增强党员队伍干事创业的能力，从而使党凝聚起强大组织力量，推进社会革命的发展，领导社会革命走向成功。四是用党的制度体系为社会革命提供制度保障。要充分发挥制度的硬约束作用，筑牢制度的笼子，用科学合理的制度保障全面从严治党。健全自我革命制度规范体系，为推进党的自我革命提供制度保障，锻造具有极强干事创业能力、先进严明的政党，不断推进社会革命的接续发展。

① 《十九大以来重要文献选编》上，中央文献出版社 2019 年版，第 393 页。

坚持以社会革命促进自我革命，就是要用社会革命强化党自我革命的勇气和能力。党进行自我革命的根本目的不仅是实现自身的良好锻造，归根结底是要不断推进社会革命。因此，既要以自我革命为社会革命提供方向保证和组织保证，更要在引领社会革命中着力解决党的自身建设同中国特色社会主义事业发展之间不适应、相矛盾的问题，突破自我革命的内在困境。党的百年历史是为了完成不断解决社会矛盾，适应社会革命的阶段性目标，而不懈进行自我革命的历史。新时代，要求党必须有自我革命的勇气和决心，不断坚定执政为民的重要理念，解决好当下不平衡不充分的发展问题，进而提高党领导人民实现经济高质量发展的能力，继续有效解决现有的和不断产生的新的社会矛盾。此外，推进社会革命的进程中存在诸多艰难险阻，在应对这些考验的过程中党提升了自我革命的能力。正如习近平指出的："自我监督是世界性难题，是国家治理的哥德巴赫猜想。"[①]在解决社会矛盾、推进社会革命的过程中，党不断加强自我监督，努力跳出历史周期率，同时，党不断培育自我革命的党内政治文化和制度土壤，开拓了通过自我革命实现自我发展的空间，不断提升了党的自我革命能力。

三、强化对权力的制约和监督是推进党的自我革命的重要手段

中国共产党作为执政党，掌握着一定的权力。权力运用得好可以造福人民群众；权力若被滥用，则会极大地损害人民群众的利益，严重影响中国共产党的良好执政形象。党的自身建设存在问题的一个重要原因，就是因为对权力的乱用和滥用。因此，他高度重视对权力的制约和监督。"党的十八大以来，我们探索出一条长期执政条件下解决自身问题、跳出历史周期率的成功道路，构建起一套行之有效的权力监督制度和执纪执法体系"[②]，通过强化对权力的制约和监督，推动党的自我革命向纵深发展。

① 《十九大以来重要文献选编》上，中央文献出版社 2019 年版，第 198 页。

② 《习近平谈治国理政》第 3 卷，外文出版社 2020 年版，第 547 页。

（一）健全完善权力配置和运行制约机制

“权力导致腐败，绝对权力导致绝对腐败。”[①]党内存在的许多腐败问题都与权力配置不科学、使用不规范、监督不到位有关。因而在推进自我革命的进程中，必须高度重视权力的规范使用问题，通过加强权力的制约和监督，有效解决党内存在的腐败及违法乱纪问题，有效保障党的肌体纯洁健康。而制约和监督权力，最根本的就是要完善权力配置和运行制约机制。

首先，依法配置权力，明晰权力边界。习近平总书记指出：“权力是一把双刃剑，在法治轨道上行使可以造福人民，在法律之外行使则必然祸害国家和人民。”[②]这就要求，必须通过制定法律法规，明确党的权力的授予、设定、行使方式和基本程序。党的十九届四中全会明确提出：“坚持权责法定，健全分事行权、分岗设权、分级授权、定期轮岗制度，明晰权力边界，规范工作流程，强化权力制约。”[③]党的领导干部必须坚持法无授权不可为，行使权力的过程中也要按照法定的程序和法定的权限进行，以有效避免越权和对权力的滥用等问题。其次，要让权力在阳光下运行。习近平总书记指出：“权力运行不见阳光，或有选择地见阳光，公信力就无法树立。”[④]这就要求公开权力运行的规程，确定权力归属，划清权力边界，厘清权力清单；要按照规范和公开的原则，对行使权力的方式、顺序和时限作出明确具体设定，“坚持权责透明，推动用权公开，完善党务、政务、司法和各领域办事公开制度，建立权力运行可查询、可追溯的反馈机制”[⑤]。同时，还要完善各类公开办事制度，畅通人民群众建言献策和批评监督渠道，充分发挥人民群众以及舆论监督对权力的监督作用，将权力的运行置于严密的监督之下。最后，坚持权责统一，强化执纪问责。强化执纪问责，坚持有权必有责。但目前在权责配置上，还存在规定权力多、明确责任少，甚至是有权无责等现象。这也就要求必须坚持权责统一，强化执纪问责。作为党内监督和国家监

---

① 《十八大以来重要文献选编》上，中央文献出版社 2014 年版，第 136 页。

② 《习近平关于社会主义政治建设论述摘编》，中央文献出版社 2017 年版，第 100 页。

③ 《十九大以来重要文献选编》中，中央文献出版社 2021 年版，第 296 页。

④ 《十八大以来重要文献选编》上，中央文献出版社 2014 年版，第 720 页。

⑤ 《十九大以来重要文献选编》中，中央文献出版社 2021 年版，第 296 页。

察专责机关，纪委监委必须严格职责权限，盯紧公权力运行各个环节。要完善及时发现问题的防范机制、精准纠正偏差的矫正机制，以强有力问责督促权力规范运行。通过对权力的有效制约，减少党内违法乱纪行为的发生，确保党和人民赋予的权力始终用来为人民谋幸福，党的自我革命取得新成效。

（二）完善党和国家监督体系

党的十八大以来，以习近平同志为核心的党中央把制约和监督权力作为保持党的肌体健康的重要保障，以党内监督带动促进其他监督，走出了一条中国特色的监督之路。不断完善党和国家监督制度体系的重大制度安排，强化对权力运行的制约和监督，标志着我们党对长期执政条件下推进党的自我革命的认识达到新的高度。

党和国家监督体系是我们党不断以自我革命精神纠正自身的错误和问题，确保我们党长期执政条件下实现自我革命的有效途径。习近平总书记强调，必须不断完善党和国家监督体系，为党实现自我净化、自我完善、自我革新、自我提高提供重要制度保障。完善党和国家监督体系，一是要坚持党的统一领导。只有在党的正确领导下，才能确保党和国家监督体系沿着正确的方向不断发展前进。坚持和完善党和国家监督体系的过程就是坚定不移地坚持党的领导，做到“两个维护”的过程。要坚持党的统一领导，把党的领导贯彻到纪检监察机关履行职责全过程，强化党的全方位、全过程领导，推动纪检监察工作取得更好的发展与成效。二是充分发挥党内监督的主导作用，推动各类监督协调贯通。党的执政地位，决定了党内监督在党和国家各种监督形式中是最基本的、第一位的监督。强化党内监督的重要任务就是保证全党在政治和大局上向核心看齐，自觉同党中央保持高度一致。因此，必须继续完善中央统一领导、党委（党组）全面监督、纪律检查机关专责监督、党的工作部门职能监督、党的基层组织日常监督、党员民主监督的党内监督体系，并以党内监督带动和促进人大监督、民主监督、审计监督等其他监督，建立更加科学、更加严密、更加有效的中国特色监督体系。三是重点落实好党委主体责任和纪委监督责任。习近平总书记指出：“只要我们把上上下下、条条块块都抓起来，就能织密党内监督之网”[①]。完善党和国家监督体系必须不断强化“两个责任”的贯通落实。党委（党组）要履行好主体责任，书记作为第一责任人要敢抓真管，要将“一把手”作为开展日常监督、专项督查的重点，同时也要做好广大党员的监督工作，确保全党都能认真贯彻党中央的各项决策部署，保持自身的廉洁自律。同时纪检监察机关要盯住重点人重点事，各级纪委要协助党委持续深化全面从严治党，促进管党治党主体责任和监督责任贯通联动。充分发挥纪委监委合署办公的优势，加强党内执纪与监察执法的相互协调，加强监督执纪与监督执法的有机统一，形成全党上下齐抓共管的监督工作格局，增强监督实效。

第三节　关于自我革命重要论述的方法论原则

党的十八大以来，针对“自我革命”这一理论命题，习近平总书记提出了一系列重要论述，形成了对管党治党的规律性认识。这些理论成果从实践中产生，其最终目的是要服务和推动实践的发展。其中关于党的自我革命的方法论原则，提出应在坚持加强党的集中统一领导和解决党内问题相统一、守正和创新相统一、严管和厚爱相统一、组织推动和个人主动相统一中推进党的自我革命。这为如何推进自我革命实践指明了前进方向，提供了根本遵循。

一、坚持加强党的集中统一领导和解决党内问题相统一

自我革命要求党具有直面自身问题的勇气和决心，以解决自身突出问题为重要着力点。但是直面和解决自身问题并不意味着削弱党的领导，动摇党

① 《十八大以来重要文献选编》下，中央文献出版社 2018 年版，第 462 页。

的执政根基，而是通过解决党内问题，更加巩固和加强党的领导。因此，推进自我革命，必须坚持加强党的集中统一领导和解决党内问题相统一。要牢牢找准加强党的集中统一领导的目标指向，通过解决党内问题的方式，提升党的执政能力和领导水平，确保党的领导地位不动摇；同时在党的正确领导下，发现并有效解决问题。

（一）坚决维护党中央权威和集中统一领导

始终坚持党的领导是我们党的优良传统，也是一百多年来我们党能够取得诸多历史性成就的原因所在。而坚持党的领导，首先就是坚持党中央的集中统一领导，否则，就会导致纪律松弛、组织涣散。新时代，我们党不断解决党内存在的问题，最根本的目的就在于捍卫党的领导地位，确保党的集中统一领导，这是深入推进党的自我革命的根本保证。

新时代，党员干部应当同党内出现的弱化党的领导、动摇党的执政基础、违反党的政治纪律和政治规矩的一系列突出问题作斗争，并且“不能因为党内存在问题就削弱甚至否认党的领导，走到自断股肱、自毁长城的歪路上去”[①]。由此可以看出，以问题导向查找和解决党的建设中存在的问题，致力于维护党中央权威和集中统一领导，是全党坚定不移进行自我革命的目标所在。在自我革命进程中，坚决维护党中央权威和集中统一领导，一是必须着力增强“四个意识”。自我革命要着力增强全党政治意识，要求广大党员干部始终坚定政治立场、政治方向、政治信仰，找准正确政治站位。着力增强大局意识，始终站在党和国家事业发展全局的战略高度，识大体、顾大局、谋大事，确保一切工作服从服务于党和国家大局。着力增强核心意识，重视核心、维护核心，自觉在思想上、政治上、行动上同党中央保持高度统一。着力增强看齐意识，经常主动向党中央看齐，保持步调一致，确保党中央决策部署的贯彻落实。二是必须深刻领悟“两个确立”的决定性意义，切实做到“两个维护”。党员干部要及时发现自身存在的问题与不足，不断加

① 《十九大以来重要文献选编》中，中央文献出版社 2021 年版，第 123 页。

强学习，进一步提高理论水平、坚定理想信念，坚持正确的政治方向、政治立场、政治观点。同时，更要把理想信念落实在实际行动上，体现在做人、谋事、创业、修身、用权、律己的方方面面，真正把“两个维护”变成思想自觉、变成党性观念、变成纪律要求、变成实际行动。在推进自我革命的进程中始终坚持党中央权威和集中统一领导，使广大党员能够按照党中央的部署和安排，自觉按照党中央自我革命的要求进行自我对照和自我检查，不断克服自身存在的问题，实现党的净化和完善。

（二）及时发现和解决自身问题

党的十八大以来，党坚持党要管党、全面从严治党，着力解决党内存在的突出问题，党风政风明显好转。同时，“这么大一个党，处在执政地位、掌控执政资源，很容易在执政业绩光环的照耀下，出现忽略自身不足、忽视自身问题的现象。”[①]在推进自我革命的进程中，必须以解决党内存在的突出问题为突破口，巩固党的长期执政地位。

一是切实抓好党的政治建设，发挥政治建设的统领作用。事实表明，党内存在的种种问题归根结底都与党的政治建设虚化、弱化、边缘化有关。因此只有抓牢抓好党的政治建设，坚持和加强党中央集中统一领导，严明政治纪律和政治规矩，不断提高各级党组织和党员干部的政治判断力、政治领悟力、政治执行力，才能解决好自身问题，为党的自我革命提供正确政治方向的保障。二是坚持思想建党和制度治党同向发力。既要注重思想的锤炼，坚持不懈用习近平新时代中国特色社会主义思想凝心铸魂，加强理想信念教育，从思想根源上消除错误思想对党员的思想侵蚀，防范党员受错误思想的干扰而出现诸多问题，通过抓好思想建设这一重要内容，淬炼自我革命的思想武器。又要扎紧扎牢制度笼子，完善党的自我革命制度规范体系，形成坚持真理、修正错误，发现问题、纠正偏差的机制，以制度制约党员干部的权力，使其受到应有约束，发挥制度的震慑作用，减少党内问题的产生，有

① 《十八大以来重要文献选编》下，中央文献出版社 2018 年版，第 591 页。

效保障自我革命的成效。三是坚持抓“关键少数”和管“绝大多数”有机统一。要贯彻新时代党的组织路线和好干部标准，树立正确的选人用人导向，通过锻造高素质的干部队伍发挥好干部队伍的先锋模范作用，积极在自我批评等方面作出重要表率，带头剖析和解决自身的问题。同时要管住广大党员这个“绝大多数”，加强对党员的教育培训和监督管理，激励党员发挥先锋模范作用。只有充分发挥党员干部的带头作用，使广大党员在其示范作用下也能及时发现和解决问题，才能逐渐形成自我革命的自觉。四是坚持反腐惩恶。腐败是目前党内存在的突出问题，反腐败是最彻底的自我革命。要时刻保持反对和惩治腐败的坚强决心，既要深化整治权力集中、资金密集、资源富集领域的腐败问题，也要坚决惩治群众身边“蝇贪”。准确把握腐败阶段性特征和变化趋势，有效惩治新型腐败和隐性腐败，一体构建追逃防逃追赃机制。坚持不敢腐、不能腐、不想腐一体推进，坚定不移走好中国特色反腐败之路。

党的自我革命要聚焦解决党内存在的突出问题，但是解决党内存在的问题不是党的自我革命的最终目标，要在解决党内存在的诸多问题的基础上不断强化党的领导。因而在党的自我革命过程中，必须坚持加强党的集中统一领导和解决党内问题相统一。这也就要求在推进自我革命的实践中，必须在党的正确领导下不断发现和解决自身的问题，同时也要在解决问题的过程中提升党的领导能力和领导水平，把党建设成为长期执政的马克思主义政党。

二、坚持守正和创新相统一

新时代，党的自我革命面临更为严峻的复杂环境。在新形势新挑战下继续推进党的自我革命，必须坚持守正和创新相统一。在推进党的自我革命的进程中，既要始终坚守党的性质宗旨、理想信念和初心使命不动摇，保持党的自我革命的定力。又要不断以新的理念、思路、办法、手段解决好新形势下党内存在的各种矛盾和问题，应对好党面临的新风险与新考验，在坚持二者的统一中取得自我革命的良好成效。

（一）坚守党的性质宗旨、理想信念、初心使命不动摇

从马克思主义哲学上来看，自我革命的过程就是不断扬弃的过程。在推进自我革命的过程中，党不断继承和发扬自身积极、合理的因素，抛弃和否定自身消极的、不合理的因素，最终实现自我净化、自我完善、自我革新与自我提高。继续推进党的自我革命的过程中，仍要坚持自身积极合理的因素，始终坚守党的性质宗旨、理想信念和初心使命不动摇。

一是要坚守党的性质和宗旨。中国共产党是中国工人阶级的先锋队，是中国人民和中华民族的先锋队，是中国特色社会主义事业的领导核心。党自成立以来，就奉行全心全意为人民服务的宗旨。党的性质和宗旨集中反映了党没有自身的特殊利益，始终以维护和实现最广大人民的利益为根本，以站稳人民立场为党的一切工作的出发点和落脚点。继续推进党的自我革命，仍要坚守党的性质和宗旨，牢牢站稳人民立场这个根本立场，要通过不断加强自身的锻造，提高为人民服务的能力和水平，保障最广大人民的根本利益，促进人民生活水平的改善，逐步将人民对美好生活的需求转变为现实。二是要坚守党的理想信念。作为马克思主义政党，中国共产党自成立以来就肩负着为无产阶级的解放和全人类的解放而奋斗的远大理想。在不断推进中国特色社会主义事业发展的过程中，党形成了中国特色社会主义共同理想。实现远大理想和共同理想是党自我革命的重要动力来源。继续推进党的自我革命，必须要加强对广大党员的理想信念教育，保障广大党员能够始终保持共产主义的理想信念不动摇，坚持党中央权威和集中统一领导不动摇，将理想上的坚定转化为行动上的自觉，带领广大人民群众朝着远大理想和共同理想而奋斗。三是要坚定初心使命。中国共产党自成立以来就坚持为中国人民谋幸福和为中华民族谋复兴，在牢记初心和不断践行自身使命担当中不断推进党的自我革命。继续推进党的自我革命，必须坚定初心使命，发挥初心使命对于党的自我革命的引领作用，激励党提高自身执政能力和领导水平，提高党防范和化解各种危险挑战的能力和水平，带领广大人民早日实现幸福生活和民族复兴。

（二）以新的理念、思路、办法、手段解决好党内存在的各种矛盾和问题

中国共产党推进自我革命的百年历程中，采取的有益做法和积累的重要经验是宝贵的财富，必须要积极继承。但是面对当前所处的百年未有之大变局与新的执政环境，党还需要不断探索自我革命的新方法新路径。以新的理念、思路、办法、手段解决好党内出现的各种新矛盾与新问题，成为新时代继续推进党的自我革命的必然选择。

一是坚持理念创新。党的十八大以来，在继承马克思主义建党学说的基础上，结合新时代党的建设的新情况，提出了自我革命的全新命题，并形成了关于自我革命的一系列重要论述，形成了管党治党的新理念。习近平总书记提出"党找到了自我革命这一跳出治乱兴衰历史周期率的第二个答案"①，回答了马克思主义政党如何在长期执政条件下确保自身不变质不变色不变味的重大问题；将自我革命与社会革命二者联系起来，鲜明提出"要以伟大自我革命引领伟大社会革命，以伟大社会革命促进伟大自我革命"②，为深入推进新时代党的自我革命提供科学指引和行动指南。全党要继续坚持把创新理念转化为切实可行的行动，解决好现有的和不断出现的新问题，推进自我革命的进程。二是坚持思路创新。新时代，全面从严治党是自我革命的伟大实践。在管党治党实践中，实现了从严治党向全面从严治党的推进，把全面从严治党纳入"四个全面"战略布局，并且明确指出"全面从严治党是新时代党的自我革命的伟大实践，开辟了百年大党自我革命的新境界"③，彰显了新时代党以更加坚决的态度解决党内矛盾和问题的决心。要继续坚持严的主基调，落实好新时代党的建设总要求，以健全全面从严治党体系为有效途径，把全面从严治党贯穿于党的建设各方面。三是坚持方式方法创新。例如在加强和改进巡视工作上，要创新巡视的方式方法，全面开展专项巡视，深入开展巡视"回头看"，推进"机动式"巡视，深入推进巡视工作创新，不断增强巡视制度威慑力。四是坚持制度

① 习近平:《高举中国特色社会主义伟大旗帜　为全面建设社会主义现代化国家而团结奋斗——在中国共产党第二十次全国代表大会上的报告》，人民出版社 2022 年版，第 14 页。

② 《习近平谈治国理政》第 4 卷，外文出版社 2022 年版，第 544 页。

③ 《习近平谈治国理政》第 4 卷，外文出版社 2022 年版，第 550 页。

创新。党的十八大以来，党中央坚持制度治党的重要理念，高度重视党的制度建设，以强有力的制度规范约束广大党员的行为，在一定程度上减少和避免了党内问题的产生。党的十八大以来，党组织制定和修改了包括《中国共产党纪律处分条例》《中国共产党党内监督条例》等在内的多部党内法规，不断完善了党内的制度规范。并且不断加强党的自我革命制度规范体系建设，建立党统一领导、全面覆盖、权威高效的党内监督体系，为党的自我革命提供了制度保障。

坚持守正和创新相统一，就是要求在推进党的自我革命的过程中，既要保持党的性质宗旨不变、初心使命不移、理想信念不改，永葆党的政治本色，保障党能够在自我革命的进程中不犯根本性的错误。但同时又不能一味因循守旧，在解决党内具体的矛盾问题时，要勇于打破固有的思维定式或视野局限，要结合党面临的新形势和党内的新情况，不断创新解决问题的方式和方法。

三、坚持严管和厚爱相统一

从严管党治党是我们党的鲜明品格，坚持不懈严格管理党员干部是不断取得胜利的重要保障。但在严格管理党员干部的同时，党也注重对党员干部的关心，彰显组织的温度与柔性。推进新时代党的自我革命，必须继续坚持严管与厚爱相统一。既要始终坚持严的总基调，通过严格的纪律规范，强化对党员干部的严格监督和管理，又要给予广大党员干部支持和关爱，激发党员干部干事创业的热情和信心，促使其敢于担责、积极作为，这是推进新时代党的自我革命的必要手段和方法。

（一）严格管理党员干部

马克思指出，“我们现在必须绝对保持党的纪律，否则将一事无成”[①]。

① 《马克思恩格斯全集》第29卷，人民出版社1972年版，第413页。

这深刻体现了马克思主义政党对于党员队伍纪律性的高度重视。新时代推进党的自我革命，仍需紧紧抓住从严管理这个重点，通过严格监督和管理党员干部，保持党内风清气正的政治生态，增强干部队伍干事创业的能力。

一是要从严选拔党员干部。要从源头上把好干部队伍的入口关，为从严管理党员干部奠定良好的基础。通过制定明确的党员标准，严格执行党员选拔任用程序，保障干部队伍的先进性与纯洁性。选拔任用干部要“坚持德才兼备、以德为先，坚持五湖四海、任人唯贤，坚持信念坚定、为民服务、勤政务实、敢于担当、清正廉洁的好干部标准”[①]，选拔真正符合该标准的干部，保障党员干部的选拔履行好应有的程序。此外，还要加强对干部选拔任用的监督工作。要加强对干部选拔任用过程中的提拔、考录、选聘等重要环节的监督，及时发现和坚决杜绝违规用人等突出问题，并且通过健全问题反馈、通报、整改和问责机制，确保干部选拔任用工作公开透明。二是要从严教育党员干部。通过加强党员干部的理论教育、党性教育、作风教育等，筑牢党员干部的思想防线。首先，要加强党员干部的理论教育。通过开展和落实习近平新时代中国特色社会主义思想主题教育，使广大党员干部全面系统掌握这一思想的基本观点、科学体系，学习好、坚持好、运用好贯穿其中的立场观点方法，不断提升广大党员干部的理论水平，敦促广大党员干部自觉查找自身的不足。其次，要加强党员干部的党性教育。教育党员干部形成对党的正确认识，强化党员干部关于党的基本理论、基本路线、基本方略等的教育。促进党员对自身的党员身份产生高度认同，增强广大党员干部在重大政治考验面前的政治定力，坚定党员对中国特色社会主义的道路自信、理论自信、制度自信和文化自信。最后，要加强党员干部的作风教育。通过既树立正面典型，宣扬为民务实清廉的重要理念，又坚持以案为鉴，通报违反中央八项规定精神、形式主义、官僚主义等典型问题，引导广大党员干部自觉筑牢拒腐防变的思想防线，继承和发扬党内优良作风。三是要从严监督党员干部。一方面，要着重加强对重点部门、关键岗位干部特别是“一把手”履

① 《十八大以来重要文献选编》下，中央文献出版社2018年版，第432页。

职用权的监督，加强对民主集中制、重大事项请示报告制度、党内政治生活制度执行落实情况的监督检查。另一方面，要加强对干部的日常工作中是否存在不担当不作为等问题的监督。并且要充分发挥群众的监督作用，对群众反映有问题的干部，及时进行提醒谈话。

（二）关心爱护党员干部

严格管理党员干部是保持党的领导力、战斗力的重要前提，而关心爱护党员干部是激发党员干部的积极性、主动性的重要举措。要想发挥党员干部带头作用，就必须对党员干部松绑减负，健全为基层减负长效机制，使广大党员干部在严格的纪律规定之下拥有更多的积极性与主动性。此外，还要在一定程度上宽容党员干部的失误和错误，不断健全党内的激励机制和容错纠错机制。只有这样，才能更好地发挥党员干部在自我革命中的引领作用，发挥好党员干部在党的事业中的示范作用。

一是要对党员干部松绑减负，尤其要把基层干部从文山会海、过度检查考核等形式主义、官僚主义的束缚中解放出来。党的十八大以来，习近平总书记高度重视基层减负问题，多次强调："切实把基层干部从一些无谓的事务中解脱出来。"[①]当前基层减负虽然取得了一定的成效，但仍存在用形式主义做法来解决形式主义的问题。在整治形式主义和官僚主义的问题上出现松劲心态，严重影响着基层干部工作的积极性和主动性。在继续推进党的自我革命的进程中，要想发挥广大基层党员干部的重要作用，就需要通过松绑减负减轻基层党员干部的工作负担，为其营造良好的工作条件。要不断健全基层减负常态化机制，建立基层减负动态监测机制、效果评估机制以及基层减负反面典型案例通报曝光机制，不断提高基层减负工作水平。此外，对广大基层干部要充分理解、充分信任，格外关心、格外爱护，多为他们办一些雪中送炭的事情。让广大基层党员干部感受到党中央的关心和爱护，使广大党员保持饱满的干事创业状态，带领广大人民积极推进党和国家事业的发展。

---

① 《十九大以来重要文献选编》中，中央文献出版社 2021 年版，第 144—145 页。

二是建立健全容错纠错机制。严格的纪律和制度规范的约束使党员干部具有敬畏之心，并能够使其对自身行为进行严格管控，在一定程度上减少了党员干部违法乱纪行为的发生。但在日常的工作中，党员干部难免会存在一定的缺点或是犯一些错误。对此，党中央进一步建立健全容错纠错机制，为改革创新者撑腰鼓劲，体现了党中央对党员干部的关心和爱护。新时代，要继续健全容错纠错机制，进一步激励党员干部敢于担当、敢于作为。首先，要正确区分何种错误可宽容、何种错误不可宽容。在遵循习近平总书记提出的“三个区分开来”的基础之上，对于干部存在的失误都要进行综合分析，要综合考量干部的干事动机、性质程度和造成的损失等情况，对于该容错的问题容错，不该容错的坚决不容。其次，要将容错和纠错统一起来。既要对干部应当“容”的错采取宽容的态度，又要积极推进问题的整改，及时纠正或补救已经发生的问题、错误。通过建立健全容错纠错机制，对有热情、干实事的干部予以鼓励保护，更好地发挥好党员干部在推进自我革命中的带头示范作用。

坚持严管和厚爱相统一，阐明了党的自我革命要充分发挥激励约束的双重作用。自我革命彰显了党勇于刀刃向内的勇气和决心，因此必须始终将纪律和规矩摆在突出位置，采取严肃认真的态度和严格的管理方式方法，督促广大党员自觉遵守党的纪律的相关规定，严格要求自身行为，减少违法乱纪现象的发生。但同时也要让党员感受到党组织的关心爱护，宽容党员在一定范围内出现的失误，并督促他们积极推进问题的整改，保障党员不犯原则性或颠覆性错误。

四、坚持组织推动和个人主动相统一

纵观党的历史，我们党按照组织推动和个人主动相统一的要求来推进自我革命，赢得广大人民的衷心拥护。新时代，继续推进党的自我革命必须继续坚持这一方法，既要更加积极主动发挥各级党组织的严格要求、教育、管理和监督作用，又要充分发挥党员干部的带头示范作用，以大无畏的革命精神将自我革命进行到底。

（一）充分发挥各级党组织的作用

习近平指出："党的全面领导、党的全部工作要靠党的坚强组织体系去实现。"[①]党组织是党的自身建设的领导者、执行者、推动者。推动党的自我革命，要充分发挥各级党组织的重要作用，充分落实好党组织开展自我革命的主体责任，依靠各级党组织严格要求、严格教育、严格管理、严格监督广大党员。

首先，党组织要严格要求广大党员。各级党组织不仅要敦促广大党员坚定维护党中央的权威，确保广大党员能够始终在思想上政治上行动上同党中央保持高度一致，拥有坚定的政治立场。还要按照严格的党员标准要求广大党员，使党员能够真正发挥先锋模范作用，并且在广大党员的共同努力下塑造良好政党形象。其次，党组织要坚持严格教育党员，发挥好党组织的教育功能。党的十八大以来，各级党组织深入学习贯彻习近平新时代中国特色社会主义思想。通过采取大规模集中轮训、严格日常教育、深化实践锻炼等举措，各级党组织着力加强和改进党员教育工作，取得了明显成效。新时代，要继续抓好"三会一课"、主题党日、集体学习、集中培训等制度落实，推动教育常态化、长效化；不断创新访谈式、情景式、体验式等多种形式的党课，加强典型教育，广泛开展"学习身边榜样"活动。通过多种多样的教育形式，不断增强党员教育思想引领力、理论传播力、社会影响力。再次，党组织要坚持严格管理党员。党组织不仅要从严选任干部，坚持好干部标准和忠诚干净担当要求，坚决整治选人用人不正之风，以用人环境的风清气正促进政治生态的山清水秀。还要从严管理广大党员干部，综合运用监督执纪"四种形态"特别是前两种形态，解决好"重选轻管"问题。在管理好党员干部的同时，还要加强对于广大党员管理，各级党组织要严把党员的入口关，加强对广大党员日常的管理，还要严把党员的出口关，严肃处置不合格

① 《十九大以来重要文献选编》上，中央文献出版社2019年版，第560页。

党员。最后，党组织还要坚持严格监督党员。要建立和完善党内沟通机制，建立健全党内议事规则，健全党内协商对话、矛盾调解、批评监督等制度，确保各项组织生活制度得到贯彻落实，让广大党员特别是党员领导干部在各项组织生活制度的保障下加强自我监督和相互监督。还要确保将党员干部的权力使用严格置于党组织和人民群众的监督之下，确保权力在阳光下运行。

（二）积极调动党员个人的自觉性主动性

党组织的严格管理和约束，是对党员的硬性约束，强调的是一种对于党员行为的外部规范。但是党要想实现真正的自我革命，就必须充分发挥党员个人的自我约束和自我规范。只有党员个人以更加积极主动的姿态检视和纠正自身问题，真正做到刀刃向内，自我革命才更加彻底，自我完善才更有保证。

要确保党员队伍中每个成员都能自觉主动进行自我革命，首先就要抓住党员干部这一党员队伍中的“关键少数”。要充分发挥党员干部的积极带头作用，为其他党员提供学习的榜样，在其带动下促使广大党员能够成为自我革命的积极践行者。一是党员干部要带头进行自省自查，不回避自身存在的问题，并且坚持有问题就改。尤其是在日常的组织生活会中，党员干部要勇于进行自我批评，更加自觉在党员面前揭示自身存在的问题，接受广大党员的批评。并且要在带头进行自身问题剖析的基础上，进一步阐明改正的举措，为广大党员正视和改正自身问题作出重要示范。二是党员干部要主动追求自我进步和学习。要带头学习党的最新理论成果，学习和准确把握党中央的各项决策部署，不断提高自身的学习能力和学习水平，在党内营造良好的学习氛围，激励广大党员能够积极学习。在实践中，要注重提升自身的干事创业能力，真正将党中央的决策部署有效贯彻落实，带动党员为党和国家的事业发展贡献力量。此外，党员干部还要积极进行探索，不拘泥于现有自我革命取得的良好成效，带头积极探索党推进自我革命的全新路径，推进党的自我革命向纵深发展。

其次，要聚焦普通党员这一自我革命的绝大多数。只有真正充分调动广大党员的主动性，党的自我革命才能真正落实，真正取得成效。一是要尊重党员的主体地位。必须充分认识到党员在党的事业发展中所占的重要地位，看到党员对于党的执政使命的实现所发挥的重要作用。要尊重和保障党员的各项权利，要在干事创业过程中给予广大党员一定的自主权，让广大党员切实感受到自身的重要地位，这是调动广大党员积极推进党的自我革命的重要前提。二是要切实鼓励广大党员敢于拿起自我革命的利器。要建立一定的激励机制和奖励手段，对于能够自觉对照习近平新时代中国特色社会主义思想和党中央决策部署，对照党章党规，对照先进典型、身边榜样，进行自身问题查找，不断追求进步的党员，要实行“奖优罚劣”的评价机制、“能上庸下”的用人机制等，真正调动广大党员自我革命的积极性和主动性，使得广大党员敢于积极作为。

坚持组织推动和个人主动相统一，表明党的自我革命要从组织建设和个人建设两个层面加以推进。组织建设侧重于外部推动，要充分发挥好组织对于党员的教育、管理、监督作用。个人建设侧重于内部主动，强调党员个人要发挥主动性和积极性，直面问题并及时解决自身存在的问题。通过坚持组织推动和个人主动相统一，实现外部推动与内部主动相结合，有利于形成推进党的自我革命的强大合力。

第四节　关于自我革命的价值导向

“自我革命”这一重大命题从党的十八大以来管党治党的新实践中产生，是在深刻总结党的建设经验基础上提出的重大命题和重大任务。对习近平总书记关于自我革命重要论述进行系统总结和深入分析，不难看出自我革命致力于保持党的先进性、纯洁性，坚持不懈锻造坚强有力的马克思主义政党；致力于坚持以人民为中心，保持党同人民群众的密切联系；致力于推进社会革命，实现自我革命与社会革命的协同发展。推进党的自我革命对于加强党的自身建设、密切党同人民群众的联系、推进社会革命等具有重要价值，必须矢志不渝推动自我革命的纵深发展。

一、保持先进性、纯洁性，锻造坚强有力的马克思主义政党

先进性和纯洁性是马克思主义政党的本质属性，是马克思主义政党的生命所系、力量所在。因此，如何永葆先进性和纯洁性、永葆青春活力，是我们党必须回答好、解决好的一个根本性问题。习近平总书记指出，“先进的马克思主义政党不是天生的，而是在不断自我革命中淬炼而成的”[①]。由此可知，我们党必须要通过自我革命这一重要方式，保持党的先进性和纯洁性。

（一）先进性、纯洁性是马克思主义政党的本质属性

马克思主义政党是以先进性为重要特征的政党，始终保持着对先进性、纯洁性的不懈追求。中国共产党作为马克思主义政党，因而先进性与纯洁性也是党的本质属性。只有始终保持自身的先进纯洁，才能巩固自身执政地位，真正得到人民群众支持。

马克思主义政党的先进性集中体现在，其理论、纲领、路线是科学的，代表着社会发展的正确方向，代表并维护着最广大人民的根本利益。在《共产党宣言》中，马克思就深刻指明了马克思主义政党先进性的一个重要表现就是理论上的先进性。因其具有的理论上的先进性，使得马克思主义政党能够对自身职责和使命有科学的认识，能够勇于打破旧的社会秩序，致力于消除私有制，肩负起带领广大人民不断推进社会革命的重要责任。马克思主义政党的纯洁性，是指党员和党组织在思想、政治、组织、作风、行为等方面与党的性质、宗旨的一致性。马克思、恩格斯在创立共产主义者同盟初期，在同盟章程中就对党的纯洁性作出严格规定，要求每一个支部对它所接受的会员的纯洁品质负责。列宁在创建俄国工人阶级政党的过程中也特别注重党

① 《中共中央关于党的百年奋斗重大成就和历史经验的决议》，人民出版社2021年版，第70页。

的纯洁性，他强调："我们的任务是要维护我们党的坚定性、彻底性和纯洁性。"[①]马克思主义政党之所以高度重视保持党的纯洁性，是因为只有当党的纯洁性得到保障，党才能更好地肩负起自身的历史使命，才能更加赢得人民群众的认可和支持。

时刻保持和捍卫自身的先进性与纯洁性是马克思主义政党建设的必然要求。中国共产党作为马克思主义政党，也天然具备先进性与纯洁性的本质属性。一百多年来，党从未停止过对先进性和纯洁性的追求。为了保持自身的先进性和纯洁性，更好地发挥党的领导作用，党不断进行探索和实践，找到了自我革命这一使党永葆先进性和纯洁性的制胜法宝。

（二）党的自我革命是保持政党先进性、纯洁性的有力武器

中国共产党作为马克思主义政党，始终致力于保持自身的先进性与纯洁性。自我革命能够帮助党清除毒素、割除毒瘤，不断进行自我革新、提高自身能力，确保党永葆先进性和纯洁性。

一是自我革命能够使党始终保持先进性。党高度重视自身先进性的淬炼，注重通过自我革命的方式有效捍卫自身的先进性本色。一方面，体现在党通过发扬自我革命精神制定了正确的政治路线，找到了正确的政治道路，使党能够始终保持政治上的先进。一百多年来，党能够立足中国的具体实际，准确把握我国社会发展的主要矛盾，制定正确的路线、方针、政策，并在此过程中对党内出现的错误及时进行修正，促使在党的领导下找到适合本国国情的发展道路，走出一条中国特色社会主义发展之路，带领广大人民朝着实现共产主义的道路不断前进。另一方面，体现在党通过自我革命始终保持理论上的先进性。一百多年来，中国共产党始终坚持马克思主义理论的科学指导，不断深化对于马克思主义的理解和学习，自觉抵制错误思想的侵蚀，坚决同各种错误思想作斗争。党不断推动马克思主义基本原理同中国具体实际、同中华优秀传统文化相结合，实现党的理论的创新发展。尤其是在

① 《列宁全集》第7卷，人民出版社2013年版，第272页。

新时代产生了习近平新时代中国特色社会主义思想，充分彰显了党在理论上的先进性。习近平新时代中国特色社会主义思想不仅为党的各项建设提供了科学理论指导，而且不断开辟治国理政新境界，推动了国家各项事业的发展。正是深刻的自我革命淬炼出了中国共产党不同于其他政党的先进性特征，确保党能够坚持走正确的发展道路，始终拥有科学理论的指导，从而实现长期执政，实现政权的稳固。

二是自我革命能够使党始终保持纯洁性。习近平总书记指出："中国历史上因为统治集团严重腐败导致人亡政息的例子比比皆是，当今世界上由于执政党腐化堕落、严重脱离群众导致失去政权的例子也不胜枚举啊！"[①]这充分启示我们，如果不能始终保持党的纯洁性，那么党就无法带领人民跳出历史周期率。从中国共产党的发展历程来看，党高度重视自身纯洁性的保持，尤其重视解决党内存在的腐败问题。党通过科学考察不同历史阶段呈现出的腐败问题的特征，科学制定与之相适应的方针政策，以巨大的勇气和坚定的决心不断清除党内存在的腐败分子，遏制党内不断产生的腐败行为，保持党的肌体的纯洁和健康。新民主主义革命时期，制定并颁布了《中央扩大会议通告——坚决清洗贪污腐化分子》，拉开了反腐败的序幕，此后采取加强廉政教育、号召加强群众监督、建设廉洁政府等方式，惩治党内腐败行为。社会主义革命和建设时期，开展了包括"三反""五反"在内的一系列政治运动，严肃处理了一批存在贪污腐败行为的党内干部。改革开放和社会主义现代化建设新时期，通过重新选举新的纪律检查委员会和重新恢复与确立国家行政监察体制，有效应对了这一时期的腐朽思想给党的反腐败带来的全新挑战。新时代，以习近平同志为核心的党中央反腐的强度之大、问责的力度之大前所未有，以零容忍的态度坚决同党内存在的腐败问题作斗争，党的纯洁性得到了切实保障。这充分证明了，自我革命能够有效清除党内存在的影响和干扰党的领导的严重隐患，使党保持自身纯洁性，增强党的免疫力。

---

① 《习近平关于党风廉政建设和反腐败斗争论述摘编》，中央文献出版社、中国方正出版社2015年版，第5页。

（三）继续推进党风廉政建设和反腐败斗争，永葆党的先进性和纯洁性

我们党作为百年大党，要永葆先进性和纯洁性、永葆生机活力，必须一刻不停地推进党风廉政建设和反腐败斗争。这就要求我们党要始终保持对“腐蚀”“围猎”的警觉，继续坚持把严的主基调长期坚持下去，以系统施治、标本兼治的理念正风肃纪反腐，不断增强党自我净化、自我完善、自我革新、自我提高能力。

一是各级党委和领导干部要担负起政治责任和领导责任。管党治党是一种政治行为，关系党的先进性和纯洁性的维护。中国共产党自成立起，就十分重视管党治党，通过自我革命解决党自身存在的问题。古田会议针对当时党内存在的各种错误倾向，首次提出了“使党员的思想和党内的生活都政治化、科学化”①的思想，为党内政治生活健康开展指明了方向。新中国成立后，党果断处理刘青山、张子善腐败案，通过历次整党整风，严肃了党的纪律，发扬了党的传统，树立了管党治党的形象。百年来，党之所以能永葆先进性与纯洁性，一个重要原因就在于敢于管党治党、善于管党治党。今后，要在继续坚持以往经验的基础上，不断探索更加有效的方式方法。首先，必须明晰各级党委和领导干部的责任范围，将各级党委、党委书记和其他领导干部担负的管党治党政治责任和领导责任具体化。其次，在强化各级党委和领导干部的管党治党责任意识的基础上，提高管党治党的能力与水平。最后，还要加强对各级党委和领导干部落实责任情况的督促检查，依法追究不担当、不负责、不作为、乱作为等管党治党失职失责行为。

二是持续推进正风肃纪反腐。首先，推动正风肃纪常态化、精细化、制度化。紧盯违规公款吃喝、公车私用、违规收受礼品礼金等问题，坚持贯彻中央八项规定，推动正风肃纪常态化。从群众反映强烈的养老社保、教育医疗等细小问题入手，聚焦整治群众身边的作风问题，推动正风肃纪的精细化。加强制度机制建设，落实领导干部党风廉政建设责任制度、完善权力问责机制和监督制度等，推动正风肃纪的制度化。其次，坚持党性党风党纪

① 《毛泽东年谱（1893—1949）（修订本）》上卷，中央文献出版社2013年版，第290—291页。

一起抓。坚持党性党风党纪一起抓，才能促进党员干部在正风肃纪中增强党性，通过增强党性提高正风肃纪的自觉性和坚定性。坚持党性党风党纪一起抓，要聚焦“关键少数”，督促领导干部特别是高级干部严于律己；要治“四风”、树新风并举，更好引导党员干部加强自我改造，提高党性觉悟，夯实党性根基；坚持风腐一体查，长期坚持严的主基调不动摇，狠抓制度建设和制度执行；要坚持把以案促改专项教育整治融入主题教育，通过讲解典型案例的方式更好发挥教育作用，弘扬清正廉洁的价值观，增强主题教育成色。此外还要严惩腐败。既要铲除重点领域的腐败土壤，又要关注群众身边的腐败问题，尤其是基层党组织、党员干部的腐败问题。既要加强传统行贿受贿等腐败问题的查处，也要聚焦新型腐败和隐性腐败的惩治工作。既要发挥制度的硬约束作用，也要加强教育引导的软文化熏陶。总之，必须通过自我革命坚决打赢反腐败斗争攻坚战持久战，不断净化党内作风和防范腐败发生，保持党的先进纯洁。

二、坚持以人民为中心，保持党同人民群众的密切联系

坚持以人民为中心，保持与人民的血肉联系，是党一百多年奋斗历程的深刻总结，是党推进自我革命的基本遵循。历史深刻证明了，只有把人民对美好生活的向往作为执政目标，始终警惕和克服脱离人民群众的风险，才能永远立于不败之地。因此，党的自我革命必须始终坚持以人民为中心的价值导向。为了人民群众，党要不断提高党的执政能力与领导水平。只有如此，才能赢得人民群众的拥护和支持，进一步巩固和筑牢党的执政根基。

（一）进行自我革命要始终坚持以人民为中心

以人民为中心，坚持全心全意为人民服务，坚持立党为公、执政为民，始终保持同人民群众血肉联系是我们党的最大政治优势。要使我们党始终具有自我革命的巨大勇气和魄力，就必须坚持以人民为中心，从人民的实践中汲取智慧和力量。

首先，坚持以人民为中心，是马克思主义人民性的内在要求。马克思主义认为，无产阶级政党要为绝大多数人谋利益，为建设共产主义社会而奋斗。因此，马克思主义政党要始终坚持同人民在一起、为人民利益而奋斗。“不谋私利才能谋根本、谋大利，……才能不掩饰缺点、不回避问题、不文过饰非，有缺点克服缺点，有问题解决问题，有错误承认并纠正错误。”[①] 只有始终坚持以人民为中心，党才能真正具有洞察自身问题的清醒和刀刃向内的勇气，才能真正做到自我革命。其次，坚持以人民为中心，是我们党的优良传统和作风。土地革命时期，我们党领导人民打土豪、分田地；抗日战争时期，我们党领导人民浴血奋战、赶走日本侵略者；解放战争时期，我们党领导人民建立新中国；社会主义革命和建设时期，我们党领导人民艰苦创业、改变一穷二白的国家面貌；党的十一届三中全会后，我们党领导人民实行改革开放、推进社会主义现代化，这些都是为了人民根本利益而斗争，都是依靠人民才获得胜利。党在不断推进自我革命的进程中坚持以人民为中心这一重要要求，不断满足人民对美好生活的向往，密切了党同人民群众的血肉联系。最后，坚持以人民为中心，是新时代的重要实践导向。党的十八大以来，以习近平同志为核心的党中央坚持一切为了人民，真正深入到人民群众的身边，部署实施了一系列保障和改善民生的重大工作。带领人民打赢脱贫攻坚战，历史性地解决了绝对贫困问题，如期实现全面建成小康社会目标。经过持续努力，全党贯彻党的群众路线的自觉性和坚定性明显增强，党在群众中的威信和形象进一步树立，党心民心进一步凝聚。新时代继续推进党的自我革命，推进党的建设新的伟大工程，必须继续牢牢把握以人民为中心的价值取向，为保障最广大人民群众的利益、密切党同人民群众的关系而不断加强党的革命性锻造，不断提升党领导人民群众干事创业的热情和能力。

① 《十八大以来重要文献选编》下，中央文献出版社2018年版，第590页。

（二）自我革命使党能够始终站稳人民立场

历史上的封建王朝都未能摆脱盛极而衰的历史悲剧。造成这种现象的一个重要原因就在于这些统治集团为了追求和满足自身的私利，不能始终站稳人民立场，因而必然会失去民心，最终造成人亡政息的局面。中国共产党除了国家、民族、人民的利益没有自身的特殊私利，因而能够始终拥有自我革命的勇气。一百多年来，党通过自我革命的方式始终践行自身的使命担当，并且在进行自我革命的过程中充分发挥人民群众的积极性，保持同人民群众的密切联系，使党能够始终站稳人民立场。

党通过自我革命的方式践行自身的使命担当，赢得人民的认可和支持，为人民创造美好生活。一是中国共产党作为无产阶级的先锋队，没有也从不追求政党的特殊利益，自成立以来就致力于维护和实现最广大人民的根本利益，坚持全心全意为人民服务。因而党坚决通过自我革命的方式同党内部分党员、干部存在的谋取个人私利和损害人民群众利益的行为作斗争。二是中国共产党自成立以来就始终坚守为中国人民谋幸福和为中华民族谋复兴的初心使命，通过不断加强自身革命性锻造的方式，不断实现人民物质生活的富裕和精神生活的富足，使我们越来越接近中华民族伟大复兴的目标。三是党通过自我革命的方式，不断提升自身的执政能力与执政本领。党通过加强自我革命，提升了对于党所处的国内外局势的认识水平和应对本领，从而能够从容应对世界形势的深刻变化，减少国际局势对党和国家事业发展的干扰和阻碍；有效解决新时代推进中华民族伟大复兴历史进程中存在的“拦路虎”“绊脚石”，实现中国式现代化的向前发展。

在不断推进党的自我革命的过程中，充分发挥人民群众的积极性，促进群众的积极参与，赢得人民群众的支持。党的自我革命是党针对自身存在的突出问题，积极进行批判和整改的过程。在此过程中，虽然党积极开展批评与自我批评，更加清晰地将自身问题呈现在人民群众面前，彰显了党实现自我净化自我完善的坚定决心，但是党内仍存在一些隐蔽的、易被忽视的问题，这些问题的存在严重影响着党员队伍干事创业的能力，极大损害着党的形象，不发现和加以整改极易失去人民群众的信任。这也就要求必须要通过人民群众不断揭发党内存在的问题，积极促进党内问题的整改，从而在此过程中，使党能够始终保持同人民群众的血肉联系。这就要求尤其是要重视发挥人民群众的监督作用，必须要利用人民群众对党内存在的突出问题进行检举和监督，充分发挥人民群众的监督效力，督促党员干部及时纠正自身存在的问题，更好保障人民的利益和为人民服务。习近平总书记指出："我们不能关起门来搞自我革命，而要多听听人民群众意见，自觉接受人民群众监督。"[①]因此必须通过人民来检验自我革命的成效。这就要求广大党员、干部要认真对待人民群众反映的意见和建议，在此基础上自觉查找自身存在的问题和不足，积极听取人民群众的意见和建议，对自身存在的问题进行积极的整改，最终实现努力提升自身的能力素质、作风纪律等，进一步赢得人民群众的信任和支持。此外还要用好调查研究的工具，深入人民群众的身边，全面而深刻地把握群众所思所盼、所急所忧，着力解决人民群众急难愁盼的问题，以为民谋利、为民尽责的实际成效取信于民。

总之，党的自我革命围绕坚持以人民为中心这一价值导向而展开，党的全部努力聚焦于保障人民群众的根本利益，赢得人民的信任和支持。党正是通过自我革命的方式坚持好的、改正错的，才使党能够始终顺应民意、赢得民心。

三、推进社会革命，实现自我革命与社会革命的协同发展

领导人民进行伟大社会革命是中国共产党的政治使命，也是自我革命的根本价值追求。一百多年来，党不断推进社会革命的历史进程，从而取得了一系列伟大成就。而这些伟大成就的取得、社会革命历程的不断发展，离不开一百多年来党不断进行的自我革命。"实践充分证明，中国共产党能够带领人民进行伟大的社会革命，也能够进行伟大的自我革命。"[②]要充分认识到二者始终相伴而行、相互依存。这也就要求党不能丧失自我革命精神，要不

① 《习近平谈治国理政》第 3 卷，外文出版社 2020 年版，第 533 页。

② 《习近平谈治国理政》第 3 卷，外文出版社 2020 年版，第 67 页。

断通过强化自身建设，提升党干事创业的本领和能力，推进和最终实现自我革命与社会革命的协同发展，实现民族复兴的伟大事业。

（一）要把伟大社会革命进行好，必须进行伟大自我革命

马克思主义政党作为无产阶级的先锋队，以捍卫无产阶级的利益，追求人的自由全面发展和全人类的解放，实现共产主义为自身使命。在履行自身使命的过程中，内含不断推动社会革命的要求。这也就使得马克思主义政党必须秉持革命者必先自我革命的重要理念。通过解决好自身存在的突出问题，更好引领社会革命的进行。

社会革命内在地含有摧毁旧事物、建立新事物，在与过去的旧事物进行彻底决裂的基础上实现完善和发展之意，是破与立的对立统一。旨在通过暴力革命的方式不断破除旧的政治上层建筑，同时，在打破旧的机制体制的基础上，不断建设新的社会。推进社会革命是马克思主义政党的重要使命。马克思主义政党自诞生以来就始终坚持以其彻底的革命性精神，不断推翻资产阶级的统治，推进着社会革命的历史进程。自我革命主要是指通过解决自身存在的问题，克服自身存在的缺点，始终保持马克思主义政党政治本色，始终保持生机活力的过程。在推进社会革命的进程中，自我革命是重要的政治保障。马克思指出：“只有在革命中才能抛掉自己身上的一切陈旧的肮脏东西，才能胜任重建社会的工作。”①这深刻揭示了马克思主义政党不断加强自身建设的重要价值所在，在一定程度上阐明了自我革命与社会革命的关系。新时代党接续推进中国社会革命的进程中，必须要重视党自身的革命性锻造，重视发挥自我革命的重要作用。这充分彰显了中国共产党人对于推进社会革命进程中自我革命所具有的重要价值的正确认识。

党自成立起就承担着推进社会革命的重要历史任务，并且在不断发展壮大的过程中，党真正做到了切实推动社会革命的发展。尤其是党的十八大以来，在中国共产党的正确领导下，成功开辟了新时代中国特色社会主义这场

① 《马克思恩格斯选集》第1卷，人民出版社2012年版，第171页。

伟大的社会革命，取得了一定的历史性成就。但在新时代，进行伟大社会革命的过程中面临的复杂的国际国内形势、面对的风险考验都是前所未有的。这就要求我们党必须更加坚定地把党的伟大自我革命进行到底，不断提升党推进社会革命的能力和水平，从而才能继续推进社会革命的历史进程，把伟大社会革命进行好，把马克思主义政党的历史使命践行好。

（二）以彻底的革命精神协同推进自我革命与社会革命

自我革命不仅是马克思主义政党建设的内在要求，也是党领导和推进社会革命的重要保障。因此，党必须正确认识和处理好二者的关系。即必须发扬彻底的革命精神，通过坚持党中央集中统一领导、坚持站稳人民立场、坚持正确方法论的方式，实现二者的协同推进。只有如此，方能实现新时代党的历史使命，促进事业的发展。

第一，坚持党中央集中统一领导，协同推进“两个革命”。既要在党中央的集中统一领导下，确保党内的广大党员干部维护党中央权威，贯彻落实好党中央的各项规定。又要将党的领导贯彻到改革发展稳定、内政外交国防等各个领域各个环节，确保社会主义现代化建设在党的全面领导下沿着正确的方向前进，推进中国特色社会主义事业的良好发展。第二，坚持站稳人民立场，协同推进“两个革命”。首先，要把人民对美好生活的向往作为协同推进“两个革命”的价值归宿，要实现和维护好最广大人民群众的利益，使人民群众获得满足感幸福感。其次，还要充分汲取人民群众的智慧，依靠人民群众的力量，实现党的执政能力的提升，创造新的历史伟业。最后，是否实现自我革命和社会革命的有效协同必须通过人民群众进行评判。只有让新时代协同推进“两大革命”的成果惠及全体人民，获得人民群众的认可和支持，才能证明协同推进“两大革命”切实取得新成效。第三，坚持正确的方法论，协同推进“两个革命”。一是要坚持问题导向。无论是进行自我革命，还是推进社会革命，都要有强烈的问题意识。党要敢于正视推进自我革命和社会革命进程中存在的突出问题，并且在正视问题的基础上，进一步科学分析和深入研究问题。要以重大问题为导向，着力克服和解决好当前存在的重大问题，推进党和国家事业不断向前发展。二是要坚持渐进式的方法。协同推进“两大革命”绝不是轻轻松松就能实现的任务。这项任务的艰巨性和复杂性前所未有，并且决不允许出现颠覆性的错误。这就要求必须采取渐进式的方法，要通过先实验、再总结、再推广的方式，不断在实践探索中总结成功经验并进行推广，也要及时修正过程中出现的问题，最终实现稳步推进。

总之，党的十八大以来，突出全面从严治党这个主题主线，习近平总书记发表了一系列关于自我革命的重要论述，提出一系列管党治党、兴党强党的新理念新思想新战略，充分彰显了新时代中国共产党的理论自觉。在这些重要思想指引下，我们党成功开辟了百年大党自我革命新境界。2023年6月，全国组织工作会议明确提出“十三个坚持”，深刻阐明了党的建设的根本原则、科学布局、价值追求、重点任务，集中概括了习近平总书记关于党的建设的重要思想的重要内容。这一思想反映了我们党对马克思主义执政党建设规律的认识更加深化，也为继续推进新时代党的自我革命、继续深入推进新时代党的建设新的伟大工程提供了根本遵循。新征程上，要引导广大党员干部学习贯彻好这一重要思想，保持全面从严治党永远在路上、党的自我革命永远在路上的自觉，时刻保持解决大党独有难题的清醒和坚定，继续谱写党的建设新篇章。

第三章

中国共产党坚持自我革命的动力来源

“勇于自我革命，是我们党最鲜明的品格，也是我们党最大的优势。”[①] 回顾中国共产党波澜壮阔的百年奋斗历程，无论是在革命、建设还是改革时期，党都始终以高度的历史主动精神坚持自我革命，在深刻总结汲取古今中外政权更替经验教训的基础上，以强烈的自我革命精神正视和解决党内突出问题，保持党的先进性和纯洁性，推动党和国家事业不断克服一个又一个困难挑战、取得一个又一个伟大胜利。如今，站在新的历史起点上，党的二十大报告指出，“全面从严治党永远在路上，党的自我革命永远在路上”[②]，深刻阐明了新时代党的自我革命的必要性、艰巨性、复杂性和长期性。新时代新征程，党要继续坚持和推进自我革命，不仅要明晰“何为自我革命”，更要明确“为何自我革命”，即坚持自我革命的动力来源是什么？所谓党的自我革命的动力来源是指推动党的自我革命事业不断向纵深发展的各种驱动力。具体而言，可以从四个方面加以把握：在历史层面，坚持自我革命是跳出“历史周期率”、实现长期执政的必然选择；在党的层面，坚持自我革命是解决党内突出问题、实现兴党强党的必然选择；在国家层面，坚持自我革命是勇担历史使命、实现兴国强国的必然选择；在世界层面，坚持自我革命是引领时代、推进全球政党建设与反腐治理的必然选择。

① 《十八大以来重要文献选编》下，中央文献出版社 2018 年版，第 589 页。

② 习近平：《高举中国特色社会主义伟大旗帜 为全面建设社会主义现代化国家而团结奋斗——在中国共产党第二十次全国代表大会上的报告》，人民出版社 2022 年版，第 64 页。

第一节　坚持自我革命，是跳出“历史周期率”、实现长期执政的必然选择

能否跳出“历史周期率”、如何跳出“历史周期率”是中国共产党自革命时期以来就始终面临和需要回答的重要问题，关乎党能否实现长期执政。回望历史，中国历代王朝更迭的兴衰史证明，任何封建剥削阶级因其固有的局限性都不可能跳出“历史周期率”；立足现实，中国共产党在百年奋斗中凭借自身的先进性、革命性和人民性带领人民成功探索出跳出“历史周期率”的两个答案，一是人民监督，二是自我革命，大大深化了对中国共产党执政规律的认识；展望未来，立足于“两个大局”，习近平总书记多次强调自我革命的重要性，把自我革命提升到新的战略高度并作出新的战略安排，党的自我革命成效将愈加显著。新时代新征程上，只有继续推进党的自我革命，才能进一步跳出“其兴也勃焉，其亡也忽焉”的历史周期率，使党始终保持旺盛的生机活力，从而实现党的长期执政。

一、回顾中国历史，任何封建剥削阶级都无法跳出“历史周期率”

“历史周期率”问题是我们党在长期的革命、建设和改革实践中始终重视并不懈探索的重大理论与实践课题，探索和解决这一问题的最终目标是实现党的长期执政。1945年7月，黄炎培在与毛泽东谈到历史问题时首次明确提出“其兴也勃焉，其亡也忽焉”的历史周期率问题，感叹中国封建王朝无

法改变其兴衰嬗变、循环往复的悲惨命运。站在新的历史起点上，习近平总书记指出："我常讲到历史周期率问题，这的确是我国历史上封建王朝摆脱不了的宿命。"①中国历代封建王朝之所以无法跳出治乱兴衰的"历史周期率"，是由封建统治的本质所决定的。具体而言，可以从封建官僚制度的腐败性、封建君主专制的独裁性和封建社会主要矛盾的尖锐性三个方面加以分析和理解。深刻剖析和把握封建剥削阶级无法跳出"历史周期率"的原因，对党汲取其中的经验教训，找到跳出"历史周期率"的正确答案具有重要的现实意义。

（一）封建官僚制度的腐败性使封建剥削阶级无法跳出"历史周期率"

腐败作为一种长期存在并难以解决的社会难题，贯穿于中国两千多年的封建官僚制度中，影响着官僚系统内部的有效运行，极大地危害着国家和社会的健康发展，是封建剥削阶级无法跳出"历史周期率"的重要原因。

在中国封建社会，历代封建官僚制度大多经历了由廉洁到腐败的转变历程，相应的王朝发展也经历了由兴盛到衰亡的过程。纵观中国古代历史，曾出现过文景之治、贞观之治、开元盛世和康乾盛世等强盛局面，这些朝代人民安居乐业、社会稳定和谐、国家繁荣兴盛。然而到了后期，一系列问题逐渐暴露出来，表现为统治集团内部政治腐化、权以贿成，统治者昏庸无道、贪图享乐，官僚队伍贪污腐败、荒淫无耻。明朝皇帝朱元璋以严惩贪污腐败而著称，但明朝时期仍涌现出不少贪官污吏。英宗时的王振结党营私、大肆贪污、卖官鬻爵，开宦官擅权之先河，后王振败绩，在其被没收的家产中，仅金银就有六十余库，玉盘一百多个，珊瑚树高六七尺者二十余株，其他奇珍异宝不计其数，可见其贪污受贿程度之大。乾隆皇帝在位时期也十分注重反腐惩贪，并采取严厉手段惩治了一些贪官污吏，如甘肃捐监冒赈案、两淮盐引案等，但这并没有阻止后期贪污腐败现象的发生，大贪官和珅就是这一时期的典型例子。和珅深受皇帝宠信，把握大权，常常利用职务之便拉帮结

① 习近平：《推进党的建设新的伟大工程要一以贯之》，《求是》2019 年第 19 期。

派、打击政敌、聚敛钱财、贪污受贿。据估计，和珅一生共贪污的财产可达白银二亿多两，相当于乾隆五十六年国家财政总收入的五倍，其贪污数量之大、程度之深难以想象。回顾封建王朝更迭不断的兴衰史，可以发现，大多数王朝在建立初期都能够吸取前朝灭亡的惨痛教训，积极发挥封建官僚制度的社会管理职能，坚持励精图治、去奢从简，严惩贪污腐败、违法犯罪，但到了后期，封建官僚制度的剥削本质就逐渐暴露了出来，官僚系统内部开始出现权力滥用、贪赃枉法、穷奢极欲等乱象，极大地阻碍了国家和社会的发展前进。随着封建官僚贪污腐败程度的不断加深和对人民剥削的不断加强，"历史周期率"必然会发挥作用，受压迫人民必然会奋起反抗、发动起义，推翻旧王朝的统治，建立新王朝。

由此可见，促使封建官僚制度逐渐走向腐败的原因主要有两个。一是封建王朝所处社会环境的变化。封建王朝后期，统治集团面临的来自人民的社会压力逐渐减弱，广大官僚逐渐暴露出其作为封建统治阶级的剥削本性，思想观念逐渐从为官清廉向贪污腐败转变，官僚机构和国家政权逐渐丧失生命力，改朝换代不可避免。二是封建社会缺乏有效的权力制约和监督机制，这是导致封建社会腐败现象频发的重要原因和关键所在。封建官僚制度作为统治集团剥削和压迫人民的工具，不可能代表人民的利益，必然会导致腐败问题的产生。尽管历史上一些封建王朝采取了一系列严惩腐败的措施，探索建立了一些权力监督机构，如明朝的"东厂"和"西厂"等，但这些监督机构有明显的局限性，只注重上级对下级的监督，而无下级对上级的监督，只强调人治监督而忽视法治监督，未能触及封建剥削制度的根本，因而导致腐败现象难以彻底消除，最终无法跳出封建王朝治乱兴衰的"历史周期率"。

中国共产党从根本上区别于封建剥削阶级，在深刻总结和吸取封建王朝腐败亡国惨痛教训的基础上，始终注重以强烈的自我革命精神坚决反对腐败，同一切腐败现象作坚决斗争。党自成立之初就具有反对腐败的优良基因，在革命、建设和改革时期根据不同历史阶段的任务开展反腐败工作，取得了反腐败斗争的巨大成就，积累了宝贵的历史经验。可以说，中国共产党的百年奋斗史就是一部不断推进党的自我革命、反对腐败的历史。正是因为党始终坚持反腐败，党才能永葆先进性和纯洁性，才能带领人民跳出治乱兴衰的“历史周期率”。

（二）封建君主专制的独裁性使封建剥削阶级无法跳出“历史周期率”

封建君主专制是中国封建社会的根本政治制度，是少数人对多数人进行统治、剥削和压迫的制度，具有专制性和独裁性的本质特征。在这一政治制度下，君主以“天子”自居，是国家最高权力的拥有者和重大事务的直接决定者，奉行个人专断的独裁统治，难以发扬民主和自觉接受批评监督，其一言一行都可能直接影响到国家的前途命运和兴衰存亡。这就容易导致统治者的决策一旦失误，就会引起政局不稳、政权更迭、王朝倾覆，最后步入“历史周期率”的轨道无法自拔。

所谓得民心者得天下，失民心者失天下。回顾中国古代历史，大多数王朝是在人民推翻的旧王朝的基础上建立起来的。新任君主依靠广大人民的力量和支持获取国家政权，因而在王朝初期能够感受到“水则载舟，水则覆舟”的危机感，认同“民为邦本，本固邦宁”的治国理念，实行一定的“仁政”政策，求谏纳谏、广开言路，从而能够为广大人民所拥护和爱戴。然而到了王朝后期，统治者由于失去人民的压力而逐渐暴露出其专制独裁和剥削压迫的阶级本性，一心只顾实现自身利益的最大化而压迫人民、荼毒百姓，导致民不聊生、祸乱并生，最后实现周期性的改朝换代，无法跳出“历史周期率”。具体而言，封建君主专制的独裁性主要表现在两方面。一是统治者放弃“民本”思想，压榨人民、残害百姓。秦始皇虽然统一了六国，建立了历史上第一个封建王朝，但他极为凶狠残暴、崇尚暴政，穷奢极欲、挥霍无度，在修建阿房宫时肆意压榨贫苦百姓，搜刮民财，使百姓生活苦不堪言，最终导致了农民起义的爆发。秦二世继位后继续实施残暴的统治，大肆残害人民，从而引起百姓的反抗，致使秦朝最终灭亡。对此后人感叹：“呜呼！灭六国者，六国也，非秦也。族秦者，秦也，非天下也……秦人不暇自哀，而后人哀之；后人哀之而不鉴之，亦使后人而复哀后人也。”二是封建统治者拒绝谏议、堵塞言路、刚愎自用。从中国封建社会的兴衰存亡史来看，虽然历史上的一些王朝和皇帝采取了一系列措施求谏纳谏，以防止决策失误，如秦汉时期设立了御史大夫、谏议大夫等官职；隋唐以后设立御史台、谏院等机构，进一步发展了监察和谏议制度。但并非所有君主都能广开言路、自觉接受监督和批评。隋炀帝就曾公开宣扬“我不喜人谏”，他在位期间亲小人、远贤臣，一些忠心进谏的贤臣轻则被罢官，重则被残忍杀害，一些阿谀奉承的小人则乘机而上，受到重用。此外他还频繁发动战争，征用民力、劳民伤财，引发全国性的农民起义，最终导致隋朝灭亡。这样的皇帝还有汉武帝、光武帝、嘉靖帝等。综上所述，历代王朝的封建剥削阶级之所以无法跳出“其兴也勃焉，其亡也忽焉”的历史周期率，根本就在于封建君主专制的政治体制本身缺乏民主，其自身具有的独裁性、专制性和剥削性决定了这一政治制度的根本目的是维护和保证统治集团的利益，以巩固和加强自身的统治，不可能真正代表人民的利益和满足人民的需求，因而其王朝最终走向灭亡是不可避免的。尽管历史上一些王朝采取了一系列措施来发扬民主、广开言路、整治吏治、谏正皇帝过失，诸如建立监察和谏议制度等，但仍不能从根本上制约君主的无上权力和独裁统治。实际上，只要封建君主专制这一封建社会的根本政治制度不改变，封建剥削阶级就无法跳出“历史周期率”。

中国共产党作为马克思主义政党具有人民性的鲜明品格，这是党百年坚持自我革命的底气和勇气所在，也是推进党和国家各项事业不断取得胜利的力量保证。中国共产党不同于封建剥削阶级的专制统治，自诞生起就是一个始终代表人民利益，并为实现人民利益而不懈奋斗的党。在不断推进自我革命的伟大实践中，党始终坚持以人民为中心，牢记初心使命、坚守性质宗旨，坚决同一切损害人民群众利益的现象作斗争。因而能够获得最广大人民群众的拥护和支持，带领人民跳出“历史周期率”，实现长期执政的根本目标。

（三）社会主要矛盾的尖锐性使封建剥削阶级无法跳出“历史周期率”

在中国两千多年的封建社会中，地主阶级和农民阶级之间的矛盾是社会的主要矛盾，这一社会主要矛盾在历史实践中的持续存在与不断激化根源于封建土地所有制的剥削性和稳定性，是历代封建剥削阶级无法跳出“历史周期率”的重要原因。

马克思主义唯物史观认为，生产力与生产关系、经济基础与上层建筑之间的矛盾是人类社会发展的基本矛盾，贯穿于整个社会发展的全过程，规定着社会主要矛盾，是推动社会发展的根本动力。社会主要矛盾则是社会基本矛盾在不同历史发展阶段的具体表现和外化反映。在中国的封建时代和阶级社会，社会基本矛盾外化表现为地主阶级和农民阶级之间的社会矛盾。纵观中国封建社会王朝更迭、政权交替的兴衰嬗变史，推动历代王朝变迁和社会发展的根本动力就在于地主阶级和农民阶级之间的阶级斗争和矛盾运动。这种阶级矛盾和斗争集中表现在土地问题上，是由封建社会各历史时期生产力与生产关系矛盾运动的发展所决定的。大多数王朝在建立初期出于巩固和稳定国家政权、增加税收等原因，能够实行相对缓和的土地政策。然而到了王朝中后期，随着封建土地所有制的运行发展，封建地主阶级不断扩大土地兼并，榨取农民地租，使广大农民遭受了严重的剥削和压迫。在这样的条件下，农民阶级难以维持最低限度的生存，必然会导致地主阶级和农民阶级之间的阶级矛盾激化，广大农民揭竿而起，掀起农民起义，推动旧王朝的结束和新王朝的诞生。回顾历史上历次农民起义，无论是“伐天道，诛暴秦”的陈胜、吴广起义，“苍天已死，黄天当立，岁在甲子，天下大吉”的黄巾起义，还是“均田免赋”的李自成起义和洪秀全领导的太平天国运动等，无一不是封建地主阶级和农民阶级的社会矛盾不断激化，进而爆发阶级斗争的结果。需要指明的是，无论是封建地主阶级还是农民阶级，二者都具有自身的阶级局限性，都不是先进生产力和生产关系的代表，都不能创造出新的社会制度，只能囿于原来的制度框架，循环往复、停滞不前，因而无法跳出治乱兴衰的“历史周期率”。

总而言之，地主阶级和农民阶级之间的矛盾始终贯穿于整个中国封建社会的历史之中。封建土地所有制的确立和发展是造成这一阶级矛盾存在和激化的经济制度根源。封建土地所有制的剥削性决定了地主阶级和农民阶级之间矛盾的尖锐性，进而引发阶级斗争，爆发农民战争，实现改朝换代。而封建土地所有制的稳定性则决定了这一主要矛盾在封建社会无法得到根本解决，只能不断地循环往复、周而复始，最终无法跳出“历史周期率”的魔咒。历代农民起义虽然从一定程度上打击了封建王朝的统治，对于推动生产力的进步和封建社会的发展起到了一定的积极作用，但农民阶级由于自身的阶级局限性和时代的限制，无法从根本上改变封建土地所有制的剥削本质，也无法建立新的生产力和生产关系，因而更不能推动封建王朝跳出“历史周期率”。

回望中国封建王朝两千多年的兴衰存亡史，可以看到，“有些封建王朝开始时顺乎潮流、民心归附，尚能励精图治、以图中兴，遂致工业大成、天下太平，但都未能摆脱盛极而衰的历史悲剧”①。虽然导致历代王朝覆灭的具体原因各不相同，但都有一个共同原因，那就是封建统治集团昏庸无道、缺乏民主、吏治腐败、骄奢淫逸，导致民不聊生、祸乱频发，最终难逃改朝换代的悲惨命运。以史为鉴，可以知兴替。“历史周期率”作为国家兴衰存亡的现象性和周期性规律，并非一成不变和无法摆脱的铁律。中国共产党不同于中国古代的封建剥削阶级，作为马克思主义执政党，其能够因其自身所具有的先进性、革命性和人民性带领人民成功跳出这治乱兴衰的“历史周期率”。在历经沧桑、饱经风霜的百年奋斗史中，党成功探索出了跳出“历史周期率”的两个答案，一是人民监督，二是自我革命。二者相辅相成、相互促进、通路一致、有机统一，其目标指向都是为了实现党的长期执政，把党锻造成为始终走在时代前列、人民衷心拥护、经得起各种风浪考验的马克思主义执政党。

二、立足千秋伟业，坚持自我革命才能确保党实现长期执政

如何跳出“历史周期率”以实现党的长期执政，是党站在第二个百年奋斗目标新征程上面临的最直接、最根本、最现实的重大问题。历经百年探索和不懈奋斗，党在继承发展“民主新路”第一个答案的基础上，明确给出了

① 习近平：《推进党的建设新的伟大工程要一以贯之》，《求是》2019 年第 19 期。

跳出“历史周期率”的第二个答案——自我革命。回望党的百年历史，始终不渝坚持自我革命是党保持长盛不衰、长期执政的原因所在。立足千秋伟业，只有继续坚持自我革命才能保证和实现党长期执政的重要目标。坚持自我革命是党对“建设什么样的长期执政的马克思主义政党、怎样建设长期执政的马克思主义政党”这一重大时代课题的深刻回答和重要结论，使党进一步深化了对中国共产党执政规律的认识，标志着党对“如何建设长期执政的马克思主义政党”的规律性认识达到了新的战略高度。

（一）自我革命是党跳出“历史周期率”的第二个答案

中国共产党作为百年大党，能否跳出“历史周期率”，如何跳出“历史周期率”，关系党的兴衰成败和生死存亡，关乎党能否实现长期执政。从一定意义上来说，中国共产党的百年奋斗史就是一部不断探索如何跳出“历史周期率”以实现长期执政的历史。经过漫长的历程，党成功探索出了“自我革命”这一跳出“历史周期率”的第二个答案。

早在民主革命时期，面对黄炎培先生提出的“其兴也勃焉，其亡也忽焉”的历史周期率之问，毛泽东明确给出了第一个答案：“我们已经找到新路，我们能跳出这周期率。这条新路，就是民主。只有让人民来监督政府，政府才不敢松懈。只有人人起来负责，才不会人亡政息。”[①]这条“民主新路”是以毛泽东同志为主要代表的中国共产党人在深刻总结中国封建王朝兴衰存亡历史教训的基础上，结合当时的革命实际和党内问题得出的第一个答案。这一答案贯穿于党的革命、建设和改革全过程，并随着不同历史时期具体形势和目标任务的变化而不断丰富发展。进入新时代，习近平总书记站在新的历史方位，从解决党内问题、推进全面从严治党和实现长期执政等不同视角出发对坚持以自我革命跳出“历史周期率”问题作出一系列重要论述，并在党的二十大报告中明确指出，“经过不懈努力，党找到了自我革命这一

① 《毛泽东年谱（1893—1949）（修订本）》中卷，中央文献出版社2013年版，第611页。

跳出治乱兴衰历史周期率的第二个答案”[①]，把党的自我革命提升到了一个新的高度与境界。自我革命作为党跳出“历史周期率”的第二个答案，生发于党的历史，与第一个答案密切联系。人民监督和自我革命作为党跳出“历史周期率”的两个答案，都源自党百年来对初心使命的坚守，既有各自的侧重点，又具有内在一致性，二者相辅相成、相互促进，有机统一于建设长期执政的马克思主义政党的伟大实践中。从两个答案的相互区别来看，人民监督强调执政他律，重在发扬人民民主，保障人民的民主权利；而自我革命强调执政自律，重在加强内部监督，坚持刀刃向内，正视自身问题，永葆马克思主义政党的政治本色。从两个答案的相互联系来看，二者内在统一，无论是自我革命还是人民监督，二者都以坚持党的领导为基本原则、以坚持人民立场为价值旨归、以实现党的长期执政为目标指向。站在实现第二个百年奋斗目标的新征程上，习近平总书记从两个答案出发阐明了党百年来能够保持长盛不衰、实现长期执政的重要原因，指出：“一百年来，党外靠发展人民民主、接受人民监督，内靠全面从严治党、推进自我革命，勇于坚持真理、修正错误，勇于刀刃向内、刮骨疗毒，保证了党长盛不衰、不断发展壮大。”[②]需要指明的是，两个答案并非相互独立、彼此割裂的两个部分，而是相辅相成、相互依存的有机整体。中国共产党作为百年大党，要避免陷入治乱兴衰的“历史周期率”，实现长期执政，就必须要充分发挥两个答案相互促进的协同作用，始终代表最广大人民的根本利益，不断解决党自身的突出问题，充分发挥党内监督和党外监督的巨大监督合力，保证党不变质、不变色、不变味，永葆马克思主义政党的政治本色。

自我革命是党跳出“历史周期率”的第二个答案这一重要思想，是习近平总书记在新时代作出的原创性贡献，丰富发展了习近平新时代中国特色社会主义思想。没有革命的理论就没有革命的实践。党的十八大以来，以习近平同志为核心的党中央始终坚持以马克思主义科学理论为指导，在科学总结中

① 习近平：《高举中国特色社会主义伟大旗帜 为全面建设社会主义现代化国家而团结奋斗——在中国共产党第二十次全国代表大会上的报告》，人民出版社2022年版，第14页。

② 《习近平谈治国理政》第4卷，外文出版社2022年版，第549—550页。

外政权更迭深刻教训的基础上，结合十八大以来的新实践，以党的作风建设为突破口，打出了一套自我革命的“组合拳”，涉及党的建设全领域、全过程，党的自我革命成效显著，党带领人民成功破解了封建王朝无法跳出“历史周期率”的困局宿命。在新的“赶考”之路上，我们党要实现长期执政，跳出“历史周期率”，就必须要充分认识前进道路上的各种艰难险阻和风险挑战，以高度的历史主动精神把党的自我革命向纵深推进，在解决自身问题中不断实现自我净化和自我超越，从而不断提高党的执政能力和领导水平，以伟大自我革命引领伟大社会革命。

（二）坚持自我革命是保证党长盛不衰、长期执政的原因所在

自我革命是我们党百年来不断发展壮大、保持长盛不衰、实现长期执政的重要法宝和成功密码。回望过去，中国共产党自执掌全国政权以来已有70余年的历史，在这70余年的执政实践中，党始终坚持自我革命，直面自身突出问题，坚持真理、修正错误、刮骨疗毒、去腐生肌，团结带领人民于挫折中愈加奋起，于胜利中实现突破，于总结中不断提高。党在革命性锻造中变得更加坚强有力，党的创造力、凝聚力和战斗力不断增强。

回望党的百年奋斗历程，从新民主主义革命时期的八七会议、遵义会议、延安整风和党的七届二中全会，到社会主义革命和建设时期的整党整风运动、“三反”“五反”运动，到改革开放和社会主义现代化建设新时期党的十一届三中全会、党内集中教育活动，再到新时代的全面从严治党、反腐败斗争等，这些都是党在重大关头和关键时刻勇于开展自我革命的生动体现，充分彰显了党不讳疾忌医、敢于直面问题、勇于刀刃向内的历史主动和坚定决心。中国共产党之所以能在全国执政70余年并将继续实现长期执政，之所以能在百年奋斗历程中克服一次次艰难险阻，取得一次次伟大胜利，变得愈加强大，根本原因就在于我们党勇于承认自身的问题和错误，能够始终保持自我革命精神，及时改正自身存在的问题。

中国共产党作为百年大党，从成立之初到不断发展壮大，现已拥有9800多万名党员和500多万个基层党组织，领导着14多亿人民，已经在世界上最

大的社会主义国家连续执政74年并将继续实现长期执政，是世界第一大执政党。“大就要有大的样子”，但同时“大也有大的难处”。党作为百年大党，虽然获得了一定时期内的政权稳定，取得了一定的成就，但是实现长期执政仍是党的不懈追求，仍然是党所要克服的难题。如果不能拥有正确的态度，时刻保持自省自查的坚定决心，那么长期执政地位的稳固性就无法得到应有的保障。如习近平总书记所指出的：“如果不自省、不警惕、不努力，再强大的政权都可能走到穷途末路。”[①]苏共垮台、苏联解体就是前车之鉴。苏联在拥有20万名党员时推翻了沙皇专制统治，建立了苏维埃政权，却在拥有近2000万名党员，连续执政74年时失去政权、土崩瓦解。究其原因就在于苏共党内部发生腐化，丧失民主，不能正视和解决自身问题，怯于进行自我革命，其国家最终走向解体是不可避免的。中国共产党以强烈的忧患意识充分吸取苏联解体的深刻教训，避免重蹈苏共垮台覆辙，在长期执政的实践中始终以强烈的自我革命精神正视自身问题、革除自身弊病、清除自身毒素，创造了长期执政的奇迹。坚持自我革命不仅是党对中外政治史上败亡教训的深刻总结，更体现了党勇于刀刃向内的历史主动和坚守初心使命的责任担当，对“如何建设长期执政的马克思主义政党”时代课题进行了深刻的回答。

可以说，正是因为党始终坚持自我革命，党才能够始终保持先进性和纯洁性，在波澜壮阔的奋斗历程中实现长期执政；只有在新时代继续推进党的自我革命，才能确保党在新时代不变质、不变色、不变味，解决好大党面临的重要难题，从而继续实现长期执政。

（三）实现党的长期执政是坚持自我革命的目标指向

百年来，回答好如何实现党的长期执政这一问题的重要性日益凸显。党的十九届六中全会首次提出“建设长期执政的马克思主义政党”的重大命题，党的二十大报告再次提出要巩固党的长期执政地位。党的十八大以来，

① 习近平：《坚持和发展中国特色社会主义要一以贯之》，《求是》2022年第18期。

以习近平同志为核心的党中央采取了一系列有效措施开展自我革命，其目标指向亦是为了实现党的长期执政。在党的坚强领导下，新时代党的自我革命取得了许多显著成就，但同时也应清醒地认识到，处在“两个大局”的历史交汇期，新时代党面临复杂的国内外形势，党的领导面临前所未有的风险挑战，党所承担的各项任务更加繁重艰巨，都给新时代的党的自我革命带来的全新挑战，影响着党的长期执政。新时代，党能否克服党内突出问题，将自身锻造得更加坚强有力，实现长期执政的重要目标，要求党在新时代继续推进自我革命。

实现党的长期执政，要永葆自我革命精神。自我革命精神是党的执政能力的强大支撑。越是长期执政，“越不能丧失自我革命精神”①。实现党的长期执政，永葆自我革命精神，要纵深推进全面从严治党。党的十八大以来，以习近平同志为核心的党中央始终坚持问题意识、保持战略定力，坚持“打铁必须自身硬”，以高度的自我革命精神从党的建设各方面深入推进全面从严治党，经过不懈努力实现了管党治党“宽松软”向“严紧硬”根本转变，充分彰显了党在长期执政条件下勇于自我革命的高度自觉。但不能忽视的是，新时代党面临的风险挑战更加严峻复杂，党内存在的一些问题仍将长期存在并亟待解决，“全面从严治党永远在路上”。党的中央纪委二十次中央全会上，习近平总书记用六个“如何始终”概括了我们党的独有难题。“如何始终不忘初心、牢记使命，如何始终统一思想、统一意志、统一行动，如何始终具备强大的执政能力和领导水平，如何始终保持干事创业精神状态，如何始终能够及时发现和解决自身存在的问题，如何始终保持风清气正的政治生态”②，明确指出六个“如何始终”是我们这个大党必须解决的独有难题，彰显了我们党直面问题和决心解决问题的强大勇气。因此，在新的“赶考”之路上，要想实现党的长期执政，真正做到兴党强党，要始终坚持从严管党治党不放松，不断探寻管党治党的有力举措，有效增强管党治党的针对

① 《习近平谈治国理政》第3卷，外文出版社2020年版，第529页。学习出版社

② 《习近平新时代中国特色社会主义思想学习纲要》，学习出版社、人民出版社2023年版，第118页。

性和有效性，持之以恒正风肃纪反腐，以解决百年大党独有难题的清醒和坚定纵深推进全面从严治党这一新时代自我革命的伟大实践，从而使党拥有实现长期执政的坚实底气。

实现党的长期执政，要不断提高“四自能力”。新时代建设长期执政的马克思主义政党，就要通过开展自我革命，不断提高“四自能力”，为实现党的长期执政提供强大的力量和重要支撑。一是要不断提高自我净化能力，为实现党的长期执政提供思想根基。提高自我净化能力要求广大党员自觉清除思想和心灵上的污垢，坚决反对和抵御一切腐朽思想，加强理想信念教育，提高自身的党性修养，做到从思想上正本清源、固本培元，增强自身的先进性。通过开展党内集中教育活动不断提高广大党员干部坚定理想信念、勇于自我革命的思想自觉，为实现党的长期执政奠定牢固的思想根基。二是要不断提高自我完善能力，为实现党的长期执政提供制度保障。提高自我完善能力要着力建立科学的选人用人机制，完善党内法规制度体系，建立健全权力运行的制约和监督机制，把权力关进制度的笼子。通过构建一系列科学规范、系统完备、运行有效的制度体系和权力运行机制，为实现党的长期执政提供坚实的制度保障。三是要不断提高自我革新能力，为实现党的长期执政提供重要动力。自我革新就是要革故鼎新、与时俱进，把握党长期执政的时代发展大势，坚决破除体制机制的弊端和利益固化的藩篱，实现自我突破与自我超越。提高自我革新能力要着力推进理论创新、实践创新、制度创新、文化创新和其他各方面的创新，解放思想、实事求是，为实现党的长期执政提供不竭动力。四是要不断提高自我提高能力，为实现党的长期执政提供强大支撑。重视自我提高是党在长期执政的实践中积累的宝贵经验。增强自我提高能力要求广大党员干部加强理论学习和实践锻炼，在学习实践中不断提高自身的理论素养、专业能力和实践水平，增强自身各项本领，为实现党的长期执政提供强大的干部队伍支撑。

第二节　坚持自我革命，是着力解决自身存在的突出问题、实现兴党强党的必然选择

中国共产党的百年奋斗历程不仅是充满成就与辉煌的历史，同时也是饱含曲折与失误的历史。任何政党都会犯错误，中国共产党也不例外。而我们党之所以能于挫折中不断奋起、于错误中实现提升，始终保持自身的先进性和纯洁性，从而实现长期执政，就在于党从不讳疾忌医，始终能够正视和解决自身问题，坚持刀刃向内、勇于自我革命。党坚持自我革命的动力不仅来源于解决党自身存在的突出问题，永葆马克思主义政党本色的现实需要，同时也是党在革命性锻造中不断提升自身执政能力，实现兴党强党的必然要求。立足于新时代，党面临的突出问题更加复杂多变，要想永葆马克思主义政党本色，实现兴党强党的伟大目标，就必须始终不渝地坚持自我革命，着力解决自身突出问题，不断提升党的执政能力。

一、自我革命是党解决自身问题，永葆马克思主义政党本色的重要途径

自中国共产党成立以来，党面临的最大的风险就是内部发生变质和腐化。党自身存在的突出问题是损害党的先进性和纯洁性、淡化马克思主义政党本色的重要因素。敢于直面问题、勇于解决问题，永葆马克思主义政党本色是中国共产党百年来始终赓续的优良传统和不断从胜利走向胜利的重要法宝。坚持自我革命是党解决自身突出问题、永葆马克思主义政党本色的重要途径和有效方式。从某种意义上来说，中国共产党的百年奋斗史就是一部党勇于自我革命、不断解决自身突出问题、不断保持马克思主义政党本色的历史。

（一）坚持自我革命，解决党自身存在的突出问题

坚持自我革命是党百年来解决自身突出问题的重要途径和成功秘诀。百年来，中国共产党始终坚持自我革命，以刀刃向内的决心和壮士断腕的勇气直面和解决党内存在的突出问题，不断清除侵蚀党的肌体健康的因素和病毒，有效保障党的先进纯洁，确保党永远不变质、不变色、不变味，始终成为打不倒、压不垮的马克思主义政党。

新民主主义革命时期，党在长期的革命斗争中面临的突出问题主要是指导思想上的偏差和组织纪律的松散。面对这些问题，党始终坚持自我革命，正视自身突出问题，着重提出思想建党的原则，加强组织纪律建设，坚决纠正一系列错误思想，严明组织纪律，保证了党的革命事业始终沿着正确的轨道前行。社会主义革命和建设时期，面对新的执政环境和社会主义现代化建设事业的新挑战，党着力从思想上、组织上、作风上全面加强自身建设，坚决惩治腐败问题。这一时期，党虽然出现了一些重大失误，但党始终保持强烈的自我革命精神，采取了一系列有效举措解决党内突出问题，保证了党的先进性和纯洁性，巩固和加强了党的领导，促进了社会主义事业的发展。改革开放和社会主义现代化建设新时期，各种社会思潮的涌现、各种思想错综复杂，严重影响着党的建设。这一时期党勇于刀刃向内，着力解决党内存在的思想不纯的突出问题，统一了全党思想、加强了党的纪律、整顿了党的作风、纯洁了党的组织，总体上净化了党内政治生态。这一时期，党还进一步将自我革命提升到更为重要的地位，并日益将自我革命推向制度化和规范化。

党的十八大以来，党自身存在的突出问题更加严峻复杂，并在新时代呈现出许多新的特点。只有在新时代继续坚持自我革命，党才能进一步解决这些突出问题，永葆党的先进性和纯洁性。一是坚持自我革命，解决新形势下党内出现的信仰危机。当今世界仍处于社会主义和资本主义两种意识形态长期并存并激烈交锋的局面中，西方资本主义国家一刻也没有停止对我国的意识形态渗透，仍然在利用先进的网络技术优势、采用或明或暗的方式大肆宣扬自由主义和普世价值等错误思潮，发表攻击中国主流意识形态的不当言

论，动摇广大人民群众的信仰和政治认同，企图颠覆我国国家政权。各种唱衰马克思主义意识形态的论调和观点从未停止并日益甚嚣尘上，部分党员干部理想信念发生动摇，甚至对共产主义心存怀疑，不信马列信鬼神，党内出现严重的信仰危机。面对当前西方国家对中国主流意识形态的干扰和斗争的复杂形势，习近平总书记指出："理想信念动摇是最危险的动摇，理想信念滑坡是最危险的滑坡。"①面对这一突出问题，党必须要进行思想上的自我革命，始终坚持和巩固马克思主义在意识形态领域的指导地位，加强对广大党员干部的马克思主义理论教育，用党的创新理论成果武装全党头脑，补足精神之钙、筑牢信仰之基，切实加强党的思想引领力。

二是坚持自我革命，解决党内存在的"七个有之"问题。新时代以来，党内一些党员干部，甚至领导干部在政治上不够坚定，存在无视党的政治纪律和政治规矩，奉行自由主义、个人主义、分散主义、宗派主义等突出问题。这些突出问题被概括为"七个有之"，即"搞任人唯亲、排斥异己的有之，搞团团伙伙、拉帮结派的有之，搞匿名诬告、制造谣言的有之，搞收买人心、拉动选票的有之，搞封官许愿、弹冠相庆的有之，搞自行其是、阳奉阴违的有之，搞尾大不掉、妄议中央的也有之"。"七个有之"本质上是政治问题，严重违反了党的政治纪律和政治规矩，使党中央的权威受到严重威胁，严重破坏了党内政治生态，动摇了党的执政根基，对党和国家事业产生了极为不利的影响。对此，习近平总书记提出遵守政治纪律和政治规矩要做到的"五个必须"。新时代解决党内存在的"七个有之"，必须始终坚持党的自我革命，保持政治定力，坚决做到"五个必须"，牢固树立"四个意识"。加强党内政治监督，及时发现违反政治纪律和政治规矩的问题，坚决严肃处理存在"七个有之"问题的党员干部，从而实现党内政治生态的净化。

三是坚持自我革命，解决党内存在的"四风"问题和腐败问题。以"形式主义、官僚主义、享乐主义、奢靡之风"为主要表现的"四风"问题是我

① 《十八大以来重要文献选编》上，中央文献出版社2014年版，第339页。

们党在作风建设中存在的严重“病患”。这些问题的存在离间了党员、干部与群众的关系，侵蚀了党的肌体健康，违背了党的初心使命和性质宗旨，对党的形象和威信产生了极为不利的影响。当前，“四风”问题依然顽固，并以新的形式表现出来。要以强烈的自我革命精神解决“四风”问题，尤其要重点纠治形式主义和官僚主义，坚决破除特权思想和特权行为，以落实中央八项规定精神为纠治“四风”问题、加强党的作风建设开局破题，切实解决人民群众最关心最直接最现实的问题。腐败是我们党面临的最大的威胁，损害党的先进性和纯洁性，影响党的肌体健康和长期执政。腐败问题的存在严重损害着党的纯洁性，影响着党的形象，反腐败是一场输不起也不能输的重大政治斗争。党的十八大以来，以习近平同志为核心的党中央以“得罪千百人，不负十四亿”的决心深入推进反腐败斗争，保持反腐败斗争高压态势，推动反腐败斗争取得压倒性胜利并全面巩固。但必须清醒地认识到，反腐败斗争不是一气呵成的，具有艰巨性和长期性，面临着一些顽固性和多发性问题，一些腐败问题树倒根生，并呈现出新的阶段性特征，反腐败斗争任重道远。党的二十大报告指出：“反腐败斗争就一刻不能停，必须永远吹冲锋号。”[①]因此，新时代新征程上，要以坚定的决心和巨大的勇气继续推进党的自我革命，“以猛药去疴、重典治乱的决心，以刮骨疗毒、壮士断腕的勇气，坚决把党风廉政建设和反腐败斗争进行到底”，坚决铲除腐败这个最致命的“污染源”。

四是坚持自我革命，坚决破除党内存在的特权思想和特权现象。特权思想和特权现象由来已久，与我们党的初心使命和性质宗旨根本违背。特权思想和特权现象的存在大大削弱了党的执政根基，损害了党与人民群众的血肉联系，是造成腐败的催化剂。长时间以来，党内一些党员干部甚至是领导干部存在严重的“官本位”思想，特权观念浓厚，在工作和实践中错把“公权”当作“私权”，以公谋私、恃权自傲、大搞特殊，严重违反了党规党纪，对党的形象和权威造成了极为不利的影响。习近平总书记指出：“党的

① 习近平：《高举中国特色社会主义伟大旗帜 为全面建设社会主义现代化国家而团结奋斗——在中国共产党第二十次全国代表大会上的报告》，人民出版社 2022 年版，第 69 页。

十八大以来，党中央反‘四风’、反腐败，锲而不舍抓作风建设，都是在同特权思想、特权现象作斗争。”[①]二十大党章还专门把反对特权思想和特权现象作为领导干部所必须具备的基本条件载入其中，充分彰显了党坚决反对与破除特权的决心和意志。新时代新征程，党要破除党内存在的各项特权思想和特权现象，就要继续推进自我革命。以强大的自我革命精神教育广大党员干部，约束和规范党员干部的权力，坚决反对一切超越宪法法律的特权，制定一系列关于限制特权的规章制度。党的领导机关和领导干部也要保持自我革命的主动精神，经常进行自我净化和自我纠错，坚持以上率下，争做反对特权的表率和模范，坚决防范特权之风在党内的蔓延。

（二）坚持自我革命，永葆马克思主义政党本色

解决党内突出问题，永葆马克思主义政党本色的一个重要途径就是要始终坚持自我革命。习近平指出："在新的历史条件下，要永葆党的马克思主义政党本色，关键还得靠我们党自己。"[②]这就要求我们党必须始终坚持自我革命，这样才能把党锻造得更加坚强有力，保障党不变色。

坚持自我革命，永葆马克思主义政党先进性。马克思主义政党的先进性主要表现在政党理论先进和组织先进两个方面。一方面，广大无产阶级政党党员具有正确科学的理论认识和较高的思想认识水平，对于无产阶级运动有着比普通群众更加准确的理解和认识，因而能够积极践行自身的职责和使命，带领广大群众推进无产阶级运动的发展。另一方面，无产阶级政党党员是推动无产阶级运动的坚实力量，具备极强的凝聚力。但是先进的马克思主义政党不是与生俱来和一蹴而就的。马克思主义政党的先进性要靠不断进行自我淬炼来保持。因此必须要注重发扬保持党的先进性的优良传统和作风，善于总结加强先进性的重要经验，不断同损害党的先进性因素作斗争。只有始终坚持自我革命，克服和消除一切影响和损害党的先进性的因素，才能永葆自身的先进性本色。作为马克思主义政党，党在领导人民进行革命、建设

① 习近平：《推进党的建设新的伟大工程要一以贯之》，《求是》2019 年第 19 期。
② 《习近平谈治国理政》第 4 卷，外文出版社 2022 年版，第 32 页。

和改革的过程中，始终通过自我革命保持自身的先进性。第一，以自我革命割除组织“毒瘤”，永葆马克思主义政党组织的先进性。组织成分先进是政党组织先进的重要体现。作为工人阶级的先锋队，中国共产党具有先进的阶级基础和党员队伍。党章规定，党员是中国工人阶级的有共产主义觉悟的先锋战士。这就从党内最根本的法规的高度规定了组织成分的先进性。回望党的组织建设史，党在各个历史时期都始终以自我革命的勇气采取严格的措施教育和清除不合格党员，如1951年的整党运动、1983年全面整党运动以及党内开展的一系列集中教育活动等，都是党坚决割除组织“毒瘤”、纯洁党的队伍，以此确保党组织的先进性的生动体现。第二，以自我革命清除错误思想、推进理论创新，永葆马克思政党理论的先进性。马克思指出，“我们党有个很大的优点，就是有一个新的科学的世界观作为理论的基础”[①]。马克思主义是科学真理，正是在马克思主义的科学指导下，党才能不断发展壮大，国家的各项事业发展才能取得举世瞩目的重要成就。百年来，中国共产党始终坚持以马克思主义为指导，坚持真理、修正错误，以彻底的自我革命精神坚决同党内一切错误思想作斗争，消除了党在思想认识上的迷雾，保证了马克思主义政党理论的先进性。实践没有止境，理论创新也没有止境。马克思主义基本原理作为普遍真理，是发展着的理论，因此能够为党的百年历史进程中党和国家各项事业的发展提供源源不断的支持。同时党也能够在百年发展进程中不断学习，不断与中国具体实际相结合，实现马克思主义的中国化时代化。例如，党在长期的革命、建设和改革实践中始终坚持“两个结合”，在赓续发展马克思主义基本原理的基础上，不断进行理论上的自我革命、推进理论创新。在此过程中，形成了包括毛泽东思想、邓小平理论、“三个代表”重要思想、科学发展观和习近平新时代中国特色社会主义思想在内的一系列马克思主义中国化时代化的理论成果。可以说，不断推进理论创新的过程开辟了理论发展的新境界，不断推进理论创新有利于保持马克思主义政党理论的先进性。

---

① 《马克思恩格斯选集》第2卷，人民出版社2012年版，第10页。

坚持自我革命，永葆马克思主义政党革命性。马克思主义政党自诞生之日起就是一个革命性政党，肩负着推翻旧世界、建立新世界的历史使命。革命性是马克思主义政党的属性特质和内在品格，表现为彻底的革命和批判精神。在马克思主义范畴中，革命具有狭义和广义的双重含义。狭义的革命主要是指政治革命，即通过阶级斗争的暴力革命推翻旧政权，建立新政权。广义的革命则是指人们改造社会的重大变革，即包含生产力、生产关系以及上层建筑等各领域、各方面变革在内的社会革命。马克思、恩格斯指出："共产党人不屑于隐瞒自己的观点和意图。他们公开宣布：他们的目的只有用暴力推翻全部现存的社会制度才能达到。"[①]列宁也强调："任何一个革命政党，尤其是我们党，无产阶级、城乡贫民的党，不会也无权放弃起义，永不举行起义。"[②]这些重要论述都充分体现了马克思主义政党敢于革命、勇于斗争的鲜明品质和光辉形象。革命难，自我革命更难。马克思主义政党不仅能够领导人民进行伟大的社会革命，而且能够在各个历史时期敢于刀刃向内、开展自我革命。马克思认为，无产阶级革命不同于其他革命，其中一点就在于它能够自己批评自己并靠批评自己而壮大起来。自我批评是党勇于开展自我革命的重要体现和有效方式。列宁也表明，"公开承认错误，揭露犯错误的原因，分析产生错误的环境，仔细讨论改正错误的方法——这才是一个郑重的党的标志"[③]。马克思主义经典作家虽未明确提出自我革命的概念，没有深刻剖析其科学内涵，从而形成对于这一问题的科学认识。但其相关论述和领导实践活动中蕴含着深刻的自我革命思想，突出强调了马克思主义政党不同于其他政党的鲜明革命性特征。中国共产党是一个应革命形势而诞生，并在革命环境中成长和发展的党，拥有马克思主义政党革命性的内在品格。习近平总书记指出："不忘初心、牢记使命，就不要忘记我们是共产党人，我们是革命者，不要丧失了革命精神。"[④]这种革命精神既包括党领导人民进

① 《马克思恩格斯选集》第 1 卷，人民出版社 2012 年版，第 435 页。

② 《国际共运史研究资料 第八辑》，人民出版社 1983 年版，第 285 页。

③ 《列宁选集》第 4 卷，人民出版社 2012 年版，第 167 页。

④ 《习近平谈治国理政》第 3 卷，外文出版社 2020 年版，第 70 页。

行社会革命的精神，也包括党强烈的自我革命精神。作为既是马克思主义革命党又是马克思主义执政党的中国共产党，自成立之日起就担负着实现民族独立、人民解放和国家富强、人民富裕的历史性任务，通过不断加强自身建设，提高自身执政能力和领导本领，为实现民族复兴而不懈奋斗。百年来，党始终保持无产阶级革命政党的本色，敢于坚持刀刃向内，保持高度的自我革命精神科学审视和着力解决存在的突出问题，坚决同党内的违法乱纪党员作坚决斗争，重典治乱、猛药去疴，团结带领人民取得了一系列的胜利。新征程上，不再采取暴力革命的方式推进国家的发展建设，党要继续坚持自我革命，切实发挥自我革命精神，永葆自身革命性本色，同时以彻底的革命精神不断推进新时代中国特色社会主义这场伟大的社会革命。

坚持自我革命，永葆马克思主义政党人民性。马克思主义唯物史观对于人民群众的重要地位有着正确的认识。其认为，人民群众是历史的创造者，是社会物质财富的创造者，是社会精神财富的创造者，是社会变革的决定力量。这也就使得人民群众成为推动党开展自我革命的重要力量。马克思主义政党从诞生之日起就没有任何的私利，始终代表和坚持无产阶级和最广大人民的根本利益，始终为保障人民的利益而努力。其领导的无产阶级的运动不同于以往其他任何阶级的运动，是为绝大多数人谋利益的独立的运动。因此，人民性是马克思主义政党的重要属性，也是其开展自我革命的底气和勇气所在。中国共产党作为马克思主义政党，自成立之初就没有任何私利，始终坚持自我革命，坚守人民立场。人民性是党勇于坚持自我革命的红色基因。因为党时刻牢记自身代表最广大人民的根本利益，所以能够始终坚决同一切损害人民利益的行为作斗争，因而赢得了广大人民的拥护和支持，团结带领人民取得一个又一个伟大胜利。但在现实生活中，面对长期执政的复杂环境，部分党员干部甚至是领导干部存在脱离人民群众的现象和问题，严重损害了党的作风和形象，削弱了党同人民群众的血肉联系，不利于党实现长期执政。对此，党必须要坚持自我革命，坚持正视问题的自觉，及时发现自身的问题所在，并且始终坚持以巨大的勇气和坚决的决心解决脱离人民群众的突出问题，保证马克思主义政党的人民性。第一，坚持自我革命，坚守人民立场，永葆马克思主义政党的人民性。马克思主义政党性质和宗旨内在地要求中国共产党必须坚持以人民为中心，站稳人民立场。广大党员干部要经常对照党的性质宗旨和初心使命推进自我革命，牢记人民公仆身份，站稳人民立场，坚持群众路线，服务群众、造福群众，切实维护最广大人民群众的根本利益，提高党的威信、夯实党的群众基础。第二，坚持自我革命，自觉接受人民监督，永葆马克思主义政党人民性。党的血脉在人民、根基在人民、力量在人民，人民群众参与监督是我们党保持与人民群众血肉联系的集中体现，也是推进管党治党、开展党的自我革命的重要方式。早在延安时期，党就提出要靠人民监督跳出“历史周期率”。党的十八大以来，习近平总书记高度重视发挥人民监督的作用，指出“我们不能关起门来搞自我革命，而要多听听人民群众意见，自觉接受人民群众监督”[①]。人民群众的眼睛是雪亮的，党的工作到不到位，党员干部的作风正不正派，人民群众感受最真切。因此，广大党员干部在工作实践中必须要虚心接受人民群众的意见和建议，自觉改正自身存在的问题和不足，认真改进工作作风，切实提高为民服务的本领。

二、自我革命是提升党的执政能力，实现兴党强党的根本方式

“治国必先治党，党兴才能国强。”[②]要实现兴党强党，确保党实现长期执政，就必须要坚持自我革命，不断提高党的执政能力。我们党作为世界第一大执政党，具有丰富的执政资源、坚实的执政根基、稳固的执政地位。但长期处于执政业绩的光环下，党很容易出现骄傲自满、忽略自身问题的现象。习近平总书记强调：“没有什么外力能够打倒我们，能够打倒我们的只有我们自己。”[③]因此，必须要以勇于自我革命精神打造和锤炼自己。“以自

① 《习近平谈治国理政》第3卷，外文出版社2020年版，第533页。

② 《在学习贯彻习近平新时代中国特色社会主义思想主题教育工作会议上的讲话》，人民出版社2023年版，第6页。

③ 《十八大以来重要文献选编》下，中央文献出版社2018年版，第591页。

我革命精神全面推进党的建设新的伟大工程，不断增强党的政治领导力、思想引领力、群众组织力、社会号召力，就一定能够使党始终成为中国人民最可靠最坚强的主心骨！”[①]习近平总书记这一重要论述是对党的执政能力的高度概括和精确提炼，充分彰显了坚持自我革命对于提升党的执政能力、实现兴党强党的重要作用与非凡意义。

（一）以自我革命提升党的政治领导力，巩固兴党强党的政治基础

党的政治领导力就是党始终坚持正确的政治立场、方向、原则和道路，保持政治定力、驾驭政治局面、防范政治风险的能力。政治领导力是党的领导力的核心要素，具有根本性和统领性，同时也是保证党的生命力和战斗力，确保党始终成为坚强领导核心，从而实现兴党强党的根本能力。党的十八大以来，党以政治建设为统领深入推进全面从严治党，党的自我革命成效显著，但在政治方面党内仍存在不少党的领导弱化、虚化、淡化、边缘化的问题，部分党员干部甚至是领导干部对坚持党的集中统一领导认识模糊、行动乏力，特别是对党中央的重大决策部署执行不力，严重影响着党的凝聚力和战斗力。因此，要想从根本上解决这些问题，确保党中央权威和集中统一领导，提升党的政治领导力从而实现兴党强党，就必须坚持自我革命。

提升党的政治领导力，需要以自我革命坚定正确的政治方向、驾驭复杂的政治局面、有效防范各种政治风险，从而巩固兴党强党的政治基础。第一，要以自我革命坚定正确的政治方向。“政治方向是党生存发展第一位的问题，事关党的前途命运和事业兴衰成败。”[②]一是要坚持中国特色社会主义的根本方向。道路决定方向，方向决定命运。百年来，中国共产党团结带领人民以强大的自我革命精神历经艰难险阻、克服千难万险找到了中国特色社会主义这条唯一正确的道路，这是我们党所必须坚持的正确的政治方向。广大党员干部要坚定理想信念、增强“四个自信”，坚定不移地走中国特色社会主义道路，增强政治敏锐性和政治判断力，在政治方向上要经常性地对标

① 《习近平谈治国理政》第4卷，外文出版社2022年版，第76页。
② 《习近平谈治国理政》第3卷，外文出版社2020年版，第93页。

对表，及时校准偏差，以自我革命的勇气坚决同违背党的路线方针政策的错误行为作斗争，在斗争中提高自身的政治领导力。二是要把旗帜鲜明讲政治贯穿于党的工作和事业的始终。旗帜鲜明讲政治是我们党作为马克思主义政党的根本要求，同时也是我们党推进自我革命的战略举措。“讲政治”就是要加强党的政治建设。习近平总书记指出：“政治问题，任何时候都是根本性的大问题。”[①]要旗帜鲜明地加强政治建设，把党的政治建设与党的其他各项建设联系起来，在党中央的正确领导下，确保党的事业不偏航、不脱轨，把党建设得更加坚强有力。第二，要以自我革命驾驭复杂的政治局面。当前，我国处于“两个大局”叠加的战略交汇期，党内面临着更加复杂严峻的政治局面。站在实现第二个百年奋斗目标的新征程上，党要实现中华民族伟大复兴的历史使命，就必须善于以自我革命驾驭复杂的政治局面，以提升自身的政治领导力。一是要练就见微知著的政治慧眼。党员干部既要做到“善思”，锻炼和培养自身的战略思维、历史思维、辩证思维、创新思维、法治思维和底线思维，提高把握大局、高瞻远瞩、审时度势的能力，又要做到“善察”，善于发现政治问题，认真研判政治形势，充分利用一切有利因素推进中国特色社会主义事业发展。二是要锻造坚如磐石的政治定力。党员的政治定力集中表现为党性问题。党员干部要锻造坚定的政治定力，就要不断加强理论学习、实践锻炼和自我反思，勇担初心使命、发扬斗争精神、坚持刀刃向内，排除思想政治上的各种干扰，消除各种困惑，不断提高自身的党性修养和政治觉悟。第三，要以自我革命有效防范各种政治风险。以自我革命有效防范各种政治风险是确保党的政权稳定，提升党的政治领导力的必然选择和内在要求，这就要求党在事关根本性、方向性和原则性的问题上必须做好政治引领。一是要坚决维护党的政治权威。以自我革命有效防范政治风险，关键在于维护党的政治权威。有了权威就有了行动的一致。广大党员干部要以伟大的自我革命精神检视自身，严格遵守党的政治纪律和政治规矩，增强“四个意识”、坚定“四个自信”、做到“两个维护”，自觉在政治立

① 《习近平关于全面从严治党论述摘编》，中央文献出版社2016年版，第87页。

场、政治方向、政治原则和政治道路上同党中央保持高度一致，维护党的政治权威，不断提升党的政治领导力。二是要坚定对党的政治忠诚。政治忠诚是对党员干部最核心、最首要和最基本的要求。只有坚定对党的政治忠诚，广大党员干部才能坚守住政治信仰和政治灵魂，才能以自我革命的勇气克服一切艰难险阻和风浪考验。广大党员干部不但要在坚持党的领导中做到政治忠诚，忠诚于党的信仰、党的理论和路线方针政策，也要在工作实践和政治担当中做到政治忠诚，坚决纠正一切违反政治纪律和政治安全的行为。

（二）以自我革命提升党的思想引领力，筑牢兴党强党的思想根基

党的思想引领力就是党始终坚持以马克思主义为指导，不断结合具体实际和时代要求进行理论创新并用党的创新理论武装头脑、统一思想、指导实践，坚决抵御一切错误思潮的能力。党的思想引领力是促进全党思想、意志统一，永葆党的思想理论先进，实现兴党强党的思想基础。增强思想引领力是马克思主义政党建设的本质要求，也是中国共产党百年奋斗的优良传统和经验总结。当前，我国处于新的发展阶段，国际国内形势发生深刻变化，意识形态领域的斗争激烈而尖锐，一些西方错误思潮冲击着马克思主义的指导地位，党内的思想建设面临新的考验。这就要求我们党始终坚持自我革命，不断提升党的思想引领力，筑牢兴党强党的思想根基。

提升党的思想引领力，需要不断进行思想上的自我革命，通过自我革命加强党的思想建设，不断增强党内思想凝聚力，从而筑牢兴党强党的思想根基。第一，要以自我革命不断推进实践基础上的理论创新，发挥创新理论的引领作用。理论是实践的先导，思想是行动的指南。理论来源于实践同时又服务实践。习近平总书记指出：“这是一个需要理论而且一定能够产生理论的时代，这是一个需要思想而且一定能够产生思想的时代。”[①]马克思主义理论作为科学理论具有发展性和革命性，能够随着实践的发展和时代要求不断进行自我革命，实现理论创新。以自我革命推进理论创新，必须要立足于我

① 《习近平关于社会主义文化建设论述摘编》，中央文献出版社2017年版，第73页。

国仍处于社会主义初级阶段这个最大的国情，以当前党和国家的工作任务为中心，把准理论创新的时代方位。要坚持问题导向，着眼于党和国家发展中面临重大理论问题、现实问题和广大人民群众所强烈反映的突出问题，拓宽理论视野，增强理论深度，推进理论创新，凝聚思想共识。提升党的思想引领力，必须发挥党的创新理论的引领作用。习近平新时代中国特色社会主义思想是马克思主义中国化的最新理论成果，全党同志必须全面深入学习，按照学懂弄通做实的要求，用党的创新理论武装自己的头脑，不断提高自身的理论修养和思想水平。要切实推进马克思主义中国化时代化，让党的创新理论"飞入寻常百姓家"，使之内化为人民群众强大的精神力量和行动自觉，从而提升党的思想引领力，为实现兴党强党筑牢坚实的思想根基。第二，要以自我革命大力开展思想理论教育，提升党的思想引领力。坚持思想理论教育是中国共产党百年来加强思想建设、提升党的思想引领力的重要途径和优良传统，是新时代"强基固本""培根铸魂"的基础性工程。习近平总书记指出："加强党的建设，首要任务是加强思想政治建设，关键是教育管理好党员、干部。"[①]这就要求我们党要以自我革命精神大力开展思想理论教育，以提升党的思想引领力。党的十八大以来，以习近平同志为核心的党中央为解决党内突出问题、提高党内思想理论水平，以勇于自我革命的历史主动和坚定决心相继开展了党的群众路线教育实践活动、"三严三实"专题教育、"两学一做"学习教育、"不忘初心、牢记使命"主题教育、党史学习教育和学习贯彻习近平新时代中国特色社会主义思想主题教育，保证了党内思想理论的先进性，极大提升了党的思想引领力。"欲事立，须是心立。"新时代新征程，提升党的思想引领力要以自我革命精神继续加强党内思想理论教育，推进思想理论教育常态化制度化，不断强化理论武装、补足精神之钙、坚定政治信仰、把稳思想之舵，为实现兴党强党奠定稳固的思想根基。

---

① 《习近平谈治国理政》第2卷，外文出版社2017年版，第172页。

（三）以自我革命提升党的群众组织力，夯实兴党强党的群众基础

党的群众组织力是指党依靠群众、发动群众、组织群众、团结带领群众进行中国特色社会主义伟大斗争，实现党和国家各项任务的能力。党的群众组织力是中国共产党的鲜明特征和显著优势，是巩固党的执政根基、永葆党的旺盛生命力和强大战斗力的重要支撑和力量源泉。习近平总书记多次强调："人民是历史的创造者，是决定党和国家前途命运的根本力量。"①回顾历史，中国共产党正是通过依靠人民、组织人民、服务人民才能凝聚起强大的力量，才能以强大的自我革命精神团结带领人民克服一切艰难险阻，逐渐实现发展壮大、繁荣强盛。站在新的历史条件下，我们党面临更加复杂多变的执政环境，各种脱离人民群众的危险、损害人民群众利益的问题不断涌现。要想解决这些突出问题，提升党的群众组织力，凝聚起最广大人民的团结伟力，就必须坚持自我革命，夯实兴党强党的群众基础，把党锻造成为人民衷心拥护的马克思主义政党。

提升党的群众组织力，需要以自我革命坚持党的群众路线、筑牢基层党组织根基、发挥党员干部的表率作用，从而夯实兴党强党的群众之基。勇于自我革命是党提升群众组织力的根本方式，同时也是巩固党的执政根基，永葆党的旺盛生命力，实现兴党强党的关键所在。第一，要以自我革命坚持群众路线，发扬党密切联系群众的优良作风。群众路线是马克思主义群众史观在中国的具体化、创造性运用。习近平总书记指出："保持党的先进性和纯洁性、巩固党的执政基础和执政地位靠什么？最重要的就是靠坚持党的群众路线、密切联系群众。"②百年来，我们党之所以能由小到大、由弱到强，实现长期执政，不断带领人民推进党和国家事业取得伟大胜利，原因就在于我们党始终坚持群众路线、勇于自我革命，始终代表和维护最广大人民的根本利益。当前，党内一些领导干部存在贯彻党的群众路线不彻底、损害人民群众利益、脱离人民群众等问题，严重损害了党群干群关系。对此，党要以自我革命的勇气着力解决这些突出问题，坚持人民群众的历史主体地位，坚守

---

① 《习近平谈治国理政》第3卷，外文出版社2020年版，第16页。

② 《十八大以来重要文献选编》上，中央文献出版社2014年版，第310页。

人民立场、保障人民权益，密切联系群众，改善党群干群关系，通过认真贯彻落实党的群众路线从而不断提升党的群众组织力。第二，要充分发挥基层党组织的战斗堡垒作用。基层党组织是“宣传党的主张、贯彻党的决定、领导基层治理、团结动员群众、推动改革发展的坚强战斗堡垒”①，是党联系和服务群众的“最后一公里”。基层党组织能否充分发挥战斗堡垒作用关系到党的群众组织力的强弱和执政根基的稳固。当前，基层党组织存在弱化、虚化、边缘化等问题，部分基层党员干部理想信念淡化、服务群众意识不足、群众工作能力弱等问题突出，极大损害了基层党组织的威信。新时代提升党的群众组织力要以彻底的自我革命精神加强基层党组织建设，突出基层党组织的政治功能和组织功能，严肃组织生活，创新基层党组织的活动方式和工作方法，加强基层群团组织建设，教育、管理和监督党员，密切党同人民群众的血肉联系，从而赢得广大人民群众的拥护和支持，筑牢兴党强党的群众基础。第三，要充分发挥党员干部的表率和示范作用。党员干部是党的事业的骨干，是人民群众的公仆。新时代提升党的群众组织力，发挥党员干部的表率和示范作用是关键。在党的群众工作实践中，绝大多数党员干部能做到以上率下、率先垂范，充分发挥共产党员的先锋模范作用。但必须认识到，在现实中一些党员干部仍存在脱离群众的危险，命令主义和形式主义的问题屡见不鲜，党内“四风”问题严重，这些都严重危害着党员干部的先进性，极大地损害了党在人民群众中的形象和权威。因此，广大党员干部要始终拿起自我革命的利器对准自身的弊病和问题，增强自身的先进性，“要面对面、心贴心、实打实做好群众工作，把人民群众安危冷暖放在心上，雪中送炭，纾难解困，扎扎实实解决好群众最关心最直接最现实的利益问题、最困难最忧虑最急迫的实际问题”②。切实增强宣传群众、服务群众、动员群众的本领，充分发挥党员干部的表率和示范作用。唯有如此，党才能凝聚和组织起最广大人民群众的根本力量，提升党的群众组织力，为实现兴党强党铸就坚实的群众基础。

---

① 《十九大以来重要文献选编》中，中央文献出版社 2021 年版，第 621 页。

② 《习近平谈治国理政》第 2 卷，外文出版社 2017 年版，第 364 页。

（四）以自我革命提升党的社会号召力，增强兴党强党的社会力量

社会号召力是指党对社会广大成员进行教育、引导、感召和动员，使之产生认同感、归属感和向心力，从而凝聚起广泛的社会力量，共同实现政治目标的能力。社会号召力是中国共产党的重要政治优势和优良传统。中国共产党之所以能够成长壮大为拥有9800多万名党员的世界第一大政党，并团结带领人民不断从站起来到富起来再到走向强起来，一个重要原因就在于党拥有强大的社会号召力和引领力。“其身正，不令而行；其身不正，虽令不从。”党自身的执政能力和作风形象是影响党的社会号召力的关键因素。党的十八大以来，以习近平同志为核心的党中央深入推进全面从严治党，党的自我革命成效显著。但同时要清醒地认识到，党的自身建设还面临着一些突出问题，这些问题损害了党的权威，破坏了党同人民群众的关系，对党的社会号召力提出了新的挑战。新时代新征程上，党要以自我革命的主动性和坚定性不断克服自身存在的突出问题，动员和凝聚起最广泛的社会力量，提升自身的社会号召力，从而增强兴党强党的社会力量。

提升党的社会号召力，需要以自我革命不断加强党的自身建设、提高党的执政本领，永葆党的先进性、纯洁性和生命力、战斗力，为实现兴党强党凝聚强大的社会力量。第一，要以自我革命加强党的自身建设。党的建设质量越高，广大人民对党的认可度和拥护度就会越高，党的社会号召力就会越强，实现兴党强党就会拥有越强大的社会力量。因此，必须着力加强党的自身建设。党的十八大以来，党的建设在取得一系列伟大成就的同时也面临着各种各样的问题，习近平总书记指出，“我们党面临的执政环境是复杂的，影响党的先进性、弱化党的纯洁性的因素也是复杂的，党内存在的思想不纯、组织不纯、作风不纯等突出问题尚未得到根本解决”[①]，“‘四大考验’、‘四种危险’依然复杂严峻，党的自我革命任重而道远，决不能有停一停、歇一歇的想法”[②]。要解决这些突出问题，关键是要有正视问题的自觉和壮士断腕的勇气，在不断的自我革命中推进党的建设，把党锻造得更

① 《十九大以来重要文献选编》上，中央文献出版社2019年版，第43页。

② 《十九大以来重要文献选编》中，中央文献出版社2021年版，第120页。

加坚强有力。既要加强政治建设，把准政治方向、站稳政治立场、解决政治问题、提高政治能力，又要加强思想建设，开展理想信念教育，强化理论武装，加强党性修养，解决党员干部理想信念不坚定的问题；既要加强党的作风建设，着力解决人民群众反映强烈的“四风”问题，坚持密切联系群众的优良作风，又要持之以恒解决人民群众最痛恨的腐败问题，深入推进反腐败斗争，坚持“打虎”“拍蝇”“猎狐”多管齐下，着力提高反腐败斗争的能力和水平，保持党在人民群众中的形象和权威，增强党的社会认同。第二，要以自我革命不断提高党的执政本领。党的社会号召力与党的执政本领密切相关。党的执政本领越强，党就越坚强有力，党的社会号召力就越强。敢于对自身的本领和能力进行自省和检视是中国共产党的优良品质。当前，世界百年未有之大变局加速演进，中华民族伟大复兴进入不可逆转的关键时期，党面临的国内外不稳定性不确定性因素增多，一些新情况、新问题、新矛盾逐渐凸显。面对复杂严峻的国内外形势，习近平总书记指出，“我们的本领有适应的一面，也有不适应的一面。特别是随着形势和任务不断发展，我们适应的一面正在下降，不适应的一面正在上升”[①]，党内一些党员干部存在本领不足、本领恐慌和本领落后的问题。对此，党必须始终坚持自我革命，着力克服这些突出问题，不断增强自身的学习本领、政治领导本领、改革创新本领、科学发展本领、依法执政本领、群众工作本领、狠抓落实本领和驾驭风险本领。唯有努力练就过硬本领，党才能有效化解前进道路上的一切风险挑战，才能凝聚起最广泛最强大的社会力量，充分发挥党的社会号召力，团结起巨大的社会力量共同致力于社会主义现代化建设事业，为实现兴党强党汇聚起强大的社会力量和广泛的社会认同。

① 《习近平谈治国理政》第 1 卷，外文出版社 2014 年版，第 402 页。

第三节 坚持自我革命，是勇于承担历史使命、实现兴国强国的必然选择

领导推进社会革命和勇于开展自我革命是马克思主义政党的本质规定和双重使命。实现中华民族伟大复兴是中国共产党的历史使命，同时也是党领导人民进行的伟大社会革命。中国共产党作为革命性和使命型政党，自成立之日起就担负起领导人民进行伟大社会革命，实现中华民族伟大复兴的历史使命。回望中国共产党百年奋斗的光辉历程，党之所以能够团结带领人民不断取得一个个社会革命的伟大胜利，推动中华民族迎来从站起来到富起来再到强起来的伟大飞跃，根本原因就在于党始终坚持自我革命，永葆自身的先进性和纯洁性，确保自身始终成为引领伟大社会革命的坚强领导核心。新时代新征程上，面对新形势新情况新问题，党要把全面建设社会主义现代化国家、全面推进中华民族伟大复兴这场伟大的社会革命进行好，以实现兴国强国的伟大目标，就必须勇于自我革命，把自身锻造得更加坚强有力。

一、勇于自我革命，是党领导人民进行伟大社会革命的客观要求

马克思主义认为，改造世界分为改造客观世界和改造主观世界。社会革命体现的是对客观世界的改造，革的是他人的命，旨在通过革命、建设和改革等方式消除影响社会向前发展的消极因素，始终代表人民利益，实现共同的政治目标。自我革命体现的是对主观世界的改造，革的是自己的命，旨在通过解决自身问题、清除自身毒素，增强党的创造力、凝聚力和战斗力。两个伟大革命相辅相成、相互促进，党的自我革命是伟大社会革命的先导和前提，伟大社会革命是党的自我革命的目的和归宿，二者统一于新时代中国特色社会主义的伟大实践之中。百年来，我们党于伟大的社会革命中开新局，于伟大的自我革命中强体魄，始终坚持以强烈的自我革命精神领导人民不断取得社会革命的伟大胜利。站在新的历史起点上，要把新时代中国特色社会

主义这场伟大社会革命进行好，党必须勇于进行自我革命，不断强大自身力量，坚持以党的自我革命引领社会革命。

（一）党的自我革命与伟大社会革命的内在关系

马克思指出："只有在革命中才能抛掉自己身上的一切陈旧的肮脏东西，才能胜任重建社会的工作。"[①]这一重要论断深刻启示，政党是能够领导人民进行社会革命的，但在这一过程中，首先要具备勇于自我革命的内在品质，只有如此社会革命的建设才能取得成就。我们党作为先进的马克思主义政党，就正确认识和解决好了自我革命与社会革命的关系，以"打铁必须自身硬"的形象表述，生动说明了党的自我革命对党领导人民进行的社会革命的重大意义，并且在党的百年发展进程中，做到始终坚持协同推进党的自我革命和伟大社会革命。

从历史来看，自我革命与社会革命相辅相成，紧密相关。一方面，党的自我革命是伟大社会革命的基础和先导。具体而言，党的自我革命为伟大社会革命提供方向引领，在一定程度上决定着伟大社会革命的成效。如果没有坚定的党的自我革命，那么党的领导就可能出现偏差，社会革命就无法得到有效的推进，甚至会走上错误的道路。毛泽东曾指出："革命党是群众的向导，在革命中未有革命党领错了路而革命不失败的。"[②]世界社会主义发展的历史充分证明了，只有党的自我革命的成功，才能铸就先进科学的政党，才会带来社会革命的成功，反之则会导致失败。中国共产党的不懈奋斗史，就是一部不断以党的自我革命引领伟大社会革命的历史。我们党领导中国人民取得了一系列伟大成就，归根结底是因为党始终能够保持承认并改正错误的勇气，始终致力于把自身打造成领导人民事业发展的坚强力量。可以说，只有通过党不断加强自我革命，才能始终保持党的领导的正确性，始终保持党的先进和纯洁，社会革命的历史高度和实践深度才能得以保障。另一方面，伟大社会革命是党的自我革命的根本目的和归宿。党的自我革命本身并不是

① 《马克思恩格斯选集》第 1 卷，人民出版社 2012 年版，第 171 页。

② 《毛泽东选集》第 1 卷，人民出版社 1991 年版，第 3 页。

目的，其直接目的在于使我们党自身始终过硬，最终目的在于通过自我革命推动伟大社会革命，使我们党始终走在时代前列，始终成为时代先锋、民族脊梁。伟大社会革命召唤党的自我革命，它为党的自我革命指引前进方向，提供广阔舞台。可以说，伟大社会革命发展到什么阶段，党的自我革命、全面从严治党就要跟进到什么阶段。中国共产党经历了百年奋斗历程，党领导的社会革命经历了百年实践进程，而党的自我革命也同样如此。中国共产党的自身建设史，就是一部适应社会革命的阶段性目标和要求不断推进自我革命的历史。持续推动和引领伟大社会革命的发展，为党和人民事业提供根本保证，就是我们党为什么要进行自我革命的根本意义所在。

党的自我革命和伟大社会革命统一于新时代中国特色社会主义的伟大实践中。要把新时代坚持和发展中国特色社会主义这场伟大社会革命进行好，党必须坚持不懈推进党的伟大自我革命，以党的自我革命来引领社会革命。习近平总书记强调："现在，世人惊叹中国理论创新、实践创新、制度创新步伐之快，惊叹中国社会面貌变化之大，要看到在这些发展变化背后是我们党永不自满、永不懈怠的品格，是我们党不断自我净化、自我完善、自我革新、自我提高的精神。"[①]党的十八大以来，以习近平同志为核心的党中央不断坚持和发扬"四个自我"的精神，夯实"四种能力"，对以自我革命引领社会革命的一系列工作作出系统部署。比如，把全面从严治党纳入"四个全面"战略布局，凸显了党对于自我革命的正确认识，有力发挥了党的自我革命对社会革命的重要作用；把"党政军民学，东西南北中，党是领导一切的"写入党章，把"中国共产党领导是中国特色社会主义最本质的特征"写入宪法，进一步对党领导伟大社会革命作出制度性规范；深化党和国家机构改革，把党的领导落实到社会革命的全过程各方面；以改革创新精神抓党的建设，深入推进党的自我革命，不断夯实党把方向、谋大局、定政策、促改革的能力，等等。正是通过不断完善自身各项建设积极寻求实现党的自身跨越，才使得我们党有勇气直面国家事业发展中的顽瘴痼疾，敢于处理好发展

① 《十八大以来重要文献选编》下，中央文献出版社 2018 年版，第 590—591 页。

进程中产生的各种利益冲突和利益矛盾，敢于同阻碍社会发展的体制机制障碍作斗争，更加具备了推进改革开放、促进国家各项事业发展进步的能力和水平，推进了中国式现代化发展道路的前进，建设了更加蓬勃发展的社会主义现代化国家，以党的伟大自我革命引领了伟大的社会革命。

（二）新时代以党的自我革命引领社会革命

“以党的自我革命引领社会革命”是新时代习近平总书记关于自我革命的重要思想的重要内容。党的十八大以来，习近平总书记围绕党的自我革命和社会革命的关系问题作出一系列重要论述，逐步形成了“以党的自我革命引领社会革命”的重大思想。2017年10月，习近平总书记在十九届中共中央政治局常委同中外记者见面会上指出：“实践充分证明，中国共产党能够带领人民进行伟大的社会革命，也能够进行伟大的自我革命。”[①]这就把两个伟大革命密切联系起来。2020年1月，习近平总书记在十九届中央纪委四次全会的讲话中深刻总结了党的十八大以来党以自我革命推进社会革命的宝贵经验，首次明确提出了“以伟大自我革命引领伟大社会革命”的重要论断，深刻阐明了二者之间的内在关系。2021年11月，党的十九届六中全会通过的第三个历史决议明确将“以伟大自我革命引领伟大社会革命”纳入“十个明确”中，使之成为习近平新时代中国特色社会主义思想的重要内容。2022年10月，党的二十大报告明确提出“以党的自我革命引领社会革命”的重大要求，进一步凸显了在实现第二个百年奋斗目标的新征程上党勇于自我革命，加强自身锻造，从而引领社会革命的重要意义。

党的自我革命在党领导和推动的社会革命中起着纲举目张的决定性作用，坚持党的自我革命是新时代党引领和推进社会革命的现实需要。只有勇于进行自我革命，党才能保持强大的生命力和战斗力。在党的正确领导和部署下，才能保证社会革命的前进方向和实际效果，引领社会革命不断取得胜利。一是坚持以党的自我革命为推进社会革命提供坚强的政治保证。党因其

① 《习近平谈治国理政》第3卷，外文出版社2020年版，第67页。

自身的先进性成为领导我国伟大社会革命的核心力量和政治保证。而党领导地位和先进性的保持则需要通过自我革命来实现和保证。只有坚持自我革命，党才能保持肌体健康，永葆自身的先进性，不断增强党的政治领导力、思想引领力、群众组织力和社会号召力。从而凝聚和引领社会中的一切积极因素共同致力于伟大事业的发展，为社会革命的有效开展和深入推进提供根本政治保证。二是坚持以党的自我革命为推进社会革命提供坚实的力量支撑。办好中国的事情，关键在党。能否坚持党的领导直接关系到党和国家事业的兴衰成败和社会革命的最终成效。只有坚持党的领导，才能为自我革命和社会革命凝聚起强大的力量。因此，在全面建设社会主义现代化国家的社会革命中，必须坚持党的领导不动摇，充分发挥党在引领和推进社会革命中的领导核心力量。只有在党的正确领导下才能保证社会革命的正确方向，使其沿着正确的道路前进。人民群众是以党的自我革命引领社会革命的主体力量。中国共产党始终坚持党性和人民性相统一。党的百年奋斗史就是一部党不断依靠人民群众、领导人民群众取得社会革命伟大胜利的历史，在这一过程中人民群众发挥了重要的作用，为党提供了极大的帮助。新时代坚持以党的自我革命引领社会革命必须凸显人民群众的主体地位，充分发挥人民群众的主体力量，调动人民群众参与两个伟大革命的积极性和主动性。三是坚持以党的自我革命为推进社会革命提供强大的精神动力。人无精神不立，国无精神不强。党在百年奋斗的历史进程中形成了伟大的革命与斗争精神，为党领导人民推进革命、建设与改革的伟大社会革命提供了强大的精神力量。特别是党的十八大以来，我们党以强烈的自我革命精神同各种损害党的肌体健康的不良因素作斗争，党的自我革命成效显著，更加坚定深入推进全面从严治党和加强党的自身建设的坚定信心，也使我们党更加有信心带领人民推进社会革命的发展。同时，世界形势深刻变化，各种社会思潮交锋激荡，各种错误思想甚嚣尘上，给党员和人民群众的思想观念带来巨大冲击和影响。这也就要求，党必须充分发扬勇于自我革命和敢于斗争的精神，清除各种错误思想，永葆党的革命性本色，为引领和推进新时代中国特色社会主义社会革命提供强大的精神动力。

二、勇于自我革命，是党领导人民实现中华民族伟大复兴的政治保障

实现中华民族伟大复兴是近代以来中华民族最伟大的梦想，也是党领导人民进行的伟大社会革命。实现中华民族伟大复兴，关键在党。一百多年来，党都围绕着实现民族复兴这一重要历史任务而不断努力。历史充分证明了，只有把党锻造得更加坚强有力，党才能有充足的能力和信心带领人民实现中华民族伟大复兴的中国梦；而只有勇于坚持自我革命，党才能变得更加坚强有力、充满生机活力，为实现民族复兴提供重要的政治保障。在一定意义上，党的百年奋斗史就是一部始终发现自身存在的问题，不断坚持自我革命解决自身问题，带领人民推进和实现中华民族伟大复兴的历史。但需要指明的是，这一过程并不是一帆风顺和一蹴而就的，其过程具有艰巨性和长期性。要想实现这一重要的目标和任务，新时代新征程上，党必须勇于自我革命锻造出一个坚强的领导核心，如此才能保持强大生命力和战斗力，确保在党的正确领导下，推动实现中华民族伟大复兴的航船劈波斩浪、行稳致远。

（一）以自我革命领导人民实现民族复兴是党百年奋斗的历史经验

实现中华民族伟大复兴是关乎党和国家长远发展和整体利益的社会革命，是每一个中华儿女共同夙愿。中国共产党一经成立，就深刻认识到自身的历史使命，义无反顾地肩负起了实现中华民族伟大复兴的历史责任，始终坚持自我革命，团结带领人民进行艰苦卓绝的伟大斗争、克服一切困难挑战。在百年奋斗的历史进程中领导人民相继取得了一系列的伟大成就，书写了以党的自我革命领导人民实现中华民族伟大复兴的壮丽史诗。可以说，实现中华民族伟大复兴是我们党百年历史发展的主题主脉，在历史发展进程中，我们党坚持自我革命领导人民日益走向中华民族伟大复兴的宏伟目标。

鸦片战争后，由于西方列强的大肆入侵，中国被迫陷入被掠夺和被瓜分的悲惨困境，加之封建统治者腐败无能，中华民族面临亡国灭种的危险。如何摆脱中华民族受制于人的生存危机，实现民族复兴，是近代以来每一位仁

人志士所必须面临和思考的重大现实问题。为了实现民族复兴，改变中国近代以来被奴役、被压迫的命运，各种政治力量进行了不懈的探索与尝试，农民阶级开展了太平天国运动，资产阶级改良派开展了洋务运动、戊戌变法，资产阶级革命派开展了近代以来完全意义上的民族民主革命——辛亥革命，但这些探索均以失败告终。究其原因，就是因为这些阶级都具有自身的阶级局限性，落后于时代和实践的要求，不能从根本上代表人民的利益，不能勇于正视自身问题、进行自我纠错和修复，因而不能带领人民找到实现民族复兴的正确道路，真正改变中华民族的前途命运。十月革命一声炮响，给中国先进知识分子送来了马克思主义，由此在知识分子对科学理论不断进行学习的过程中，实现将理论与工人运动相结合，中国共产党也因此应运而生。党自诞生之日起，就肩负起实现中华民族伟大复兴的重要历史使命，找到了党的奋斗目标。在不同的历史时期始终坚持自我革命，保持自身的先进性本色，领导人民不断推进伟大复兴目标的实现。新民主主义革命时期，党面临推翻“三座大山”，实现民族独立、人民解放的社会革命任务，这要求我们党必须把自身建设成为“一个全国范围的、广大群众性的、思想上政治上组织上完全巩固的、布尔什维克化的中国共产党”[①]。这一时期，由于处在幼年阶段的党在各方面还很不成熟，加之共产国际的干预和影响，党内出现了各种错误思想倾向。对此，党勇于进行自我革命，坚持着重从思想上建党的原则，坚持批评与自我批评的优良作风，坚决同党内一切非无产阶级思想作斗争。从八七会议到古田会议，从遵义会议到延安整风，每一次会议都是党在重大关头进行自我革命的重要体现。经过浴血奋战，党团结带领人民建立了新中国，使人民获得了自由和解放，实现了中华民族“站起来”的伟大飞跃。社会主义革命和建设时期，党面临进行社会主义革命和推进社会主义建设的任务，深刻认识到只有成为“合格的执政党”，才能领导中国顺利地走向社会主义、走向现代化。这一时期，党从局部执政的党转变为全国执政的党。面对历史方位的深刻变化，党始终坚持自我革命，积极践行“两个务

① 《毛泽东选集》第2卷，人民出版社1991年版，第652页。

必”思想，大力开展整风整党运动，严厉惩治腐败问题，有效解决了党内存在的思想不纯、组织不纯、作风不纯的问题。经过不懈探索，党以巨大的自我革命精神团结带领人民完成了社会主义革命，建立了社会主义基本制度，不断推进社会主义建设，为实现中华民族伟大复兴奠定了根本政治前提和制度基础。改革开放和社会主义现代化建设新时期，党面临解放和发展社会生产力、带领人民富起来的社会革命任务，怎样“成为一个勇于改革、充满活力的党，纪律严明、公正廉洁的党，选贤任能、卓有成效地为人民服务的党”①成为这一时期党进行自我革命的核心命题。这一时期，党以自我革命的勇气纠正了“文化大革命”的错误，重新确立了解放思想、实事求是的思想路线，实现了指导思想上的拨乱反正，成功开创了中国特色社会主义的发展道路。同时，党着重加强制度建设，大力开展反腐倡廉，有效遏制了党内存在的诸多违法乱纪行为，在党内营造出良好的政治生态，党的执政能力和水平得到有效保障。经过不懈努力，党团结带领人民成功取得了经济发展的巨大成就，提供了坚实的物质基础和坚强的体制保障，中华民族实现了从“站起来”到“富起来”的伟大飞跃。中国特色社会主义进入新时代，党面临开启实现第二个百年奋斗目标新征程的社会革命任务。以习近平同志为核心的党中央站在新的历史起点上，以巨大的政治勇气创造性地提出“自我革命”的崭新概念，并围绕“自我革命”作出一系列重要论述，形成了新时代党的自我革命战略思想。同时，这一时期，在实践中党中央切实将从严的要求落实到党的建设的方方面面，采取了一系列有效举措深入推进全面从严治党的纵深发展。通过把自我革命的要求贯彻到新时代党的建设各方面和全过程，不断推进党的长期执政能力建设和先进性纯洁性建设，党成功开辟了百年大党自我革命的新境界，引领了社会革命的发展。经过接续奋斗，党团结带领人民完成第一个百年奋斗目标，中华民族迎来“强起来”的伟大飞跃。党领导人民日益趋近中华民族伟大复兴的目标的实现，中华民族日益走向世界舞台的中央，以更加昂扬的姿态屹立于世界民族之林。党的百年奋斗历程证

① 《十三大以来重要文献选编》上，人民出版社1991年版，第55页。

明，正是因为党始终坚持自我革命不动摇，致力于提高自身实现民族复兴的领导能力和水平，党才能不断增强自身的生命力和战斗力，从而团结带领人民不断推进中华民族伟大复兴中国梦的实现。

（二）实现民族复兴的艰巨性和长期性要求党必须勇于自我革命

当前，实现中华民族伟大复兴已经进入关键时期，我们比任何时候都更加接近、更有能力实现中华民族伟大复兴，民族复兴大业正一步步变为现实。但必须清醒认识到，实现中华民族伟大复兴并不是一蹴而就的，而是一个长期而艰巨的历史过程，需要克服的困难和面对的考验众多。尤其是在新时代的前进道路上，不能沉溺于以往所取得的成就，要清醒地看到我们党仍面临许多艰难险阻和风险挑战，民族复兴的任务还任重而道远。对此，党必须继续坚持自我革命，把自身锻造得更加强大，在克服各种风险考验中加快民族复兴的坚实步伐。

首先，实现中华民族伟大复兴这一历史使命具有艰巨性，要求党必须勇于自我革命。实现民族复兴是一项艰巨的事业，实现民族复兴的道路并不是一帆风顺、畅通无阻的，在实现民族复兴的道路上会有众多的阻碍因素。尤其是当前越是接近实现中华民族伟大复兴的目标，各种风险考验就会愈加严峻复杂。习近平总书记指出："任务越繁重，风险考验越大，越要发扬自我革命精神。"[①]当前，中国正处于世界百年未有之大变局和实现中华民族伟大复兴的历史交汇期，党面临更加严峻复杂的国内外形势，只有勇于进行自我革命，党才能不断提高驾驭风险的本领，团结带领人民克服民族复兴道路上的一切障碍和干扰。从国内形势来看，一是全面深化改革进入深水期、攻坚期。当前，容易进行的改革已经基本完成了，剩下的都是难啃的硬骨头，改革处于攻坚期、深水期。一些关键领域和重要环节的改革亟待进行并难以突破，同时，伴随着全面深化改革的推进，一些深层次的矛盾和利益关系逐渐凸显出来，全面深化改革难度巨大、任务艰巨。例如，当前有关改革方

① 《十八大以来重要文献选编》下，中央文献出版社 2018 年版，第 591 页。

案、文件、会议等众多，但是如何将这些方案、文件中的改革的具体举措有效落实，仍是全面深化改革当中需要解决的一个重点问题；既得利益集团阻碍全面深化改革的推进，破除包括政府部门以及由国有企业主导的垄断行业在内的利益集团的藩篱，打破现有的利益固化，建立起弹性的利益调节机制势在必行；一领域的改革往往牵动多方的利益，因此如何妥善处理好改革过程中牵动性问题的改革难题，也是摆在党面前的一个重要问题。“我们要以勇于自我革命的气魄、坚忍不拔的毅力推进改革”[①]，这就要求党要坚持自我革命，既要勇于冲破传统思想的束缚，又要敢于突破利益固化的藩篱，在全面深化改革中推进中华民族伟大复兴。二是建设社会主义现代化国家任务艰巨。实现民族复兴，内含对于国家事业发展的重要要求，要求我国必须达到社会主义现代化国家的发展水平。因而全面建设社会主义现代化国家是推进民族复兴历史进程上的重要一环，对实现中华民族伟大复兴起着至关重要的作用。建党一百周年之际，我们已实现第一个百年奋斗目标，迈上了全面建设社会主义现代化国家的新征程。但我国仍是世界上最大的发展中国家，发展问题是我们面临的主要问题，新征程上我们党需要面临和解决的问题越来越多样和复杂。对此，必须以自我革命的巨大勇气克服现代化道路上的一切问题挑战，提高抵御风险和解决问题的能力，以中国式现代化推进中华民族伟大复兴的实现。从外部环境来看，一是全球经济形势不容乐观，中国经济下行的压力增大。近年来，由于受单边主义和贸易保护主义等的影响，特别是新冠疫情发生以来，全球经济遭受巨大的冲击，世界经济形势不容乐观，中国经济受此影响也呈现增长下滑的趋向，下行压力增大，对实现中华民族伟大复兴造成了不利影响。这就要求党必须要通过自我革命提升经济工作能力，既要采取合理的手段和政策促进中国经济高质量发展，也要通过自身发展为世界经济发展注入新动能。二是中国面临西方敌对势力的攻击和阻挠。作为世界上最大的发展中国家，中国是多极化政治格局中举足轻重的一极，对世界发展产生了深远影响。伴随中国的日益强大，由于意识形态和政治体

① 《十八大以来重要文献选编》下，中央文献出版社 2018 年版，第 351 页。

制等的不同，以美国为首的西方国家对中国进行全方位的遏制、打压和抹黑，企图搞垮中国，实现中华民族伟大复兴面临严峻的国际形势。对此，党必须要以强烈的自我革命精神加强党的建设，不断提高自身执政本领，从容应对国际复杂形势带来的各种考验，保持强大的定力和必胜的决心。

其次，实现中华民族伟大复兴具有长期性的特点，要求党必须勇于自我革命，才能实现这一长远目标。当前，我国正处于并将长期处于社会主义初级阶段的基本国情没有改变，这也就决定了实现中华民族伟大复兴是一个长期的历史过程，不可能一蹴而就、一劳永逸，党在其实现过程中必然会遭受诸多曲折和坎坷，为此，必须以强大的自我革命精神循序渐进地加以推进。党对实现中华民族伟大复兴的长期性有充分的认识，并且为实现这一目标做出了充分的准备。在新中国成立前夕，毛泽东就清醒地认识到，“过去的工作只不过是像万里长征走完了第一步”①，阐明了社会主义事业的长期性，提醒全党要戒骄戒躁，保持优良传统，投身新中国的经济建设。邓小平在南方谈话中指出，巩固和发展社会主义制度也是一个漫长的过程，必须要经过长期坚持不懈的努力才能实现。新时代以来，面对更加复杂多变的国内外局势，习近平总书记指出，前进的道路上并非一片坦途，“实现中华民族伟大复兴是一项光荣而艰巨的事业，需要一代又一代中国人共同为之努力”②，深刻阐明了实现中华民族伟大复兴的长期性。不断推进社会主义现代化与实现中华民族伟大复兴具有一致性。从党的十三大提出的“三步走”战略，到党的十五大提出的新“三步走”战略，到党的十九大提出的“两步走”战略，再到党的十九届五中全会对新时代“两步走”战略作出更加明确的战略安排，每一次新的战略规划都意味着我们离实现社会主义现代化又更近了一步，充分证明了我们的现代化水平有了显著的提升。这也在一定程度上表明，我们实现中华民族伟大复兴的宏伟目标也越来越接近和清晰。但必须清醒地认识到，实现民族复兴的道路上，我们党会面临许多难以预测甚至前所未有的困难和挑战，只有把党锻造得更加坚强有力，党才能肩负起实现中华

① 《毛泽东选集》第4卷，人民出版社1991年版，第1480页。

② 《十八大以来重要文献选编》上，中央文献出版社2014年版，第84页。

民族伟大复兴的长期使命。可以说，勇于自我革命是实现中华民族伟大复兴长期使命的必然要求，党的自我革命进行到什么程度，党的先进性和纯洁性保持到什么程度，中华民族伟大复兴就会推进到什么程度。

第四节　坚持自我革命，是引领时代、推进全球政党建设与反腐治理的必然选择

自我革命作为中国共产党跳出历史周期率、实现兴党强党和兴国强国的重要法宝，不仅使党找到了永葆先进性和纯洁性，实现长期执政的有效路径；同时也为引领时代、推进政党建设提供了重要借鉴和有益启示，对解决政党的腐败问题，有效推进反腐败治理具有深远的世界意义。习近平总书记在党的二十大报告中指出："中国共产党是为中国人民谋幸福、为中华民族谋复兴的党，也是为人类谋进步、为世界谋大同的党。"[①]充分彰显了党宽广的世界胸怀和崇高的政治品格。党坚持自我革命的重要经验可以为世界上其他政党的建设提供重要的参考和借鉴。在胸怀天下内在特质的驱动下，党不断拓宽自我革命的世界视野，在致力于自身建设的基础上，和世界人民的命运结合起来。寄希望于通过党的自我革命，为推进世界社会主义发展提供中国方案，为世界各国执政党加强自身建设提供中国智慧。

一、党的自我革命为推进世界社会主义发展提供中国方案

在百年未有之大变局的国际背景下，世界社会主义发展呈现新的态势。在资本主义与社会主义相抗衡的世界形势中，中国日益成为领导力量，推动着世界社会主义发展，也在众多方面为其他社会主义国家作出了重要示范。

① 习近平：《高举中国特色社会主义伟大旗帜　为全面建设社会主义现代化国家而团结奋斗——在中国共产党第二十次全国代表大会上的报告》，人民出版社 2022 年版，第 21 页。

历史和实践证明，旧式无产阶级政党由于缺乏自我革命精神，导致自身软弱涣散无力，无法引领世界社会主义事业的蓬勃发展。勇于自我革命作为中国共产党的优良传统和优秀品质，不仅推动了中国特色社会主义事业的发展，也为推进世界社会主义发展提供了中国方案。具体而言，党的自我革命为推进新时代中国特色社会主义、促进世界社会主义运动走向复兴注入了蓬勃的生机与活力；为重塑无产阶级政党形象、发展社会主义政党文明注入了强大的动力。

（一）党的自我革命为推进新时代中国特色社会主义、促进世界社会主义运动走向复兴注入了蓬勃生机

当今世界正处于资本主义逐渐走向衰落，社会主义逐步蓬勃发展的历史时期。中国作为当今世界上最大的社会主义国家，日益成为推动世界社会主义事业发展的中流砥柱。特别是进入新时代之后，中国正以巨大的力量引领和推动世界社会主义运动从低潮走向复兴。自我革命作为中国共产党百年奋斗的重要历史经验，既具有重大的历史意义，也具有深刻的世界意义，不仅是党百年来不断取得革命、建设和改革胜利的法宝，也为新时代新征程上党继续坚持和发展中国特色社会主义、促进世界社会主义运动走向复兴注入蓬勃的生机与活力。

纵观世界社会主义运动发展史，其发展历程并不是一帆风顺的，而是经历了从发展进入高潮、从高潮转入低潮，再从低潮走向复兴的曲折发展历程。社会主义政党的自身情况直接关系到世界社会主义运动的推进和发展。历史和实践证明，社会主义政党自身建设得越坚强有力，就越能推动世界社会主义运动的不断发展；社会主义政党越是故步自封、僵化保守，世界社会主义运动就越会停滞不前，甚至遭受巨大冲击。“二战”后，苏共不断发展壮大，苏联经济得以恢复和发展，社会主义逐渐从一国发展到多国，世界社会主义运动进入高潮。但伴随着国际环境的深刻变化，由于一些社会主义政党盲目乐观、缺乏自我革命精神、不能进行正确有效的改革，世界社会主义运动开始面临巨大挑战。东欧剧变、苏联解体使世界社会主义运动遭受重

挫、转入低潮，这是由主客观两方面因素所共同造成的，但究其根本，则是因为缺乏一个勇于自我革命、坚强有力的无产阶级政党。苏东剧变之后，虽然世界社会主义运动受到重创，但社会主义事业并没有由此终结。在危难时刻，中国共产党以强烈的责任担当和高度的历史自觉主动担负起复兴世界社会主义运动的历史重任，在坚持马克思主义的基础上成功开创了中国特色社会主义。此后，党以强烈的自我革命精神不断战胜前进道路上的一切艰难险阻，推动中国特色社会主义事业取得了显著成就，在世界上高高举起了中国特色社会主义的伟大旗帜，为推动世界社会主义运动从低潮走向复兴注入了蓬勃生机。

勇于自我革命是中国共产党百年奋斗的优良品质，是党不断克服困难、取得胜利的重要密码。中国共产党之所以伟大光荣正确，能够团结带领人民不断取得中国特色社会主义事业的伟大胜利，就在于党总能够拥有直面错误和问题的勇气，通过自我革命的方式，及时改正错误和自身存在的问题。之所以能够做到勇于自我革命，就是因为“不私，而天下自公”。正是因为中国共产党没有自身的特殊利益，党才能够常思己过、反躬自省，敢于进行批评与自我批评，敢于消除一切弱化党的先进性和纯洁性的因素，保持党的先进。党的十八大以来，习近平总书记进一步提出“中国特色社会主义进入新时代”的重大论断，新时代成为我国发展新的历史方位。需要指明的是，新时代中国特色社会主义是一场伟大的社会革命，推进这场伟大社会革命的任务是艰巨复杂的。这要求党必须继续发扬进行自我革命的优良传统，把自身建设好，从而推动党更好领导人民致力于中国特色社会主义伟大事业的发展。正是有了党的正确领导，新时代中国特色社会主义成就斐然，创造了人类文明新形态，“拓展了发展中国家走向现代化的途径，给世界上那些既希望加快发展又希望保持自身独立性的国家和民族提供了全新选择”[①]，这极大增强了人们对社会主义的信心，深刻改变了世界发展的格局和趋势，彻底扭转了世界社会主义运动复兴乏力的形势。经过不懈努力，中国在复兴世界社

① 《十九大以来重要文献选编》上，中央文献出版社2019年版，第8页。

会主义运动中发挥了愈加重要的作用、拥有了愈加重要的地位，开创了世界社会主义运动的新局面，为世界社会主义运动的发展注入了蓬勃生机。

（二）党的自我革命为重塑无产阶级政党形象，发展社会主义政党文明注入了强大动力

自我革命是党最鲜明的品格和最有力的武器。百年来，党在充分总结吸收国际共产主义运动和世界社会主义发展经验教训的基础上，在领导人民进行社会革命的过程中始终坚持自我革命，勇于刀刃向内，自觉清除自身毒素、割除自身毒瘤，保持自身肌体健康和生命活力，塑造了光辉的无产阶级政党形象，为发展社会主义政党文明提供了中国样本、注入了强大动力。

社会主义政党文明是人类文明进步的重要标识，是由社会主义政党的政党属性、政党目标、政党行为等多方面、多要素共同构成和影响的结果。无产阶级的政党形象是影响世界社会主义政党文明发展的重要因素。19世纪60年代到20世纪初期是国际共产主义运动蓬勃发展的历史时期。这一时期，伴随世界各国工人运动的高涨，无产阶级政党的国际形象和国际影响力不断提升，尤其是世界上第一个社会主义国家苏联的建立和发展壮大，为塑造正面的无产阶级政党形象和发展社会主义政党文明提供了强大动力。然而，这种先进的政党形象并不是一成不变和一劳永逸的。随着无产阶级运动势头的减弱，一些社会主义政党的发展也逐渐走向衰退。究其原因，在于其缺乏自我革命的精神和勇气或者无法采取正确进行自我革命的手段和方式，部分社会主义政党逐渐丧失自身的先进性和生命力，最终造成亡党亡国的悲剧。苏联解体就是一个典型而惨痛的证明。作为当时世界上最大的社会主义国家，苏联最终走向亡党亡国就是因为苏共逐渐丧失了自我革命的品质和勇气，不能进行自我纠错和自我修复，使党内存在的特权现象、消极腐败和保守僵化等突出问题无法得到解决。尤其是苏共后期戈尔巴乔夫以“毕其功于一役”的自我革命思路把对社会主义的改革变成向资本主义的改向，从根本上放弃了苏共的领导和马克思主义的指导地位，最终导致苏共灭亡、苏联解体的悲惨结局。纵观世界社会主义发展史，在“疾风暴雨”式的改革和西方意识形态

渗透的双重打击下，一些社会主义政党的无产阶级政党形象逐渐被抹黑为墨守成规、思想僵化、组织涣散、消极腐败等不良形象，社会主义政党文明的发展遭受严重冲击。不同于旧式的无产阶级政党，中国共产党以直面问题的高度自觉和自我革命的巨大勇气展现了无产阶级政党应有的气魄，作出了应有的表率，也为发展社会主义政党文明注入了强大的动力。

中国共产党作为马克思主义执政党，具有先进性、革命性和纯洁性等内在品质，敢于主动承认和改正自身错误，保持了党的强大生命力与战斗力，塑造了良好的无产阶级政党形象。百年来，中国共产党始终坚持以自我革命加强自身建设，始终坚持真理、修正错误，在实践中不断克服与解决自身存在的突出问题特别是人民群众最为痛恨的腐败问题，坚决同一切非无产阶级思想作斗争，始终保持党的先进性和纯洁性，展现了中国共产党勇担初心使命、勇于自我革命、充满生机活力，亲民为民、纪律严明、清正廉洁、胸怀天下，不同于松散放任的资产阶级政党和旧式无产阶级政党的良好形象。迈入新时代，习近平总书记明确指出："中国共产党是世界上最大的政党。大就要有大的样子。"[①]自我革命是塑造无产阶级政党形象的重要途径和有效方式。通过党的自我革命塑造有"大的样子"的无产阶级世界性大党，不仅为党进一步提升治国理政效能、实现长期执政提供了坚强保障，同时也为发展社会主义政党文明提供了政党形象建设的中国样本。

总之，中国共产党勇于自我革命的政党形象重塑了无产阶级政党的光辉形象，创建了社会主义政治文明的新秩序，为发展社会主义政党文明提供了中国样本、注入了强大动力。

二、党的自我革命为世界各国执政党加强自身建设提供中国智慧

自我革命作为党百年来加强自身建设的成功历史经验，不仅创造了中国共产党长期执政的政党治理奇迹，锻造了坚强有力、清正廉洁的马克思主义

---

① 《习近平谈治国理政》第3卷，外文出版社2020年版，第67页。

执政党，也为世界上其他执政党加强自身建设提供了中国智慧与中国经验。具体而言，党的自我革命充分彰显与体现了中国特色政党制度的优势和中国共产党的先进性，为其他执政党摆脱权力危机、自身形象塑造等提供了中国智慧；反腐败是最彻底的自我革命，长期以来中国共产党以彻底的自我革命精神大力开展反腐败斗争，在实践中积累了治理腐败的宝贵经验，为世界上其他执政党的反腐败治理提供了中国经验。

（一）党的自我革命为世界其他执政党摆脱权力危机提供中国智慧

当今世界，各种政党和政体五花八门、千姿百态。中国共产党作为世界第一大执政党，始终坚持以自我革命加强自身建设，永葆自身的生命力和战斗力，在依靠自我革命创造政党治理奇迹、实现长期执政的同时，也为世界上其他执政党摆脱权力危机、加强自我监督以及应对执政考验提供了中国智慧。

在百年未有之大变局加速演进的背景下，政党政治乱象丛生，世界上一些执政党面临严峻的权力危机。面对地位的提高、利益的诱惑和权力的侵蚀，世界上一些执政党往往在执政后就逐渐丧失革命与进取精神，忘记自身的执政初心，失去群众的信任和支持，从而陷入丧失执政地位和资格的局面。对此，西方政党给出了实行多党制和三权分立的“答案”，希望通过多党竞争和权力分立来实现政党间的相互监督与权力制衡，以此达到长期执政的目的。然而西方政党并没有因此就跳出历史周期率的劫数。究其原因，虽然西方多党制和三权分立的政治模式看起来民主，但是这种民主是建立在资本主义生产资料私有制基础之上的，代表和反映的是资产阶级的意志和利益，其实质是资产阶级少数人的民主，不可能代表大多数人民群众的利益。在这种制度下，政党竞争成为少数政客相互攻击的工具，民主选举被资本操控，政党政治碎片化、民粹化，民主制度在实际的运行中容易产生议而不决、决而不行、推诿扯皮、争论不休的现象。西方执政党所奉行的多党制和三权分立并不能从根本上解决问题，反而容易导致不同政党之间的纷争与恶斗，造成社会动荡不安的混乱局面。

如何跳出政党发展的历史周期率，摆脱政党治理危机以实现长期执政？中国共产党以巨大的政治勇气和强烈的责任担当开出了自我革命的“良方”。党的十八大以来，党坚持严的总基调，纵深推进全面从严治党，党的自我革命取得重大成就。在理论方面，以习近平同志为核心的党中央创新性地提出了自我革命的战略思想，构建了新时代党的自我革命理论体系的基本框架，回答了什么是自我革命、为什么要进行自我革命和如何推进自我革命等一系列基本理论问题，将自我革命的地位提升到了新的战略高度。在实践方面，新时代以来，党中央以高度的历史自觉打出了一套自我革命的“组合拳”，党在革命性锻造中更加坚强有力。在制度方面，新时代以来，党形成了一整套“四个自我”制度规范体系，建立了党的全面领导的体制，形成了党统一领导、全面覆盖、权威高效的监督体系，建立了党内权力监督与制约机制，构建了一体推进不敢腐、不能腐、不想腐的体制机制等，为自我革命的有效开展提供了坚实的制度保障。勇于自我革命充分体现了中国共产党勇于直面问题和解决问题的政治勇气和责任担当，是区别于西方政党模式的显著优势，打破了西方政党所谓“一党制”的政治局限，使党成功探索出一条“长期执政条件下解决自身问题、跳出历史周期率的成功道路”[①]，充分彰显了中国共产党的先进性和中国特色政党制度的优越性。在疫情肆虐的危急时刻，与一些西方执政党热衷于推过揽功、无视人民生命健康的态度截然相反，中国共产党主动承担起为人民生命健康而战的疫情防控责任，全面开展抗击疫情国际合作。中国共产党雷厉风行、直面问题，以强大的自我革命精神完善和健全疫情防控体制机制，始终坚持人民至上。可以说，自我革命是党永葆青春活力与强大战斗力的制胜密码，彰显了党敢于担当、勇于作为的政党品格，不仅对我们党实现长期执政具有重要意义，也为世界上其他执政党解决治理难题、摆脱权力危机提供了中国智慧。

---

① 《习近平谈治国理政》第3卷，外文出版社2020年版，第547页。

（二）党的自我革命为世界其他执政党的反腐败治理提供中国经验

腐败问题是世界各国执政党所面临的共同难题。能否有效地解决腐败问题，关系到政党和国家的兴衰成败和生死存亡。然而，世界上绝大多数政党和国家在长期的探索中未能取得反腐败的显著成就，腐败问题使全球面临严重的治理危机。党的二十大报告指出："腐败是危害党的生命力和战斗力的最大毒瘤，反腐败是最彻底的自我革命。"①党的十八大以来，以习近平同志为核心的党中央以自我革命的坚强勇气和决心开展了史无前例的反腐败斗争，采取了一系列严厉举措，使得反腐败斗争取得压倒性胜利并全面巩固。新时代十余年来，中国共产党治理腐败所取得的历史性成就不仅深刻改变了中国，而且产生了深远的国际影响，加快了国际反腐新秩序的构建，得到了世界各国执政党的广泛学习和借鉴。

中国共产党在深入推进自我革命、大力开展国内反腐败斗争的同时，也注重开展同世界各国执政党的反腐败对话和国际合作，为世界各国执政党的反腐败治理提供了中国经验和中国智慧，具有重大而深刻的世界意义。第一，为加快构建国际反腐新秩序贡献了中国力量。在世界未有之大变局的国际背景下，面对日趋严峻复杂的全球腐败问题，世界上没有任何一个国家能够独善其身，必须加强全球反腐败治理的国际合作，携手并肩致力于全球反腐败事业。中国共产党治理腐败所取得的显著成就不仅赢得了国内广大人民群众的拥护与支持，塑造了勇于自我革命、敢于刀刃向内的大党形象，而且也得到了世界各国执政党的肯定和赞赏。世界上越来越多的国家尤其是发展中国家更加期待中国在制定国际反腐新规则上发声，更加希望以中国力量加快推进国际反腐新秩序的构建。从2006年中国成为《联合国反腐败公约》的缔约国，到2014年由中国主导起草并在APEC部长级会议上通过的《北京反腐败宣言》，再到2016年G20杭州峰会上通过的《二十国集团反腐败追逃追赃高级原则》，这一系列举措和成果表明以中国为主导的国际反腐败议程已经取得了实质性进展，中国进一步赢得了国际反腐合作的话语权，有助于加快构

① 习近平：《高举中国特色社会主义伟大旗帜　为全面建设社会主义现代化国家而团结奋斗——在中国共产党第二十次全国代表大会上的报告》，人民出版社2022年版，第69页。

建国际反腐新秩序。第二，为世界上其他发展中国家治理腐败问题提供了重要思路。当今世界，一些发展中国家通过发动大规模的民众运动反对腐败，最终不但没有取得实际效果，反而引发了社会动乱。中国在保持社会稳定的情况下成功推进反腐败进程，这种独具特色又卓有成效的反腐治理模式引起了广大发展中国家的学习和借鉴。例如，越南共产党借鉴中国共产党的"八项规定"，据此出台了越共版的"关于加大厉行节俭、反对浪费的中央21号指示"，并全面整顿庆典、会议、出访、公车和婚丧嫁娶等方面的不良现象。同时，越共中央总书记阮富仲还学习借鉴了中国共产党关于"老虎苍蝇一起打"的形象表述，提出"干柴湿柴都要烧"，强调反腐败无禁区、无例外、无特权、零容忍。柬埔寨人民党借鉴中国共产党开展党内集中教育活动的口号和经验，将"照镜子、洗洗澡、除除尘、治治病"作为党建总要求写入工作报告，并且提出了"大鱼小鱼一起抓"的反腐口号。印尼充分学习和汲取中国共产党反腐败的治理经验，出台了一系列新的法规以整肃官场不良风气，严格禁止国家公职人员举办豪华宴会，要求官方节俭办会，积极营造风清气正的政治新风气。第三，为世界上发达国家进一步深化反腐败治理提供了重要启示。新时代以来，中国共产党治理腐败取得的显著成就和积累的宝贵经验引起了一些发达国家态度的转变，一些发达国家逐渐摘下"有色眼镜"，开始认真审视与思考中国治理腐败的智慧与经验。例如，西班牙人民党主动学习借鉴中国共产党的反腐措施和机制，在2017年2月人民党十八大上设立了类似中纪委的党内监督机构"人民监督办公室"，旨在预防和严惩党内腐败问题。时任丹麦驻华大使的戴世阁等人也高度认可和赞赏中国的反腐败治理工作，认为中国基于国情的反腐败措施是正确的，希望加强彼此间的经验交流与反腐败合作。可以说，随着西方发达国家所标榜的自由民主制度所引发的治理危机的出现，中国共产党勇于自我革命、有效治理腐败的制度优势更加彰显，中国正以更加积极主动和开放包容的姿态为世界各国执政党的反腐败治理提供中国经验，为全球反腐败事业作出重大贡献。

第四章

中国共产党自我革命的内涵实质

党的十八大以来，在不断加强管党治党的过程中，中国共产党提出并形成了“自我革命”话语体系。“自我革命”是新时代中国共产党在探索全面从严治党的实践中提出的原创性概念，是我们党正确应对挑战和化解风险不可离开的重要法宝。自我革命就是无产阶级政党以自我为对象、从自身出发，在坚守注重自身建设的优良传统的基础上，主动、持续地通过自我批评和自我纠错来对自身存在的各方面问题进行清洗和纠正，并在鼎新和创新中建设永葆生机和活力的马克思主义执政党的过程。党要想在新的历史条件下成功跳出治乱兴衰的历史周期率，必须时刻保持解决大党独有难题的清醒和坚定，“全面推进党的自我净化、自我完善、自我革新、自我提高”①。这“四个自我”环环相扣、紧密联系，是对党的自我革命的科学总结和系统概括，深刻昭示了核心要义。正确理解这“四个自我”的科学内涵，把握其蕴藏的内在联系，才能准确抓住自我革命的实质所在，形成正确的认识。新时代新征程上，正确厘清自我革命的内涵实质是深化自我革命理论与实践发展的必要前提，为深入把握新时代自我革命理论体系，推进自我革命理论与实践的纵深发展提供根本遵循。

① 习近平：《高举中国特色社会主义伟大旗帜　为全面建设社会主义现代化国家而团结奋斗——在中国共产党第二十次全国代表大会上的报告》，人民出版社 2022 年版，第 64 页。

第一节 自我革命是牢记初心使命，不断实现自我净化

自我净化是政党保持自身先进性和纯洁性的重要途径，是党实现长期执政的关键所在。党的十八大以来，外部环境和党内情况的双重变化使一直存在于党员干部中的“四风”问题和贪污腐败现象越来越凸显出来，严重损害了党的健康肌体和免疫能力。习近平总书记强调：“有没有自我净化的过硬特质，能不能坚持不懈同自身存在的问题和错误作斗争，就成为决定党兴衰成败的关键因素。”①作为推进党的自我革命的重要基础和关键举措，自我净化要求我们党始终牢记初心使命，针对党内存在的顽瘴痼疾“过滤杂质、清除毒素、割除毒瘤，教育引导全党坚定理想信念宗旨，自觉抵御各种腐朽思想侵蚀，提高政治免疫力，同时聚焦突出问题，自觉向体内病灶开刀，清除一切侵蚀党的健康肌体的病毒”②，从而实现永葆先进性和纯洁性这一根本目标。新时代新征程上，党唯有以永远在路上的坚韧和执着持续增强自我净化的能力，才能始终保持共产党人清正廉洁的政治本色，确保党始终成为先进纯洁的马克思主义执政党。

一、深化正风反腐是自我净化的重要任务

回顾党的百年历史，在长期执政过程中，中国共产党建立并巩固了坚实

---

① 《十八大以来重要文献选编》下，中央文献出版社 2018 年版，第 591 页。

② 《习近平关于“不忘初心、牢记使命”论述摘编》，党建读物出版社、中央文献出版社 2019 年版，第 175 页。

的执政基础，但同时也面临着各种风浪的威胁和考验。党执政的时间越长，越容易受到形式主义、官僚主义、享乐主义和奢靡之风等不良作风的影响，越容易滋生贪污腐败、以权谋私等“权力寻租”现象。这是新时代损害和弱化党的先进性和纯洁性的最大毒瘤，是污染党的健康肌体的最大杂质。党的十八大以来，以习近平同志为核心的党中央坚持“老虎”“苍蝇”一起打，坚决惩治“四风”，自我净化取得了显著成就，党内政治生态明显改善。但在高压正风反腐的形势下，仍存在诸多问题尚未被发觉，许多深层次的问题尚未触及。不仅存在一些老问题呈现卷土重来的趋势，而且许多新的问题仍在不断产生。其中，“形式主义、官僚主义现象仍较突出；铲除腐败滋生土壤任务依然艰巨”[①]，深刻揭示了党内的作风问题和腐败现象的顽固性和复杂性，因而党的正风反腐工作必须作为一项长久的、常态化的重要内容持续深化。在实现第二个百年奋斗目标的新征程上，在坚持严的主基调不动摇的基础上，要加强正风反腐工作的针对性，着力破解之前容易被忽视的问题和尚未触及的深层次问题，并且不断推进正风反腐工作的常态化，做好坚决打赢反腐败斗争攻坚战持久战的准备，是我们党加强自我净化的重要任务。

（一）坚持以严的主基调强化正风肃纪

党的作风就是党的形象，关系执政党的生死存亡。中国共产党从诞生之日起，就始终重视作风建设，始终在保持优良传统的基础上持之以恒同各种损害自身健康肌体的不良作风作坚决的斗争。历史一再证明，党的作风正，党就能充满活力和战斗力；党的作风歪，党就会被乌烟瘴气蒙蔽双眼，走向自我毁灭的道路。党的作风建设不可能一蹴而就、一劳永逸，稍有松懈就会前功尽弃，因此决不能有一丝一毫的停一停、歇一歇的想法。

当前，党内存在的“四风”问题、慵懒散漫的不正风气以更加隐蔽的方式在党员干部中恣意蔓延，这些不良风气严重背离了党的性质和宗旨，不仅对党群干群关系造成了极大的损害，而且还动摇了党的执政根基，成为腐败

① 习近平：《高举中国特色社会主义伟大旗帜　为全面建设社会主义现代化国家而团结奋斗——在中国共产党第二十次全国代表大会上的报告》，人民出版社2022年版，第14页。

滋生的温床，对党和国家事业的发展产生了极为恶劣的影响。因此，我们党在推进自我净化的过程中必须集中力量重点解决这一关键问题。习近平总书记指出：“‘四风’问题解决好了，党内其他一些问题解决起来也就有了更好条件。”[①]作为百年大党，要想饱经风霜却始终保持本色不变，就必须要以解决“四风”问题为突破口，“坚持以严的基调强化正风肃纪”[②]，坚持发扬钉钉子精神，继续在常和长、严和实、深和细上下功夫，深化作风建设永远在路上。

首先，要以坚持和发扬党的优良作风，落实中央八项规定为重要基础。党的优良传统作风是党在百年的实践探索中通过深刻总结历史经验教训淬炼而来的宝贵精神财富。从“三大纪律”“八项注意”，到“三大作风”“两个务必”，再到新时代的“三严三实”“三个务必”，党之所以能够在长期的风险挑战和艰难险阻中取得一个又一个胜利，依靠的就是优良传统作风这一重要法宝。党的十八大以来，以习近平同志为核心的党中央在延续党的好传统好作风的基础上提出并贯彻落实了中央八项规定，从调查研究、会议活动等八个方面对加强作风建设提出了更高的要求和更严的规矩，这是党的作风建设的关键一步，为党和人民事业的不断发展提供了重要保障。新时代新征程上，聚焦解决“四风”突出问题，就必须以坚持和弘扬优良作风为前提和基础，以巩固落实中央八项规定为切入口和动员令，厚植党作风建设的土壤，进而全面加强党的作风建设，不断推动全党作风的整体好转。其次，要以保持党同人民群众的血肉联系为关键核心。党同人民群众的关系问题是作风问题的关键。人民群众通过党的作风来评价党的形象，其评价结果直接关系到政党组织团结群众的号召力和凝聚力。“党的作风正，人民的心气顺，党和人民就能同甘共苦。”[③]党同人民群众联系紧密，时刻以人民利益为中心，党的形象就是好的，就能获得群众的支持和拥护；党远离人民群众，只

① 《习近平谈治国理政》第1卷，外文出版社2014年版，第374页。

② 习近平：《高举中国特色社会主义伟大旗帜　为全面建设社会主义现代化国家而团结奋斗——在中国共产党第二十次全国代表大会上的报告》，人民出版社2022年版，第68页。

③ 习近平：《在庆祝中国共产党成立95周年大会上的讲话》，人民出版社2016年版，第23页。

顾私利而破坏人民利益，党的形象就较差，就会受到群众的厌恶和唾弃。回顾党推进作风建设的百年历史，可以清楚地看到，密切联系群众是我们党作为马克思主义执政党的本质属性和内在要求，是我们党性质和宗旨的鲜明彰显，也是我们党能够在百年风雨飘摇中不断发展壮大的关键所在。新时代新征程上，能否始终同人民群众站在一起，能否保持党同人民群众的密切联系，决定着党和国家事业的兴衰成败。因此，只有坚定地站稳群众立场、增强群众观念和群众感情，贯彻执行群众观点和群众路线，深入群众的身边解决好群众反映的问题，坚决制止和纠正损害群众利益的行为从而保障好群众的利益，才能够始终赢得民心，为消除各种歪风邪气、巩固党的执政根基提供坚实的政治基础。最后，要聚焦形式主义和官僚主义，以抓住“关键少数”以上率下为主要方式。领导干部这个“关键少数”是加强作风建设的“牛鼻子”，只有领导干部始终做到严格要求自己，在思想、领导、工作和生活作风等各方面都严于律己、率先垂范、树好典型，才能发挥模范带头作用，从而塑造全党的良好局面。当前，形式主义和官僚主义是党内存在的突出矛盾和问题，极大地阻碍了党的路线方针政策和决策部署的贯彻落实，各级领导干部要把力戒形式主义、官僚主义作为重要任务抓实抓严抓好，锲而不舍落实中央八项规定精神，健全防治形式主义、官僚主义制度机制。要树立正确的政绩观，担负起为人民办好事办实事的责任担当，克服消极浮躁情绪，从实际出发把工作做实做细，坚决反对形式主义；要树立以人民为中心的宗旨理念，贴近群众，切实解决群众最关心最直接的利益问题，坚决反对官僚主义。只要领导干部能够始终以实际行动引领广大党员自觉改进自身存在的不良风气，不正之风就会离党越来越远，党内政治生态就会越来越风清气正。

（二）坚决打赢反腐败斗争攻坚战持久战

中国共产党始终坚持以全心全意为人民服务为根本宗旨，没有自己的特殊利益，因而能够获得人民的长久拥护和支持。但是，在长期的实践探索中，党内时常会出现腐败问题。腐败是与党的性质和宗旨、同人民群众的根本利益完全背离的错误行为和现象，因而是人民群众最深恶痛绝的毒瘤。因此如果不坚决惩治腐败，党就会丧失先进性和纯洁性，丧失群众的信任和拥护，失去长期执政的根基，走向灭亡的命运。在党的二十大报告中，习近平深刻指出要“坚决打赢反腐败斗争攻坚战持久战”[①]。党要实现自我净化、保持自身肌体健康，必须要下大力气解决好腐败这一关键问题。

习近平总书记指出：“反对腐败、建设廉洁政治，保持党的肌体健康，始终是我们党一贯坚持的鲜明政治立场。”[②]党的百年历史，就是始终坚持在推进反腐败的过程中不断割除毒瘤、清除毒源、肃清流毒以永葆先进纯洁的历史，就是不断使自身脱离腐化瓦解的泥潭、始终朝着正确方向前进的历史。党的十八大以来，以习近平同志为核心的党中央深刻总结运用党的百年反腐败斗争历史经验，以坚定信心和责任担当，以零容忍的坚决态度开展了史无前例的反腐败斗争，保障了党在腐败蔓延的不良政治风气中能够始终保持清正廉洁的政治本色，赢得了人民衷心拥护、全党团结统一、永葆先进纯洁、成功带领人民开辟伟大征程的历史主动。当前，党的反腐败斗争已经取得了历史性成就并获得了压倒性胜利，但这并不代表可以在反腐败斗争上放松警惕。党内反复发作的老问题仍然存在、不断滋生的新问题仍在蔓延，彻底铲除腐败、实现海晏河清仍然任重道远，必须将反腐败斗争进行到底，以顽强的毅力和恒心坚决打赢反腐败斗争攻坚战持久战。

一是坚持党的领导，牢牢把握反腐败斗争主动权。坚持党的领导是确保反腐败工作始终沿着正确的方向纵深发展、打赢反腐败斗争攻坚战持久战的根本保证。新征程上，必须在坚持好党中央集中统一领导、各级党委统筹指挥、纪委监委组织协调、职能部门高效协同、人民群众参与支持的反腐败工作体制机制的基础上，进一步强化落实党委（党组）从严管党治党的主体责任，充分发挥党组织在统筹协调、督促落实方面的重要作用；必须把党的统一领导贯穿于反腐工作的全过程各领域，坚决贯彻落实党中央的决策部署，

① 习近平:《高举中国特色社会主义伟大旗帜　为全面建设社会主义现代化国家而团结奋斗——在中国共产党第二十次全国代表大会上的报告》，人民出版社2022年版，第69页。

② 《十八大以来重要文献选编》上，中央文献出版社2014年版，第81页。

巩固完善党统一指挥的监督体系，落实各级纪委的监督责任和查办腐败案件以上级纪委监委领导为主的规定，确保党能够实现对反腐败工作的全方位、全覆盖、全领域的指挥和领导。二是保持政治定力，以零容忍态度坚决打好反腐持久战。腐败问题如果不被根除，那党的纯洁性就无法得到保障，就会使党的执政面临巨大的威胁。因此，不能将反腐败斗争视作阶段性举措，而要始终坚持反腐败斗争一刻也不能停的决心。新形势下，党内腐败问题存量仍在、增量渐增，呈现出政治问题和经济问题交织、传统腐败和新型腐败交织、腐败手段隐形变异等新阶段特征，腐败问题具有更大的复杂性、艰巨性和危害性。必须一以贯之坚持严的主基调不动摇，始终保持反腐败政治定力，坚决做到无禁区、全覆盖、零容忍，重遏制、强高压、长震慑，坚决查处各类腐败问题，有腐必反、有贪必肃，以猛药去疴的决心、刮骨疗毒的勇气和严厉惩处的尺度坚决打赢这场输不起也不能输的重大政治斗争。三是强化辩证思维，以聚焦重点坚决打好攻坚战。重点对象、重点领域辐射面广、影响力大，新时代反腐败斗争要更加聚焦重点，从而更加精准有效地提高反腐治理效能。必须抓好重点对象，从严惩治领导干部这一“关键少数”的腐败行为，管好抓好领导干部身边人身边事，为营造风清气正的政治生态树榜样、带好头；加强对年轻干部的教育管理监督，引导年轻干部正确行使权力、严格遵守纪律，扣好廉洁从政的“第一粒扣子”。必须突出重点领域，严厉惩治国企、金融、政法等腐败问题多发领域的违法乱纪行为，坚持瞄准靶向、专项整治，集中力量、深挖到底，以点带面推动反腐败工作取得更大的战略性成果。必须注重群众关切，切实加强基层腐败问题的治理监督，严肃查处群众身边的“微腐败”“保护伞”，坚定维护人民群众的切身利益，把惠民利民真正落到实处，在为了群众、相信群众、依靠群众中真正打通反腐败斗争的“最后一公里”。四是树立系统观念，以“三不腐”坚决打好反腐攻坚战。新征程上，要始终坚持“三不腐”一体推进、同向发力，在标本兼治、系统施治的过程中坚决打好反腐败斗争攻坚战。要在强化不敢腐上持续加压，坚持对胆大妄为者露头就打、重拳出击，以“零容忍”的惩治和震慑确保党员干部常怀“不敢”的敬畏心；要在推进不能腐上深化发展，坚持源头治理、关口前移，以“零缝隙”的制约和监督织好织密不能腐的“防护网”；要在提升不想腐上持续发力，坚持正本清源、加强廉洁文化建设，以“零死角”的教育和引导提高不想腐的自觉性和主动性。在新的赶考路上，要继续把不敢腐的强大震慑效能、不能腐的刚性制度约束、不想腐的思想教育优势融于一体，让反复发作的老问题逐渐减少，让新出现的问题难以蔓延，推动防范和治理腐败问题常态化、长效化，用“全周期管理”方式不断开辟反腐败斗争新境界。

二、讲政治是增强自我净化能力的根本途径

旗帜鲜明讲政治，是中国共产党作为马克思主义政党的鲜明特征和根本要求，也是我们党一以贯之的政治优势。习近平总书记强调：“党的政治建设是党的根本性建设，决定党的建设方向和效果。”[①]首次将政治建设放在了党的建设总体布局的“首要”“根本”“统领”位置，彰显了政治建设是贯穿于党的建设全方面和全过程的根本性建设，在党的建设中始终处于统筹引领、纲举目张的重要地位。政治建设直接决定了党和国家事业的发展方向和前进道路，政治上的先进性丧失了，党的先进性和纯洁性就无从谈起，党的其他建设也难以获得预期效果。政治建设搞好了，党和国家事业才能在正确的轨道上前行；政治建设搞不好，党就会面临偏离航向、走向灭亡的命运。党的十八大以来，党内一度出现过部分党员干部立场动摇、违法乱纪、脱离人民等现象，严重影响了党内政治秩序的稳定运行，究其根本，就是因为党内政治建设疲软乏力，使其政治方向、政治立场和党内政治生态受到了不良思想的腐蚀和侵袭。讲政治“是我们党培养自我革命勇气、增强自我净化能力、提高排毒杀菌政治免疫力的根本途径”[②]。在实现第二个百年奋斗目标的

① 习近平：《决胜全面建成小康社会　夺取新时代中国特色社会主义伟大胜利——在中国共产党第十九次全国代表大会上的报告》，人民出版社2017年版，第62页。

② 《习近平关于“不忘初心、牢记使命”论述摘编》，党建读物出版社、中央文献出版社2019年版，第107页。

新征程上，党要实现自我净化，就必须持之以恒始终把政治建设放在首位，坚持正确政治方向，坚定马克思主义立场、党性立场和人民立场的政治立场，持之以恒营造良好政治生态，不断增强党讲政治的能力。这是推进自我净化向纵深发展的重要途径，也是开辟党的自我革命新境界的必然要求。

（一）坚持共产主义远大理想和中国特色社会主义共同理想的政治方向

政治方向是决定党的生存发展的第一位问题，事关党的前途命运和事业的兴衰成败，是培养党的讲政治能力、加强党的政治建设的逻辑起点。回顾党的百年历史，坚持正确政治方向是我们党在各种风雨激荡中能够始终朝着正确道路勇毅前行的根本前提和重要保障。政治方向上出现偏离，党就不可避免会犯颠覆性错误，要实现长期执政，必须要对政治方向有十分清醒的认识和正确的选择。一百多年来，我们党正是因为有正确政治方向的指导和引领，才能在面对各种诱惑和挑战的过程中始终保持政治定力、纪律定力、道德定力和抵腐定力，持之以恒恪守初心使命。

加强党的政治建设，首要的就是要充分发挥政治的指南针和航向标作用，引导全党始终在坚持和发展中国特色社会主义事业的正确道路上稳步前行，能够始终保持清醒的头脑、坚定的意志，把智慧和力量都集中到发展党和国家事业的正确政治方向上来，不断推进伟大事业的发展。首先，要始终坚持正确的政治信仰，以坚定的理想信念筑牢精神之基。必须牢固树立共产主义远大理想和中国特色社会主义共同理想，坚定对马克思主义的信仰、对共产主义和社会主义的信念，把坚持和发展中国特色社会主义、实现中华民族伟大复兴作为自身的指路明灯；必须坚持用科学的理论武装头脑、强健意志，深入学好和用好马克思主义基本原理、马克思主义中国化时代化的理论成果，不断培植共产党员的精神家园，练就金刚不坏之身。其次，要贯彻落实正确的政治路线，紧紧围绕党中央的决策部署坚决执行党的基本理论、基本路线和基本方略，全面贯彻“四个全面”战略布局，始终坚持“四项基本原则”，坚定不移朝着实现“两个一百年”奋斗目标的根本方向奋力迈进。最后，要始终坚持正确的政治道路。历史和实践证明，坚持正确的政治发展道路，是关系党的根本、关系国家事业发展全局的重大问题。在前进路上，党必须始终高举中国特色社会主义伟大旗帜，坚定“四个自信”，推进党和国家的事业始终沿着正确道路发展前进。坚持把党的领导、人民当家作主和依法治国有机统一在中国特色社会主义的伟大实践之中，确保政治建设坚持正确的方向。发展适合我国国情的社会主义政治制度，不断推进政治体制改革，充分发挥出我国社会主义民主政治的优势和特点。

（二）坚定马克思主义立场、党性立场和人民立场等政治立场

政治立场是党的政治建设的根本所在。2013年，习近平总书记在十八届中央纪委二次全会上强调，广大党员要自觉用党章规范自身的言行，确保自身能够始终做到政治立场不移。此后，他在许多重大场合都多次强调政治立场的重要性，强调坚持正确的政治立场是“头等大事”，要求广大党员干部要始终坚守正确的政治立场，自觉站在马克思主义的立场、党和人民的立场上去解决问题、开展工作。中国共产党作为马克思主义政党，坚持正确的政治立场是保持自身先进性的重要前提，是坚守和践行党的根本宗旨的必然要求，也是推进自我革命、发展社会主义事业的根本保证。在实现第二个百年奋斗目标的新征程上，面对前进道路上各种诱惑的裹挟，广大党员特别是领导干部必须要在政治立场上有清醒理性的认识，始终坚定马克思主义政治立场、坚决站稳党性立场和人民立场，这对于夯实党的政治根基、促进党的自我净化具有重要深远的意义。

首先，坚决站稳政治立场，必须坚定马克思主义立场。马克思主义是我们立党立国的根本指导思想，科学揭示了人类社会发展的一般规律，为我们党实现团结统一、发展壮大提供了根本思想保证和行动指南。坚持马克思主义立场，就是要坚持鲜明的无产阶级的阶级立场和人民大众的政治立场，始终坚守共产党人的本质属性，在实际工作的过程中始终站在绝大多数人和人民大众的立场上制定政策和方略；就是要用马克思主义、中国化马克思主义指导实践、凝聚力量，推动党和国家事业始终沿着正确方向稳步前行。其次，坚决站稳政治立场，必须坚定党性立场。党性是广大党员和领导干部

立身、立业、立言、立德的基石，是否始终坚定党性立场是关乎党的生死存亡的根本性问题。广大党员干部必须始终站稳党性立场，时刻保持共产党人的政治本色。要始终做到心中有党，持之以恒保持对党的忠诚炽热之心，自觉在思想上深刻把握“两个确立”的决定性意义，坚持在行动上坚决贯彻落实“两个维护”，全面执行党的政治路线方针政策，严格遵守党的纪律和规矩，以党的方向为方向、以党的旗帜为旗帜，确保全党服从中央决不能有丝毫含糊和动摇。最后，坚决站稳政治立场，必须坚定人民立场。坚持马克思主义立场、党性立场、人民立场是统一的，归根结底是坚持人民立场。是否始终坚定地站在最广大人民的立场上，是决定党的性质的根本政治问题。习近平总书记指出：“人民立场是中国共产党的根本政治立场，是马克思主义政党区别于其他政党的显著标志。”[①]我们党来自于人民、根植于人民，“两个先锋队”的性质和全心全意为人民服务的宗旨就决定了我们党必须始终坚守人民立场。广大党员干部必须要坚持党性与人民性的统一，贯彻落实以人民为中心的发展思想，时刻保持爱民惠民之心，认真倾听人民呼声、切实反映人民诉求；必须要坚持马克思主义群众观点，尊重人民群众在中国特色社会主义事业发展中的主体地位和首创精神，始终做到相信群众、依靠群众；必须要自觉践行全心全意为人民服务的根本宗旨，始终把解决人民困难、维护人民利益、满足人民需求摆在全部工作的第一位，把坚持人民立场贯彻落实在解民忧、惠民生的具体实践当中，始终做到为了群众。只有始终紧扣民心这个最大的政治，始终坚持以人民为中心，保持党同人民群众的血肉联系，始终把人民放在心中的最高位置，一切为了人民、一切依靠人民，我们党才能获得带领人民不断从胜利走向胜利的力量之源。

（三）持之以恒营造风清气正的政治生态

持之以恒营造风清气正的政治生态是党的政治建设的基础性和经常性工作，事关党的政治环境、发展成效和兴衰成败。习近平多次强调政治生态

① 《习近平谈治国理政》第 2 卷，外文出版社 2017 年版，第 40 页。

在党的建设中的重要地位，指出其“关乎党的团结统一，关乎党的生死存亡”[①]，“政治生态好，人心就顺、正气就足；政治生态不好，就会人心涣散、弊病丛生”[②]。这些重要论述是对党内政治生态的重要定位，反映了我们党更加深刻地认识到了党内政治生态建设在推进自我净化、推动自我革命中的关键性作用。新征程上，以加强政治建设实现党的自我净化，必须把净化党内政治生态建设放在突出位置，不断在浚其源、涵其林的过程中实现党内正气充盈、政治清明。

首先，要不断严肃党内政治生活。正常健康的政治生活是党的事业发展的重要条件。只有政治生活搞好了，那么广大党员才能都紧密团结在一起，形成强大的组织良好，进而推进党和人民事业的发展。如果政治生活搞不好，那么党员内部的团结就无法得到保障，党的各项政策的执行就无法落实到位。对于政治生态建设而言，严肃党内政治生活是不断修复党内政治生态的重要载体和有力抓手。持续深化党内政治生态建设，首要的就是以增强党内政治生活的政治性、时代性、原则性、战斗性为重点，在聚焦解决党内政治生活庸俗化、平淡化、随意化等突出矛盾和问题的过程中不断促进党内政治生活的健康运行，为净化党内政治生态注入源源不断的生机活力。其次，要坚决完善巩固和贯彻落实党内法规制度体系。习近平总书记强调，要“严格执行党的建设各项制度和规定，营造良好政治生态”[③]，深刻彰显了党内法规制度建设在强化党内政治生态建设中的重要作用。必须要持续推进以党章为根本原则、以《关于新形势下党内政治生活的若干准则》为主要内容的党内法规制度体系的完善发展，认真贯彻执行各项准则条例，根据实际情况及时为党内法规制度体系立柱架梁，为净化党内政治生态、营造风清气正的良好政治局面提供坚实的保障。再次，要严格遵守政治纪律和政治规矩，把严明纪律和规矩放在政治建设的突出位置。政治纪律和政治规矩是广大党员干

① 习近平：《严肃党内政治生活净化党内政治生态 为全面从严治党打下重要政治基础》，《人民日报》2016 年 6 月 30 日。

② 《习近平谈治国理政》第 2 卷，外文出版社 2017 年版，第 167 页。

③ 《对照检查践行“三严三实”情况讨论研究加强党风廉政建设措施》，《人民日报》2015 年 12 月 30 日。

部必须时刻遵守的基本行为准则和规范，是净化党内政治生态的重要准绳和根本保证，是强化党内政治生态建设的“红绿灯”。必须始终坚持“五个必须”的方向盘，严格遵循服从组织程序和组织决定，加大力度解决“七个有之”问题，始终做到坚决维护党中央权威、维护党的团结统一，为营造风清气正的政治生态提供规制性力量。最后，要着力营造积极健康的党内政治文化。习近平总书记指出：“政治文化是政治生活的灵魂，对政治生态具有潜移默化的影响。”[①]积极健康的党内政治文化能够为营造良好政治生态提供强大的精神力量和智力支持，落后腐朽的党内政治文化则对党内良好政治生态的形成起到极大的阻碍作用。因此，必须大力弘扬忠诚老实、公道正派、实事求是、艰苦奋斗、清正廉洁等共产党人核心价值观，号召广大党员干部在积极学习的基础上能够真正将其内化，并在实际的工作中积极践行。要旗帜鲜明反对关系学、官场术、个人主义、本位主义、圈子文化、码头文化等腐朽落后的党内政治文化，促使广大党员干部养成抵制腐朽落后的政治文化的自觉。新时代，尤其要不断涵养以伟大建党精神为源头的红色革命精神，充分发挥良好政治文化在培育政治意识、规范政治行为、营造良好政治生态中的关键作用。

第二节　自我革命是坚持问题导向，不断实现自我完善

强大的自我完善能力是中国共产党推进现代化政党建设、夯实执政根基的内在要求，也是我们党百年来能够不断发展壮大的显著优势。中国共产党作为马克思主义政党，固然具有区别于其他政党的独特优势，但在长期的发展过程中，也会不可避免地出现各种主客观错误，如果不对这些短板和问题进行修复和完善，就会影响党的优势的发挥，阻碍党的成长发展。正如习近平

① 《习近平关于全面从严治党论述摘编》，中央文献出版社 2016 年版，第 74 页。

总书记所强调的："中国共产党的伟大不在于不犯错误，而在于从不讳疾忌医，敢于直面问题，勇于自我革命，具有极强的自我修复能力。"[①]历史一再证明，我们党之所以能够历经磨难而仍然长盛不衰，就是因为其具备针对自身问题进行修复的自我完善能力。自我完善就是聚焦"如何始终具备强大的执政能力和领导水平"的大党独有难题和大题，"坚持补短板、强弱项、固根本，防源头、治苗头、打露头，堵塞制度漏洞，健全监督机制，提升党的长期执政能力"[②]，不断修复肌体、健全机制、丰富功能，实现自身肌体的完善和发展，确保党始终保持旺盛的生机和活力。新形势下，国内外环境日益严峻，党内外情况日益复杂，党要在此背景下继续深化全面从严管党治党，必须始终坚持以问题导向为重要方法，以健全体制机制为关键举措，不断通过自我完善提升引领伟大社会革命的能力和本领。这是党永葆青春活力、不断开辟自我革命和社会革命新境界的基因密码。

一、坚持问题导向是自我完善的重要方法

自我完善意味着中国共产党通过弥补自身短板弱项、补齐自身制度漏洞、优化自身结构机制不断实现功能和本领上的自我提升和自我超越，因此，积极找寻自身的问题所在，有针对性地解决好问题，时刻保持问题意识是实现自我完善的重要前提和保障。坚持问题导向、树立问题意识是马克思主义的重要方法论和鲜明理论品格，也是我们党长期坚持的思想方法和工作方法。新时代，习近平在多次重要讲话中都对党在新的历史条件下面临的一系列重大现实问题进行了深入系统的分析，这些讲话和论述贯穿着强烈的问题意识和鲜明的问题导向，鲜明展现了我们党作为马克思主义政党时刻秉持着求真务实和实事求是的科学态度，深刻彰显了我们党在推进自我革命中的强烈政治自觉和责任担当。习近平总书记明确指出，必须坚持问题导向，增强问题意识，对当下党面临的诸多问题进行总结和深刻剖析。他指出面对实

① 《十八大以来重要文献选编》下，中央文献出社 2018 年版，第 589 页。

② 《习近平谈治国理政》第 3 卷，外文出版社 2020 年版，第 534 页。

践遇到的新问题、人民群众急难愁盼问题、党的建设面临的突出问题等，要不断提出真正能够解决问题的新理念新思路新办法。这反映出党鲜明的问题意识，也深刻指明了新的历史条件下以问题为导向不断解决党内问题、实现自我完善的正确方向和实践路径。新时代新征程上，必须继续以问题为导向不断提高自我完善的能力，始终做到善于发现问题、敢于正视问题、长于解决问题，这是我们党能够在新的历史条件下以自我革命引领社会革命的信心所在。

（一）坚持问题导向要善于发现问题，敢于正视问题

坚持问题导向，首先就是要勇于和善于发现问题。对存在的问题采取漠视的态度，那么则永远无法彻底地解决好问题。因此，我们党必须要深刻认识到新形势下，在实现第二个百年奋斗目标的道路上，问题无处不在、无时不有，变化莫测、层出不穷，善于发现问题和正视问题的存在。在此基础上，我们党要继续不断解决问题、弥补漏洞以实现自我完善，不断发展壮大。

首先，善于发现问题，需要我们党坚持系统观念，始终保持勤于思考的头脑、潜心研究的耐心和观察全局的视野，在见微知著和由表及里中不断找到工作中存在的问题，把握解决问题的主动性。善于发现问题是最基本前提，是坚持问题导向的第一步。要善于发现已经发生的现实性问题，密切联系了解人民群众的各种现实诉求，根据群众的反馈时刻巡视巡检党的各项建设是否真正存在问题，深入调查研究党的自我革命具体实践情况，在及时发现问题的基础上，聚焦人民群众急需急盼的问题深化持续整改落实；要善于发现可能发生的潜在性问题，时刻保持危机意识，全面及时地分析研判党的建设各个方面存在的复杂关联和细微变化，认真总结吸收历史发展的经验教训，在对照现实问题中获得新知识、掌握新规律，坚持高瞻远瞩、防微杜渐，在不断发现党内存在问题的新苗头的基础上抓早抓小，把问题影响遏制在萌芽状态，最大限度保护人民的利益，确保党和国家的事业能够顺利发展前进。其次，敢于正视问题，需要我们党保持清醒头脑，始终具有勇于承认

问题的自觉、彻底改正问题的决心和科学分析问题的本领，树立解决问题的自信心，进而能够在抓住要害和精准施策中不断解决工作中存在的问题。要始终在行动和思想上都积极正视和面对党内存在的问题，以高度的责任担当和坚定的自我革命精神，保持对问题不推脱、不逃避、不掩盖的清醒头脑和勇敢态度，在解决问题的过程中不断积聚推动事业发展的正能量；要坚持具体问题具体分析，深刻分析和把握问题的本质，清楚明确问题的轻重缓急、前因后果、难易程度、紧迫性和必要性，从而更好地找到各种复杂问题之间的联系和重点难点，做到有的放矢、靶向治疗，有效化解党内存在的各种复杂矛盾和问题。

（二）坚持问题导向要敢于担当作为，长于解决问题

发现问题、正视问题、分析问题是坚持问题导向的前提和基础，而解决问题则是坚持问题导向的最终目的和结果，党和国家的事业就是在不断产生和解决问题的循环过程中向前推进的。只有切实解决实践中出现的问题和矛盾，坚持问题导向才能真正落到实处，党才能不断实现自我完善。新形势下，党在发展过程中面临的党的建设缺失、弱化的问题层出不穷，各级领导干部和广大党员必须在深刻认识和准确把握新情况新问题新挑战的基础上，敢于担当作为，长于解决问题，只有这样，才能不断为推动党的自我革命提供坚强保障。

首先，坚持问题导向，要敢于担当作为，树立问题意识。问题意识是对现实声音的强有力回应，是对自身存在的矛盾和问题产生的一种积极面对和主动解决的心理状态和思想方法，是解决问题的关键和前提。领导干部要不断增强问题意识，敢于担当作为，不仅要在遇到问题时主动出击、敢于动真刀真枪，以只争朝夕的紧迫感谨慎对待各种大大小小的问题；而且在日常的工作中也要始终坚持守土有责、守土负责、守土尽责，切实把自身职责范围内的工作做实做好，做到有效规避问题、不主动出现问题。其次，坚持问题导向，要长于解决问题，要求党员干部必须坚持解决问题的原则，注重解决问题的方法，提高解决问题的能力。

要坚持解决问题的正确原则，始终坚守以马克思主义为指导的首要原则、以中国共产党为领导的最高原则和以人民为中心的根本原则，确保用正确方法把解决问题控制在正确方向和正确道路上，保证问题解决在党、人民和国家的利益不受损的条件范围内；要注重解决问题的正确方法，避免眉毛胡子一把抓，始终坚持做到科学统筹、优先解决，以集中力量化解重难点问题带动全局问题的解决，坚持精准施策、有的放矢，脚踏实地、实事求是，确保解决问题取得实效；要提高解决问题的基本能力，通过使广大党员深入学习党的创新理论和方针政策，不断提升其忧患意识和超前意识，及时做好对于问题发展的科学预判，然后注重培养党员干部的系统思维、战略思维、创新思维和辩证思维等科学思维能力，增强自身进行斗争的强大本领。

二、健全制度机制是自我完善的关键举措

制度带有根本性、全局性和长远性，健全党的制度机制是实现从严管党治党的最可靠最有效的方式，是实现自我完善的根本之策和长远之策。百年来，中国共产党始终注重通过加强制度建设、提升党内治理制度化水平来为自身健康发展提供坚实的制度基础，制度优势是党和国家事业能够在各种风险挑战中稳步前进的最大优势，也是实现党的全面领导的重要保障，更是提高党的建设质量的现实要求。习近平总书记强调：“要把党内存在的突出矛盾和问题解决好，要有效化解党面临的重大挑战和危险，很重要的一条就是要完善规范、健全制度，扎紧制度的笼子。”[①]因此，新形势下，不断推进党的自我完善，必须一以贯之健全制度机制。要通过努力构建科学完备的党的自我革命制度规范体系，保障和不断提高其执行水平，为深化党的自我革命、实现党的长期执政筑牢坚实的政治保障和制度保障。

① 《十八大以来重要文献选编》下，中央文献出版社 2018 年版，第 409—410 页。

（一）努力完善科学严密的党的自我革命制度规范体系

新的历史条件和执政环境下，党内之所以不断滋生组织涣散、纪律松散、腐败蔓延和作风不正等顽瘴痼疾，时刻面临“四大考验”“四种危险”，一个重要的原因就在于党内管党治党宽松软，在一些制度体制特别是权力监督等方面仍然存在漏洞和缺失，从而使歪风邪气有机可乘。在党的二十大报告中强调要进一步完善党的自我革命制度规范体系，明确了深化党的自我革命制度建设的正确方向，鲜明凸显了党内制度体系建设的重要性。不断构建和完善党的自我革命制度规范体系，是在制度治党、依规治党轨道上持续提升党的建设科学化水平，不断推进新时代党的建设新的伟大工程的关键举措。新形势下，要继续本着自我革命精神，进一步完善自我革命制度规范体系，必须始终坚持以党章为根本遵循，以民主集中制为基本原则，努力根据新情况新问题不断完善党的自我革命制度规范体系，逐步构建形成更加科学严密、系统完备的党内法规制度体系、党的全面领导制度体系和党内监督制度体系，不断夯实党的自我革命制度优势，在解决大党独有难题、从严管党治党中更好地发挥制度的保障和支撑作用。

一是要不断强化夯实党的全面领导制度体系。如果没有党的全面领导作保障，国家事业的发展就不可能取得如今如此举世瞩目的成就。同时，坚持党的领导是推进自我革命最根本的前提和保证。在实现第二个百年奋斗目标的新征程上，要持之以恒完善健全党中央对重大工作的领导体制，严格执行向党中央请示报告制度在内的一系列制度安排，切实以制度安排保障全党必须坚决贯彻“两个维护”，推动全党始终向党中央看齐，坚决以党的方向为方向、以党的旗帜为旗帜；要不断完善党领导各级组织、各项事业的具体制度，为党管干部、党管人才、党管意识形态等落到实处提供坚实的制度保障；要不断完善党和国家机构职能体系，以坚持和加强党的全面领导为统领形成统一高效的领导体制，保证各机构在党的领导下协同联动、高效运行，实现国家机构在党的领导下更好发挥自身效能。二是要持续巩固健全党内法规制度体系。治党务必从严，从严必依法度。党内法规制度具有强烈的政治属性、鲜明的价值导向和统一规范功能，是体现党的统一意志、规范党的活动和行为的专门规章制度。首先，在新的历史条件下，必须坚持依法治国和依规治党有机统一，确保党既依据宪法法律治国理政，任何党员干部都不能有逾越法律的行为，要在法律的规定下不断推进国家各项事业的发展，又依据党内法规管党治党，制定并实行严格的法规以约束广大党员的行为，形成全党自觉遵守党内法规，自觉按照法规要求规范自身行为的良好风气。其次，要紧紧围绕推动全面从严治党不断补齐法规制度体系漏洞，搞好制度“供给侧结构性改革”。对于缺少的制度规范要抓紧建立，弥补制度空白；对已经建立的制度规范进行审查，尽快完善和弥补不足之处；对于已经形成的较为成熟且取得良好成效的制度规范要及时推广，确保其执行有力。总之，要通过建立、完善、推广制度安排，形成较为完善的法规制度体系，从而取得落实好全面从严治党的良好成效。此外，要不断“增强党内法规权威性和执行力，形成坚持真理、修正错误，发现问题、纠正偏差的机制”[①]，坚持在体系化、精准化上下更大功夫，不断提升法规制度体系科学化、系统化水平，促进党内法规制度在高质量发展中更加科学严密、系统完备、规范高效。三是要继续完善发展党内监督制度体系。党的二十大报告中突出强调强化党的监督制度体系建设这一重要内容，深刻彰显了党内监督的重要性。加强监督是完善党的自我革命制度规范体系不可或缺的关键一环，必须不断健全党统一领导、全面覆盖、权威高效的监督体系，完善权力监督制约机制，以党内监督为主导和引领，实现民主监督、行政监督、司法监督等各类监督贯通协调，推动完善基层监督体系，形成监督合力，扎牢织密监督网；要大力推进政治监督具体化、精准化、常态化，增强对“一把手”和领导班子的监督力度和实效，不断完善巡视巡察制度，推进巡视利剑到点到位全覆盖，在乡镇、乡村、街道层层落实责任，打通依规治党的“最后一公里”；要在更严格的监督和管理中督促“关键少数”，在日常生活和常态化工作中约束“绝大多数”，切实将党的监督所发挥的“他律”作用转化为广大党员干部的“自律”“自省”“自觉”，为党的自我革命提供源源不断的内生动力。

---

① 习近平:《高举中国特色社会主义伟大旗帜　为全面建设社会主义现代化国家而团结奋斗——在中国共产党第二十次全国代表大会上的报告》，人民出版社 2022 年版，第 66 页。

四是要深化贯彻落实全面从严治党责任制度体系。明晰主体责任，担当政治责任，是落实和深化全面从严治党的要害和关键所在，是永葆党的旺盛生命力和强大战斗力的重要保障。新征程上开辟党的自我革命新境界，必须不断完善落实全面从严治党责任制度体系，为确保从严、从紧、从实管党治党真正落实提供有效保证；要推动党委主体责任做实做好，充分发挥党委对不断加强全面从严治党各项工作的领导；要推动纪委监督责任落实落细，通过纪律监督、巡视监督等方式，协助党委更好开展各项工作；要用好问责利器，坚持严字当头、精准有效，既防止问责乏力，也防止问责泛化，做到失责必问、问责必严，落实守土有责、守土尽责，不断锤炼制度刚性，督促广大党员干部始终以担责尽职的实际行动诠释对党的忠诚。

（二）不断提高党的自我革命制度规范体系的执行水平

坚持制度治党、依规治党，首要的是把制度建立起来，而最关键和最根本的则是制度执行。法规制度的生命力在于执行，如果有制度却将其束之高阁、不予执行，那么再好的制度也都是“纸老虎”“稻草人”，形同虚设，不能发挥其应有的作用和效力。党的十八大以来，我们党始终在致力于推动党的自我革命制度规范体系完善和发展的同时，狠抓制度执行，党的建设取得了显著成效。新征程上，要继续不断提升党的自我革命制度规范体系的执行能力和执行水平，推动制度执行到人到事，真正做到用制度管权管事管人，确保党内法规制度的各项内容落实落细，不断把制度优势转化为治理效能。只有这样，才能真正让铁规发力、让禁令生威，使制度成为硬约束而不是橡皮筋，持之以恒把党的自我革命向纵深推进。

一是要强化制度意识，维护制度权威。思想是行动的先导，没有在思想上形成对党的制度的认同尊重，就不会有行动实践上的正确贯彻落实。强化制度意识、维护制度权威是不断提高制度执行力的基本前提和必然要求。新时代新征程上，必须深刻认识到制度的重要性和关键性，牢固树立维护制度权威性和严肃性的坚定意志，形成尊制度、守制度的思想自觉和行动自觉。为此，党员干部要深刻认识到党的制度是不可逾越的红线和不可违背的底线，自觉做制度的坚定信仰者和维护者；领导干部要带头做制度执行的表率，发挥示范带头作用，坚决维护制度权威、保持对制度的敬畏心，以身作则带动全党自觉尊崇制度、严格执行制度、坚决维护制度。二是要加强制度学习，提升制度认知。学好掌握好制度是有效实施制度的基础保证和重要前提，只有全面掌握党内制度规范体系的内容和要求，制度的实际效能才能更加充分准确地发挥出来。广大党员干部要把法规制度学习摆在党的建设的重要位置，不断增强学习的广度、深度，不断丰富学习的形式和载体；要自觉全面掌握党的自我革命制度规范体系的重要内容，深刻理解领悟各项准则规章制度的要求，明白自己该做什么、能做什么、不该做什么、不能做什么，不断提高思想认识，以制度规章严格要求自己；要加强宣传教育工作，不断强化党员干部的制度认同，引导党员干部深刻认识到制度执行与落实的重要性和必要性。三是要健全执行机制，加强执行监督。制度执行既需要党员干部的自觉行动，也需要外在的监督约束，通过建立健全制度执行的监督、问责与惩戒机制确保制度执行能够真正落到实处、发挥实效。新时代新征程上，必须要把监督检查、目标考核、责任追究结合起来，形成监督合力，加强各类监督的协调联动，形成常态化监督；坚决杜绝机会主义，对做选择、搞变通、打折扣等现象和行为“碰硬”“亮剑”，牢牢抓住责任追究、巡视巡察利剑，严肃惩处各种违反制度、破坏制度的行为，始终坚持发现一起、查处一起，确保制度真正实现落地生根、处处有效。不断提升制度执行的透明度，建立完善制度执行公开方法，坚持全流程公开、全过程公平，为更好地监督制度执行、强化主体责任奠定坚实的基础；巩固完善执行评估与问责制度，不断提升评估主体的多元化、评估标准的分级化、评估程序的阶段化和评估方法的综合化，持续提高问责处理的精准度和力度，持续提高执行效能；持续完善奖惩制度，提高奖惩力度，在利用好奖励奖金、评先评优和批评处分的方式、充分形成激励和约束双管齐下模式的过程中，不断激发个人荣辱心和制度执行力，引导党员干部敢于担当、积极作为。

第三节 自我革命是坚持与时俱进，不断实现自我革新

自我革新是党所具有的内在特质和优秀品格，是我们党在不断实践探索中能够始终保持旺盛生命力和先进性的根本源泉所在。习近平总书记强调，“要在自我革新上求突破，深刻把握时代发展大势，坚决破除一切不合时宜的思想观念和体制机制弊端，勇于推进理论创新、实践创新、制度创新、文化创新以及各方面创新，通过革故鼎新不断开辟未来”①，深刻揭示了党的自我革新的丰富内涵和现实指向。在长期执政的历史进程中，党所面临的情况、条件和环境是时刻变化发展的，只有不断进行自我革新，党才能适应时代和形势的发展变迁，才能始终保持生机和活力，带领人民持续开辟党和国家事业的新境界。中国共产党从诞生之日起就具有强烈的自我革新意识，党领导人民在艰难万险中探索出一条马克思主义中国化的新路、创建了中国特色社会主义理论和制度、实行改革开放的历史性决策，都是党始终坚持自我超越以实现革故鼎新和守正创新的最好佐证。在实现第二个百年奋斗目标的新征程上，党和国家事业的深入推进对党的能力和本领提出了更高的要求，面对“四大考验”和“四种危险”的威胁与挑战，能不能继续以“自我革新的勇气和胸怀，跳出条条框框限制，克服部门利益掣肘，以积极主动精神研究和提出改革举措”②，直接关系到党能否始终保持干事创业精神状态、始终具备强大的执政能力和领导水平。对此，党必须不断推动自我革新向纵深发展，持之以恒贯彻守正创新的战略思维，以加强党的理论创新为引领，不断推动党的实践创新、制度创新、文化创新以及其他各方面的创新，为党的建设事业不断注入新的生机活力。

---

① 《习近平谈治国理政》第 3 卷，外文出版社 2020 年版，第 534 页。

② 《十八大以来重要文献选编》上，中央文献出版社 2014 年版，第 509 页。

一、守正创新是自我革新的战略思维

自我革新，就是与时俱进、自我超越，就是党在清除阻碍自身肌体健康发展的不良因素的基础上推陈出新，不断为自身注入“新鲜血液”，实现发展壮大。但这并不意味着无中生有、全盘否定、另起炉灶，而是“该改的、能改的我们坚决改，不该改的、不能改的坚决不改”①，蕴含着“变”与“不变”、“破”与“立”的哲学意蕴和智慧，是守正和创新的统一。坚持守正创新，是我们党对马克思主义实事求是思维的继承创新，是党在百年成长历程中一以贯之的重要方法论，也是党实现自我革新，推进自我革命的重要战略思维。其中，“守正”就是恪守党的基本原则、弘扬党的优良传统，是自我革新的重要前提和关键基础；“创新”是坚持与时俱进、实现开拓发展，是自我革新的必然要求和根本方法。创新离不开守正，守正离不开创新，创新和守正是不可分割的辩证统一关系。新时代推进自我革命，必须正确处理好“守正”和“创新”的辩证关系，努力在革故鼎新和守正出新的统一中实现自身跨越，只有这样，才能保证党始终在正确的方向上不断实现创新发展。

（一）继承光荣传统，弘扬优良作风是自我革新的重要前提

自我革新必须以守正为基础和前提，偏离守正的创新不是正确的创新。正如习近平总书记在十九届中央政治局第二十三次集体学习上所强调的，“我们的实践创新必须建立在历史发展规律之上，必须行进在历史正确方向之上”②，深刻论述了创新不是任意，抛弃历史的创新最终会走向灭亡的命运，只有确保创新始终走在“守正”这一正确道路上，才能实现真正意义上的创新的警示。党的十八大以来，以习近平同志为核心的党中央高度重视党的光荣传统和优良作风的弘扬与学习，多次开展党史学习教育，使弘扬和继承党的宝贵精神财富和实践经验成为贯穿于党的建设的一条红线。在实现中

① 习近平：《在庆祝改革开放40周年大会上的讲话》，人民出版社2018年版，第28页。

② 《习近平的小康情怀》，人民出版社2022年版，第521页。

华民族伟大复兴的新征程上，要继续以自我革新实现自我革命的纵深发展，必须继续坚持以守正为前提，在继承光荣传统、弘扬优良作风的过程中筑牢党实现自身发展的坚实根基、夯实党实现成长壮大的自信自立。

继承光荣传统、弘扬优良作风是守正之本。党在发展成为百年大党的过程之中，形成了许多优良传统，养成了优良作风。习近平总书记指出，“党要得到人民群众支持和拥护，就必须持之以恒发扬党的光荣传统和优良作风。”[①]党的光荣传统和优良作风是我们党在长期实践探索中形成的宝贵精神财富，也是在新时代激励我们党不畏艰难、勇往直前的重要传家宝。在实现第二个百年奋斗目标的新的赶考之路上，面对各种难以预料的风险和挑战，必须要继续发扬党的光荣传统和优良作风，不断为推进自我革命向纵深发展、实现中华民族伟大复兴提供强大武器、胜利法宝和精神动力。一是要始终坚持对党忠诚的政治品质。党员如果没有对党忠诚的基本素养，就不能称其为共产党人，就会有脱离党、背叛党的风险和可能。必须要做到对党一心一意，对党的路线方针政策一以贯之，为党工作、为党分忧、为党尽职、为民奉献，做到表里如一、言行一致，以党的历史上的反面典型为戒，时刻警醒自己在任何时候任何情况下都要始终保持对党的赤诚忠心。二是要始终坚持理论联系实际的科学思维。理论联系实际是我们党作为马克思主义政党必须要始终坚守的重要世界观和方法论，要求党在实践探索的过程中要坚持一切从实际出发、实事求是，在把马克思主义基本原理同中国具体实际相结合的过程中不断开辟新境界。历史已经有力证明，坚持理论联系实际，党和国家的事业就能顺利前进；反之，党和国家的事业就会受到严重的损失。必须要学懂弄通马克思主义基本原理和新时代党的创新理论，同时坚持调查研究、实事求是、求真务实，全面掌握党的实际情况和问题，在正确理论思想的指导下从实际出发谋划工作，不断推动党的建设纵深发展。三是要始终坚持全心全意为人民服务的根本宗旨。人民是我们党的力量之源，党的根基在

---

① 《习近平在中央党校（国家行政学院）中青年干部培训班开班式上发表重要讲话强调 立志做党光荣传统和优良作风的忠实传人 在新时代新征程中奋勇争先建功立业》，《人民日报》2021 年 3 月 2 日。

人民、血脉在人民，党的一切工作的出发点和落脚点，都是为了实现最广大人民的根本利益。人心向背关系党的生死存亡，党执政的时间越长，就越是要密切联系群众、坚守全心全意为人民服务的根本宗旨。在实现第二个百年奋斗目标的新征程上，面对党的新情况新问题，必须继续发扬全心全意为人民服务的光荣传统和优良作风，始终把人民利益放在心中最高位置，始终牢记初心使命，不断追求“我将无我，不负人民”的精神境界，同人民想在一起、站在一起，努力赢得人民的拥护和信任，在人民群众的支持和帮助下不断战胜新的困难，开辟新的境界。四是要始终坚持批评和自我批评的纯洁作风。党内批评与自我批评是坚持真理、修正错误、不断解决党内矛盾以使党始终充满生机和活力的基本方法和有力武器。在百年艰辛奋斗历程中，党在各种重大历史关头之所以能够推动党的事业始终沿着正确的方向前进，一个重要的原因就是勇于自觉开展批评和自我批评。党的十八大以来，以习近平同志为核心的党中央将批评与自我批评的要求贯穿在党的建设方方面面，致使许多党员干部也在党中央的号召之下在民主生活会中积极进行自我批评，反思自身存在的问题，逐渐在党内形成了批评与自我批评的良好风气。通过批评和自我批评的方式，及时发现存在的问题和不足，也在发现问题和解决问题的过程中，有效增强了党的凝聚力和战斗力。新形势下，必须继续坚持批评与自我批评的光荣传统和优良作风，坚持刀刃向内、自觉审视和解决自身问题，不断完善党的各项建设，确保我们党在引领人民实现第二个百年奋斗目标的过程中能够始终站在时代前列。五是要始终坚持敢于斗争、善于斗争的鲜明品格。敢于斗争、善于斗争是保证中国共产党在应对各种挑战和困难的过程中能够始终一往无前、舍生忘死的强大精神力量，是经过千锤百炼锻造而来的强硬风骨和顽强品质。我们党依靠斗争实现了由小变大、由弱变强，也必须要依靠斗争走向未来、赢得未来。新时代新征程上，党所面临的形势环境的复杂性和严峻性、所肩负任务的繁重性和艰巨性愈加凸显，必须继续发扬敢于斗争、善于斗争的光荣传统和优良作风。要在新的时代条件和新的发展环境下，加强广大党员的斗争历练，不断提升其敢于和善于斗争的能力，练就斗争的真本领和真功夫，不屈不挠、一往无前带领人民在具有新的历史特点的伟大斗争中不断取得新胜利、开辟新境界。六是要始终坚持艰苦奋斗的政治本色。坚持艰苦奋斗是我们党作为马克思主义政党所必然具有的政治本色和传统美德，在革命年代，在物质条件和斗争任务极为困难和艰巨的条件下，始终坚持艰苦奋斗是我们党不断从胜利走向胜利的强大武器。党的百年历史，就是一部自力更生、艰苦奋斗的历史。新形势下，经过长期的努力探索，党和国家事业已经发生了历史性变革、取得了历史性成就，经济状况和国家实力已经走进世界前列，但是党面临的风险和挑战一点也不比以前少。必须继续接好握好自力更生、艰苦奋斗的接力棒，以勇往直前、永不懈怠的精神状态，坚持勇挑重担、苦干实干，勤俭节约、以俭修身，慎终如始、戒骄戒躁，保持奋斗韧劲，不断推动党和人民的事业的开拓前进。

（二）坚持与时俱进，敢于开拓创新是自我革新的必然要求

自我革新必须以创新为关键和重点，创新是守正的必然要求和实现途径，没有创新的守正是不能持续的守正。守正固然重要，但守正不是刻舟求剑、生搬硬套、故步自封，而是要在原有的基础上坚守正确的，剔除僵化的、陈旧的、过时的，创造新的、合时宜的，在不断与时俱进中完善党的各方面建设，在守正和创新的结合中把党锻造得更加坚强有力。历史从不会眷顾因循守旧、不求上进者，机遇掌握在敢于创新、勇于超越者手中，“只有创新型的民族才能兴旺发达，只有创新型的政党才能永葆先进性”[①]。一百年来，我们党带领人民在前进道路上披荆斩棘、锐意进取，不断推动理论创新、实践创新、制度创新、文化创新以及其他各方面创新，以开拓创新的勇气不断砥砺前行，书写了一部改变中国、影响世界的浩荡伟大史诗，向世界彰显了拥有超强创新能力的先进政党形象。坚持与时俱进、敢于开拓创新是我们党百年奋斗的宝贵经验启示，也是中国特色社会主义制度优越性的重要体现，更是新时代把党建设得更加坚强有力的正确态度和必然要求。新征程上，党在前进道路上所面临的各种难以预料的风险挑战愈加凸显和增多，必

① 习近平：《当代中国共产党人的庄严责任》，《学习时报》2008 年 3 月 17 日。

须要始终保持与时俱进、开拓创新的勇气，始终具有一往无前、敢于创新的锐气，在把握新时代党内实际情况的基础上牢固树立创新意识，在新的赶考之路上继续谱写党的自我革命新篇章。

坚持与时俱进、敢于开拓创新，要求我们党不仅必须把握新时代党内实际情况这一创新之基，还必须要坚持树立创新意识这一创新之法。“实践反复证明，能不能做到实事求是，是党和国家各项工作成败的关键。”[①]坚持一切从实际出发、实事求是，是中国共产党人一以贯之的重要世界观和方法论，也是我们党想问题、做决策、办事情的出发点和落脚点。党要不断实现与时俱进、开拓创新，首要的就是坚持这一重要原则和基本前提。实事求是和开拓创新是不可分割、相互作用的，二者统一于党的建设伟大实践当中。实事求是是开拓创新的前提和条件，只有深入实际、了解实际、从实际出发，才能使创新更加符合实际情况、符合客观规律、符合客观要求，提高创新的针对性和有效性；开拓创新是实事求是的要求和结果，只有不断推动各方面的创新，才能不断促进实践的深入发展，推动实际情况各方面的巩固提高，从而提出更高的创新要求，开辟新的创新境界。百年来，我们党正是在不断战胜各种风险挑战、完善自身漏洞弊病的过程中始终坚持把实事求是和开拓创新相结合，才能始终保持开拓奋进的生机活力，把党建设得更加坚强、更加有力。在实现第二个百年奋斗目标的新的赶考之路上，我们党必须继续坚持二者的统一，只有这样，才能向人民和国家交出新时代新征程的满意答卷。首先，要准确把握新时代党内实际情况的创新之基，掌握好调查研究这一基本功。在开拓创新的过程中，必须以大兴调查研究之风为前提，坚持眼睛向下向细、步子迈实迈正，扑下身子沉到党的一线中去，坚持听真话、察实情，坚持真理、修正错误，不唯上、不唯书、只唯实，面对党内实际状况，无论是好的方面还是坏的方面，无论是远的角度还是近的角度，都要把真实情况摸实摸透，为实现创新奠定坚实基础、指明工作重点，使调查研究更好地为实现自我革新、不断提高党的执政能力和领导水平服务，不断

① 《习近平新时代中国特色社会主义思想学习纲要》，学习出版社、人民出版社 2023 年版，第 293 页。

增强创新工作的系统性、原则性、预见性和准确性提供坚实的基础。其次，要始终坚持树立创新意识这一创新之法，把握好解放思想这一原动力。“没有解放思想，我们党就不可能在实践中不断推进理论创新和实践创新，有效化解前进道路上的各种风险挑战。”[①]党员干部必须不断提高自身思想认识，坚持用科学理论知识武装头脑、指导工作，不断提高自身综合素养和创新能力，增长新见识、开拓新视野；必须将改革创新精神融入各项工作中，突破自身陈旧观念和惯性思维，发挥主观能动性，积极探索和利用新的理念、思路、办法、手段来解决好党内存在的各种矛盾和问题，时刻保持与时俱进、奋发有为、积极进取的精神状态，在不断的质疑和探索中持续开创新的工作格局；必须充分具备高瞻远瞩和把握大局的意识和能力，勇于跳出党的建设各方面、各布局条条框框的限制，坚持统筹兼顾、纵观大局，从大处着眼、从小处着手，以开放包容的大局意识和长远眼光不断探索党的建设新路径、开辟党的建设新境界。

二、加强理论创新是推进自我革新的重要内容

坚持理论创新是中国共产党在百年奋斗中一以贯之的重要任务，在党的创新体系中处于核心和灵魂的重要地位。科学的理论是确保政党能够在风云激荡中把握时代发展规律、认清时代变化趋势、制定时代路线政策的根本思想保障，加强党的自我革新能力建设，本质上就是不断推进理论创新、强化理论武装。习近平总书记指出：“我们党的历史，就是一部不断推进马克思主义中国化的历史，就是一部不断推进理论创新、进行理论创造的历史。”[②]中国共产党之所以能够历经艰难困苦而不断发展壮大，领导和团结全党和全国各族人民完成其他政治力量不可能完成的艰巨任务，就在于党无论在任何时候都高度重视对于科学理论的学习，从未放弃坚持理论创新，并且积极用所学的科学理论指导着实践。如今，面对纷繁复杂的国内外形势，面对发展

① 《十八大以来重要文献选编》上，中央文献出版社 2014 年版，第 549 页。

② 《习近平谈治国理政》第 4 卷，外文出版社 2022 年版，第 510 页。

的全新环境，如果缺乏理论创新的勇气，我们党就不可能把自身炼铸成一块坚硬的钢铁、拧紧成一段坚固的麻绳，不可能顺利推进实现中华民族伟大复兴的历史进程。在实现第二个百年奋斗目标的新的赶考之路上，唯有持续推进实践基础上的党的理论创新，不断促进党的创新理论转化为实际效能，才能不断营造全党思想统一、意志统一、行动统一的良好政治局面，为开辟党的自我革命新境界、凝聚实现中华民族伟大复兴的磅礴力量奠定坚实的理论基础、提供科学的思想指南。

（一）继续推进实践基础上的党的理论创新

实践没有止境，理论创新也没有止境。科学的理论是发展着的理论，如果把一个政党的理论变成一成不变和机械僵化的教条而不加以创新完善，那么再好的理论最终都会丧失说服力和生命力，成为政党发展壮大的阻力。以马克思主义为指导的中国共产党把理论创新作为自身发展的本质要求，从诞生之日起就始终保持着推进马克思主义中国化时代化的思想自觉和行动自觉。在百年奋斗中，党“指引党和人民事业不断从胜利走向胜利，确保党始终走在时代前列、始终立于不败之地”①。新时代新征程上，在带领人民进行具有许多新的特点的伟大斗争的过程中，党仍然面临许多亟待解决的复杂理论问题和意识形态问题，推进党的理论创新任务更加具有紧迫性和重要性。必须要持续推进实践基础上的理论创新，准确把握和贯彻落实“六个必须坚持”和“两个结合”，不断用党的创新理论增强党的凝聚力、提高党的战斗力、激发党的创造力，以习近平新时代中国特色社会主义思想凝心铸魂，不断淬炼党开展自我革命的锐利思想武器。

一是要持之以恒贯彻落实“六个必须坚持”的世界观和方法论。党的二十大报告中指出，“继续推进实践基础上的理论创新，首先要把握好新时代中国特色社会主义思想的世界观和方法论，坚持好、运用好贯穿其中的立

① 习近平．为实现党的二十大确定的目标任务而团结奋斗[J]．奋斗，2023(1).

场观点方法”[1]，并从“必须坚持人民至上”“必须坚持自信自立”“必须坚持守正创新”“必须坚持问题导向”“必须坚持系统观念”“必须坚持胸怀天下”六个方面提出了具体的要求。这“六个必须坚持”内涵丰富、逻辑严密、不可分割，是党在长期历史发展过程中总结而来的重要科学原则，是党在新时代不断推进理论创新、进行理论创造的根本遵循和重要法宝。必须坚持人民至上，高度关注人民的生活和现实需要，在凝聚广大人民的智慧和力量的过程中不断厚植党的理论创新的生命力；必须坚持自信自立，坚定“四个自信”，始终立足于自身实际和发展要求，在中国特色社会主义道路上不断开辟理论创新的新境界；必须坚持守正创新，在坚持马克思主义基本原理、坚持党的全面领导、坚持中国特色社会主义不动摇之“正”的基础上不断开创马克思主义中国化时代化之“新”，确保党的理论创新在正确的方向上深化开展；必须坚持问题导向，认真聆听时代声音，努力回答时代之问、人民之问、世界之问，不断提出解决问题的新理念、新思路；必须坚持系统观念，坚持统筹兼顾、融会贯通，推动整体性的理论创新和理论创造，为党和国家各项事业的发展提供科学理论指导；必须坚持胸怀天下，立足“两个大局”，深刻剖析把握世界发展的潮流和趋势，不断吸收人类优秀文明成果，在开放的胸怀和广阔的视野中提升理论发展的新高度。

二是要持之以恒贯彻落实“两个结合”的重要途径。习近平总书记在庆祝中国共产党成立100周年大会的讲话中明确提出“两个结合”。“两个结合”就是把马克思主义基本原理同中国具体实际相结合、同中华优秀传统文化相结合。这二者紧密联系、互为支撑，统一于推进理论创新的整体过程之中，是我们党不断推进实践基础上的理论创新所必须要坚持的基本原则和行动指南。新时代新征程上，必须要继续在坚持“两个结合”的基础上不断为党的各方面建设提供更多更先进的创新理论。首先，要始终坚持把马克思主义基本原理同中国具体实际相结合，不仅要求我们党要牢牢立足于中国现在的实际，从当代中国具体情况和发展要求出发不断推进马克思主义中国化时

---

① 习近平:《高举中国特色社会主义伟大旗帜　为全面建设社会主义现代化国家而团结奋斗——在中国共产党第二十次全国代表大会上的报告》，人民出版社 2022 年版，第 18—19 页。

代化，准确把握复杂多变的世情、国情和党情，坚持与时俱进，不断根据新的形势和情况作出新的判断；而且必须正确看待中国历史的实际，不断从党的百年历史中总结理论创新的基本经验，正确认识党在推进马克思主义中国化时代化的过程中所出现的失误，吸取理论创新的深刻教训，不断总结理论发展规律，以更好地推进理论创新。其次，要始终坚持把马克思主义基本原理同中华优秀传统文化相结合。理论创新不是丢弃“老祖宗”的另起炉灶，而是在承古强今、发扬传统中不断提升科学理论的生机和活力。中华优秀传统文化是中华民族坚定文化自信的重要源泉，是能够在新时代继续发挥其生命力和重要作用的“活化石”。推进理论创新，必须不断推进中华优秀传统文化的创造性转化和创新性发展，深入挖掘阐发其中蕴含的“讲仁爱、重民本、守诚信、崇正义、尚和合、求大同的时代价值”[①]，全面研究弘扬其中揭示的关于治国理政、执政党建设的有益启示和精髓要义，推动马克思主义基本原理真正具有中华民族根基和中华文化血脉，使其在新的历史条件下能够焕发出更加强大的生产力和生命力，不断为党的自我革命和党所引领的伟大社会革命提供奋力拼搏的强大精神力量和理论支撑。

（二）不断促进党的创新理论转化为实际效能

理论来源于实践，但其最终目的在于指导实践、推动实践的发展。如果把理论束之高阁而不加以运用，那么再好的理论都是空谈，只有回到实践、指导实践、促进实践的发展，才能真正发挥理论的根本意义和作用。2021年，习近平总书记在党史学习教育动员大会上深刻指出，“要结合党的十八大以来党和国家事业取得历史性成就、发生历史性变革的进程，深刻学习领会新时代党的创新理论，坚持不懈用党的创新理论最新成果武装头脑、指导实践、推动工作”[②]，明确提出了必须把党的创新理论运用到实际工作中以发挥其实际效能的必然要求。

新形势下，不断促进党的创新理论转化为实际效能，既是推动实践深化

① 《习近平谈治国理政》第1卷，外文出版社2014年版，第164页。
② 《习近平谈治国理政》第4卷，外文出版社2022年版，第510页。

发展的重要前提，也是提升理论先进性和科学性的根本途径。一是要认真学习、学懂弄通党的创新理论，准确把握习近平新时代中国特色社会主义思想以及贯穿其中的重要立场、观点和方法，深刻领会习近平总书记关于党的自我革命的重要思想和习近平总书记关于党的建设的重要思想。加强理论武装和思想教育是党的建设的重要政治任务，党在继承马克思主义理论的基础上结合新的形势提出的众多原创性思想和理念，是新时代推动党和国家事业发展的根本遵循和指导思想。学懂弄通党的创新理论是充分发挥科学理论指导作用的重要前提和基础，要切实发挥党的创新理论的实际效能，首先就要将其学懂弄通悟透。为此，必须坚持不懈用党的创新理论武装头脑，通过主题教育、专题学习等多种方式强化党员干部的理论学习，不断提升广大党员干部的理论水平和知识储备，增强意识形态领域的斗争本领，努力使党员干部具备新时代推进中国特色社会主义事业的理论素养，为党在新时代继续把创新理论转化为自我革命和社会革命实际效能奠定科学的理论基础。二是要不断加强、巩固完善党的理论工作队伍建设。党的理论工作队伍建设是新时代有效促进党的创新理论落地生根、发挥实效的重要抓手和关键力量，是新征程上必须要高度重视的重大政治任务。在新的赶考之路上，党的理论工作队伍发展仍然存在一些亟待解决的问题，新形势新情况的出现又提出了更高的要求和更多的挑战。为此，必须始终严格遵循方向明、主义真、学问高、德行正的人才选拔标准，持续优化人才引进模式，把好理论工作队伍建设的第一条“防线”，加大人才教育和培养力度；注重人才队伍创新能力的提升、创新活力的激发，鼓励理论工作者积极进行理论学习、参与学术交流活动，不断提高人才队伍的综合优势和实力，更好发挥优秀人才进行理论研究、理论创造、理论宣传和理论运用的功能。同时，还要切实加强理论阵地建设，探索完善多元化、多种类的阵地建设，充分发挥理论阵地的聚才效应；只有这样，才能为党在新时代继续把创新理论转化为自我革命和社会革命实际效能提供坚实的组织基础。三是要始终坚持、切实做到学思用贯通、知信行统一，不断强化责任担当，持之以恒贯彻落实党中央的战略思想和决策部署，坚持不懈用党的最新理论成果指导实践、推动工作，“把新时代中国特色社会主义思想转化为坚定理想、锤炼党性和指导实践、推动工作的强大力量”[①]，切实在把党的创新理论转化为自我革命和社会革命实际效能的过程中彰显党的创新理论成果的指导作用和引领价值。

第四节　自我革命是锚定伟大梦想，不断实现自我提高

自我提高是自我净化、自我完善、自我革新的最终目的和落脚点，是我们党不断推进自我革命的重要保障，强调党要根据国家事业发展的现实形势和需求不断提高自身的能力和境界。习近平深刻指出：“正所谓‘金无足赤，人无完人’。我们都要‘自强不息，止于至善’。”[②]这一重要论述不仅是对个人修养的不懈追求，而且也蕴含着对广大党员干部的谆谆教诲，深刻彰显了党不断实现自我提高的重要性和必要性。回顾党的百年历史，我们党之所以能够保持长盛不衰并成长为现在这样一个对世界产生重大影响的大党强党，就是因为我们党从来不会因为取得进步而骄傲自满、故步自封，而是始终保持谦虚谨慎、虚怀若谷、居安思危的优良品质，从而能够在不断的实践探索中增长新本领、提升新境界。党的十八大以来，党所面临的“四大考验”和“四种危险”更为严峻紧迫，党所肩负的任务更为艰巨复杂，对党的执政能力和执政本领提出了更大的挑战和更高的要求。踏上历史新征程，如何更好地克服本领恐慌，始终具备强大的执政能力和领导水平，不断增长新本领、提升新境界？在深刻总结宝贵历史经验的基础上，结合党的使命任务习近平总书记给出了明确的答案，那就是“要在自我提高上下功夫，自觉向书本学习、向实践学习、向人民群众学习，加强党性锻炼和政治历练，不断提升政治境界、思想境界、道德境界，全面增强执政本领，建设一支忠诚干

---

① 习近平:《高举中国特色社会主义伟大旗帜　为全面建设社会主义现代化国家而团结奋斗——在中国共产党第二十次全国代表大会上的报告》，人民出版社 2022 年版，第 65 页。

② 《十八大以来重要文献选编》下，中央文献出版社 2018 年版，第 250 页。

净担当的高素质专业化干部队伍”[①]。只有这样，我们党才能不断强壮自身肌体，从而更好地带领人民开辟社会主义事业的新境界。

一、学习是实现自我提高的重要途径

增强自我提高能力，必须始终牢牢把握学习这一基本途径。重视学习、善于学习是中国共产党独特的精神品质，学习本领是党员干部必须具备的第一位本领。习近平总书记指出：“中国共产党人依靠学习走到今天，也必然要依靠学习走向未来。我们的干部要上进，我们的党要上进，我们的国家要上进，我们的民族要上进，就必须大兴学习之风，坚持学习、学习、再学习，坚持实践、实践、再实践。”[②]回望党的百年历史，无论在革命、建设还是改革的各个时期，我们党都持之以恒把建设学习型政党这一课题作为重要任务抓实抓好。正是由于善于通过学习来增长见识、增强能力、提升本领，我们党才能不断提高素质、强健体魄，成长为带领人民不断开创中国特色社会主义伟大事业的坚强领导核心。立足新时代，迈向新征程，党所面临的形势愈加复杂，所肩负的任务愈加艰巨，只有始终做到主动学习、勤于学习、善于学习，以“关键少数”为提高学习能力的主体力量，坚持向书本学习、向实践学习、向人民群众学习，始终保持昂扬向上和大无畏的实践探索精神，党才能不断实现自我提高，依靠学习开辟事业发展新天地。

（一）以向书本学习、向实践学习、向人民群众学习为基本途径

党的十八大以来，以习近平同志为核心的党中央在总结百年来加强学习的宝贵经验的基础上，深刻分析党内形势、把握新的历史条件，鲜明强调“中国特色社会主义事业是伟大而波澜壮阔的，是前人没有做过的。因此，我们的学习应该是全面的、系统的、富有探索精神的”[③]，深刻指明了新时代

① 《习近平谈治国理政》第3卷，外文出版社2020年版，第534页。
② 《习近平谈治国理政》第1卷，外文出版社2014年版，第407页。
③ 《习近平谈治国理政》第1卷，外文出版社2018年版，第404页。

党推进学习的重要性和基本特征。新时代增强自我提高的能力，必须要始终坚持全面系统的学习，在不断向书本学习、向实践学习、向人民学习的过程中努力把党建设成为先进的马克思主义学习型政党。

首先，要坚持向书本学习，这是推进学习的基本要求。新形势下，广大党员和领导干部必须要有坐下来读书、沉下来研究、静下来思考的自觉和毅力，养成多读书、读好书的习惯，这是提升自身素养、实现自我提高最基本的前提，也是我们党永葆生机和活力、不断与时俱进的优势所在。书本是知识的载体，是对科学理论和实践经验的浓缩，坚持向书本学习，就是坚持向科学理论、历史经验和优秀文化学习。一是要学懂悟透马克思主义理论和中国化马克思主义的最新理论成果。习近平总书记指出："中国共产党为什么能，中国特色社会主义为什么好，归根到底是马克思主义行，是中国化时代化的马克思主义行。"[①]马克思主义是科学的理论，创造性地揭示了人类社会发展规律，是指导中国共产党人推进社会主义现代化建设的"真经"。广大党员和领导干部必须要注重对马克思主义理论的学习，坚持把学习党的创新理论同学习马克思主义基本原理贯通起来，在学懂弄通马克思主义经典著作和马克思主义中国化重要论述的基础上深刻领悟和正确把握马克思主义的世界观和方法论，善于用科学的立场观点方法分析和解决实际问题，不断提高自身理论素养、坚定自身理想信念。二是要持之以恒加强以党史为重点的"四史"学习。习近平总书记指出："历史是最好的教科书。对我们共产党人来说，中国革命历史是最好的营养剂。"[②]只有坚持从历史中学习、不断挖掘历史资源、正确掌握历史规律、全面形成历史共识，我们党才能以更大的历史主动不断推进自我革命和引领社会革命。深入学习"四史"是提高党的执政水平、深化党的建设的智慧和力量之源。必须在学习"四史"中不断汲取弘扬伟大革命精神，在感悟革命先烈伟大事迹的过程中坚定对马克思主

① 习近平:《高举中国特色社会主义伟大旗帜　为全面建设社会主义现代化国家而团结奋斗——在中国共产党第二十次全国代表大会上的报告》，人民出版社 2022 年版，第 16 页。

② 《党面临的"赶考"远未结束——习近平总书记再访西柏坡侧记》，《人民日报》2013 年 7 月 14 日。

义的信仰、对中国特色社会主义的信念和对实现中华民族伟大复兴的信心，以榜样为指引不断强化思想之光和精神之钙，把强大的革命精神转化为共产党人推动事业发展的精神动力；必须要在学习“四史”中不断总结发扬宝贵经验，在科学认识党的历史贡献中总结历史经验、把握历史规律，不断继承弘扬坚持党的领导、坚持群众路线、坚持实事求是等优良传统，在全面评价和深刻反思党的历史错误中汲取历史教训，不断强化忧患意识，提高广大党员干部的警惕心和防范心。通过“四史”教育，不断“教育引导广大党员、干部永葆初心、永担使命，自觉在思想上政治上行动上同党中央保持高度一致，矢志不渝为实现中华民族伟大复兴而奋斗”①。三是要继承和把握中华优秀传统文化。独具特色、博大精深的中华优秀传统文化是我们党生生不息的强大精神支撑和丰厚文化滋养，是当代中国在世界文化激荡中站稳脚跟的根基。广大党员干部必须要深入学习各类文史知识，深刻领悟中华优秀传统文化中蕴含的丰富的治国理政智慧和为人处世道理，不断充盈自己的知识面，锻炼自身修养，坚持不忘本来、吸收外来、面向未来，推动中华优秀传统文化创造性转化、创新性发展，充分发挥中华优秀传统文化的强大精神力量。

其次，要坚持向实践学习，这是推进学习的关键阶段。实践是认识的来源和认识发展的动力，也是检验认识是否具有真理性的唯一标准。只有立足实践、在实践中学习，我们党才能始终坚持正确的学习方向、把握正确的学习重点、完善正确的学习方法，不断增强自身的学习能力。党的二十大报告指出：“从现在起，中国共产党的中心任务就是团结带领全国各族人民全面建成社会主义现代化强国、实现第二个百年奋斗目标，以中国式现代化全面推进中华民族伟大复兴。”②坚持向实践学习，必须围绕党的中心任务展开，不断在社会主义现代化建设的实践中学真知、悟真谛，加强磨炼、增长本领。一是要全面系统把握新时代党的路线方针政策和国家法律法规。党的路线方针政策和国家法律法规是党围绕一定历史时期的中心任务和工作重点

① 习近平：《论中国共产党历史》，中央文献出版社 2021 年版，第 161 页。

② 习近平：《高举中国特色社会主义伟大旗帜　为全面建设社会主义现代化国家而团结奋斗——在中国共产党第二十次全国代表大会上的报告》，人民出版社 2022 年版，第 21 页。

而制定的工作指南和行动准绳，“是领导干部开展工作要做的基本准备，也是很重要的政治素养”[①]。广大党员干部要广泛学习党的路线方针政策以及现代化建设所需的各种专业知识，不断夯实专业素养、提升业务水平，只有这样，才能更好地贯彻落实党中央的部署和决策，推动党和国家各项事业更加顺利地进行。二是要联系实际来学习，增强学习的针对性和实效性。学习不是浮光掠影、蜻蜓点水、泛泛而学，而是在准确划定学习重点和难点的基础上有侧重点地学习。为此，广大党员干部必须要坚持从实际出发、实事求是，深入实际进行调查研究，全面准确掌握实际情况，把学习同改革发展稳定的重大问题、党的建设的突出问题、人民群众最关心的利益问题密切结合起来，把研究和解决重大现实问题作为学习的根本出发点。同时，还要不断增强学习新知识、开拓新视野的自觉性和紧迫感，根据形势和任务的发展变化及时更新学习内容、加快学习节奏。只有这样，党员干部才能不断掌握新本领，更好地提高工作的系统性、预见性和创造性，从而增强党员干部解决实际问题的能力。

最后，要坚持向人民学习，这是推进学习的核心要义。人民是历史的真正创造者，是社会物质财富和精神财富的创造者，是推动社会发展的决定性力量。在革命、建设和改革的各个历史时期，我们党都紧紧依靠人民建设伟大事业，正是因为紧紧依靠人民的智慧和力量，才创造了波澜壮阔的中华民族发展史、博大精深的中华文明和历久弥新的中华民族精神。没有人民的支持和拥护，就没有中国共产党今天所取得的伟大成就。习近平总书记指出：“在人民面前，我们永远是小学生，必须自觉拜人民为师，向能者求教，向智者问策。”[②]因此，广大党员和领导干部必须深入贯彻落实群众路线，坚持从群众中来、到群众中去，要有尊重群众的情怀和相信群众的勇气，坚持虚心向人民学习，认真倾听人民呼声、把握人民所需、汲取人民智慧、凝聚人民力量，把增强政治智慧和执政本领深深扎根在深入群众、深入基层、了解

① 习近平：《在中央党校建校80周年庆祝大会暨2013年春季学期开学典礼上的讲话》，《人民日报》2013年3月3日。

② 习近平：《论中国共产党历史》，中央文献出版社2021年版，第62页。

情况、问计于民、问政于民的行动中，在深入学习人民的创造性实践的过程中不断创造党和国家事业的新辉煌和新成就。

（二）以“关键少数”为提高学习能力的主体力量

群雁高飞头雁领。各级领导干部是推进党和国家事业发展的“关键少数”，对党组织和广大党员干部的学习状态、学习方向和学习风气都具有重要的示范带头作用。中国共产党在探索建设马克思主义学习型政党的过程中，历来就注重发挥领导干部的作用。始终把领导干部率先垂范作为增强学习本领的关键环节来抓好落实，是党在长期实践探索中总结出来的宝贵历史经验和重要方法。

早在革命时期，毛泽东同志就深刻指出，“特别是干部同志，学习的需要更加迫切”①，并亲自担任“中央学习组”组长，以自身实际行动带动其他领导干部和广大党员积极投入到学习之中。在此后的革命、建设和改革的各个历史时期，我们党都把领导干部带头学习放在突出位置反复加以强调和落实，对增强党的学习本领、提升党的执政能力发挥了重要的引领作用。进入新时代，党和国家事业的深化发展对党员干部提出了更高的要求，习近平总书记明确地提出，“领导干部学习不学习不仅仅是自己的事情，本领大小也不仅仅是自己的事情，而是关乎党和国家事业发展的大事情”②，必须要“坚持领导干部带头学、作表率”③，进一步深刻彰显了领导干部的巨大示范和引领作用。以“关键少数”为提高学习能力的主体力量，是加强学习、自我提高的重要举措，在深化学习教育的过程中，必须充分发挥领导干部的示范带头作用，形成“头雁效应”，更好地在全党范围内形成良好的学习风气和氛围。对此，领导干部不仅要率先自觉实践“爱学习、勤学习”的具体要求，在善于求知、勇于探索、勤于学习的过程中不断提升自身的知识水平和领导能力，努力做到政治过硬、本领高强、知识面广，真正成为增强学习本

---

① 《毛泽东文集》第2卷，人民出版社1993年版，第179页。

② 《习近平谈治国理政》第1卷，外文出版社2014年版，第404页。

③ 《十八大以来重要文献选编》上，中央文献出版社2014年版，第473页。

领的忠实实践者；而且要积极发挥自身的示范、组织和指导作用，带动全党形成良好的学习风气和浓厚的学习氛围，坚持以上率下、以身作则，充分调动各级组织和广大党员学习的积极性和主动性，使自身真正成为增强学习本领的积极推动者。只有这样，全党全国才能更好地形成党员带头学、干部重点学、群众一起学的良好风尚，把全党上下拧成一股绳、紧密团结在一起，不断推动马克思主义学习型政党的深化发展。

二、加强党性修养和执政本领建设是自我提高的内在要求

增强自我提高能力，必须始终贯彻落实加强党性修养和执政本领这一内在要求。习近平总书记在党的十九大报告中深刻强调："领导十三亿多人的社会主义大国，我们党既要政治过硬，也要本领高强。"[①]这一重要论述既是对党的思想境界提出的更高的要求，更是对加强党的长期执政能力建设的生动诠释，无疑是对党的自我提高的鲜明彰显。加强党的自我提高，不是虚无缥缈、泛泛而谈，而是要聚焦广大党员和领导干部的"德"和"才"两方面精准发力，着力建设一支忠诚干净担当的高素质专业化干部队伍。在实现第二个百年奋斗目标的新的赶考之路上，只有继续加强党性修养和执政本领建设，党才能在各种风险挑战中全面增强自身长期执政能力，不断提升政治境界、思想境界、道德境界，永不僵化、永不停滞，永葆自身的先进性和生命力。

（一）加强党性修养，永葆共产党人政治本色

"才者，德之资也；德者，才之帅也。"党性是共产党人最大的德，加强党性修养是党的建设的永恒课题。中国共产党在长期艰苦奋斗中锤炼出来的坚强党性，使得党自身能够在各种风云激荡中始终保持先进性和纯洁性、不断提高执政能力和领导水平以走在时代前列，为党和国家事业的深化发展提供了坚实的思想保障和根基。

---

① 《习近平关于"不忘初心、牢记使命"论述摘编》，中央文献出版社、党建读物出版社2019年版，第216页。

回顾百年奋斗历程，从新民主主义革命时期强调的“共产党员的党性锻炼和修养，是党员本质的改造”[①]，到社会主义革命和建设时期开展的整风整党运动和党性教育活动，再到改革开放和社会主义现代化建设新时期提出的“提倡党性，反对派性”[②]的党性要求，中国共产党在加强自身建设的过程中始终高度重视党员干部的党性修养问题，力求在严格的党性教育和党性历练中锻造共产党人鲜明的政治本色，极大地改造和提升了广大党员和领导干部的党性修养和思想觉悟。但是，这并不代表加强党性修养就是一劳永逸、一蹴而就的。习近平总书记指出：“干部的党性修养、思想觉悟、道德水平不会随着党龄的增加而自然提高，也不会随着职务的升迁而自然提高，而需要终生努力。”[③]新时代新征程上，党内存在的宗旨意识弱化、理想信念动摇等需要加大力气化解的影响党员干部党性修养的难题仍然亟待解决，加强党员干部的党性修养仍然任重而道远。在新的赶考之路上，必须要一以贯之把党性教育作为一项基础性和长期性的战略任务抓实抓紧抓好，持之以恒在严格的党内政治生活中打磨和锤炼党员干部立身、立业、立言和立德的党性基石，坚决摒弃“闯关”思想，坚持锲而不舍、久久为功、融入日常，只有这样，才能始终为党和国家的事业筑牢信仰之基、把牢思想之舵，永葆共产党人的先进性和纯洁性。

首先，加强新时代政治修养是必要前提。要“把讲政治贯穿于党性锻炼全过程”[④]。政治修养是党性修养的核心所在，是衡量广大党员干部政治素养高低的决定性因素，是党员干部的根本性修养。加强党性锻炼、提升党性修养，首先就是要不断强化新时代党的政治修养。必须要坚决贯彻“两个维护”的根本原则，不断增强“四个意识”，始终坚定“四个自信”，在以党的旗帜为旗帜、以党的方向为方向、以党的意志为意志的过程中不断提纯广大党员干部的政治忠诚，不断在党的领导下贯彻政治任务、强化政治担当，夯实政治

① 《刘少奇年谱（一八九八—一九六九）》上卷，中央文献出版社1996年版，第358页。
② 《邓小平文选》第2卷，人民出版社1994年版，第268页。
③ 《习近平谈治国理政》第1卷，外文出版社2014年版，第417页。
④ 《十八大以来重要文献选编》下，中央文献出版社2018年版，第758页。

修养建设的根基；必须要坚定政治信念，始终坚守共产主义信仰和中国特色社会主义信念，时刻保持头脑清醒、立场坚定、方向正确，在不忘初心、牢记使命的过程中不断强固党的政治理想、坚定党的政治方向，把准政治修养建设的航向；必须要提高政治鉴别能力，善于用政治眼光、政治思维观察和分析党内出现的矛盾和问题，在不断提高政治观察、判断和思辨能力的过程中不断提高党的政治敏锐，牢固树立政治修养建设的意识。其次，增强新时代理论修养是基本内容。习近平指出："政治上的坚定、党性上的坚定都离不开理论上的坚定。"[①]中国共产党是以马克思主义理论为指导的政党，扎实的理论修养是党性修养的重要基石。加强党性锻炼、提升党性修养，最根本的就是要坚持用新时代党的最新理论成果武装头脑，用马克思主义理论夯实理论素养、提升思想境界，不断强化新时代党的理论修养。必须学懂弄通做实习近平新时代中国特色社会主义思想这一根本内容，持之以恒把学习掌握马克思主义基本原理和马克思主义中国化理论成果作为看家本领抓实抓紧，不断提高用马克思主义立场观点方法分析和解决党内实际问题的水平，做到真学、真懂、真信和真用，坚持不懈锻造党的基本功，练就金刚不坏之身。最后，强化新时代道德修养是重要标尺。习近平总书记指出，"我们的用人标准为什么是德才兼备、以德为先，因为德是首要、是方向"[②]。国无德不兴，人无德不立，官无德不为。对于广大党员和领导干部而言，道德上没有过硬的素养，那么再强的能力和再丰富的学识都是空谈。加强道德修养既是对党员干部提出的更高要求，也是不断推动全党发展进步的重要举措。加强党性锻炼、提升党性修养，关键是要不断加强全党上下的思想道德建设，始终坚持在激发道德情感、培育道德责任，引导党员干部讲道德、尊道德、守道德的过程中不断强化新时代党的道德修养。必须坚持明大德、守公德、严私德，深化新时代党员干部的政治品德、职业道德、社会公德和家庭美德建设，把勤于修德、为政以德真正贯彻到党员干部的日常生活和实际行动之中；必须坚持弘扬马克思主义道德、社会主义道德，始终树立和践行社会主义核心价值观，做到热爱党、热爱祖国、

① 《习近平谈治国理政》第 3 卷，外文出版社 2020 年版，第 518 页。
② 《习近平谈治国理政》第 1 卷，外文出版社 2014 年版，第 173 页。

热爱人民，为推动党和国家事业的发展提供强大的精神力量和道德支撑；必须积极弘扬中华民族传统美德，推动其实现创造性转化、创新性发展，在培育、传递和运用崇仁爱、守诚信、讲辩证、尚和合、求大同等传统思想理念和道德规范的过程中不断增强党员干部明是非、辨善恶、知廉耻的能力和水平，永葆中国共产党人的精神风骨，真正做到为政以德，不断提升道德境界。

（二）增强执政本领，提高党员干部素质能力

增强广大党员和领导干部的执政本领和执政能力是我们党推进自我提高的关键环节，也是实现长期执政的必然要求。党员干部的本领高低、能力大小，直接关系党的各项政策部署和国家制度的实际效能。中国共产党之所以在百年风雨路中历经千难万险却能始终保持生机与活力，不断从一个胜利走向另一个胜利，离不开我们党对自身执政本领和执政能力建设持之以恒的坚持和锲而不舍的追求。新时代新征程上，党和国家事业的发展不断提出新的目标和任务，党内党外各种矛盾问题的产生不断衍生新的挑战和风险，对广大党员干部的能力和素质提出了新的更高的要求。基于此，习近平总书记指出，“我们处在前所未有的变革时代，干着前无古人的伟大事业，如果知识不够、眼界不宽、能力不强，就会耽误事”①，“我们的队伍里有一种恐慌，不是经济恐慌，也不是政治恐慌，而是本领恐慌”②，“如果不抓紧增强本领，久而久之，我们就难以胜任领导改革开放和社会主义现代化建设的繁重任务”③，这深刻阐明了新时代增强共产党人本领和能力的紧迫性和重要性。广大党员干部只有全面练就过硬本领，不断提升执政能力，着力克服本领不足、本领恐慌和本领落后的问题，才能在具有新的历史特点的伟大斗争中战胜一切艰难险阻、克服一切风险挑战，带领人民在实现第二个百年奋斗目标的新征程上稳步前进，才能最终实现中华民族伟大复兴的“中国梦”。

---

① 《习近平谈治国理政》第 4 卷，外文出版社 2022 年版，第 535 页。

② 《习近平谈治国理政》第 1 卷，外文出版社 2014 年版，第 402 页。

③ 习近平：《在中央党校建校 80 周年庆祝大会暨 2013 年春季学期开学典礼上的讲话》，人民出版社 2013 年版，第 4 页。

首先，要着力增强“八项本领”。“执政本领建设是中国共产党自身建设的重要方面。”[①]要建设一个长期执政的坚强的马克思主义政党，增强什么样的执政本领、怎样全面增强执政本领是我们党必须要回答好解决好的重大历史课题。党的十九大报告中鲜明提出了增强党的执政本领的要求，并从学习本领、政治领导本领、改革创新本领、科学发展本领、依法执政本领、群众工作本领、狠抓落实本领、驾驭风险本领八个方面进行了系统阐述，为新征程上深化党员干部执政本领的锻造提供了科学理论指导。必须要增强学习本领，推进马克思主义学习型政党建设向纵深发展；必须要增强政治领导本领，引导党员干部不断树立战略思维、创新思维、辩证思维、法治思维和底线思维能力，充分发挥党总揽全局、协调各方的作用和功能；必须要增强改革创新本领，时刻保持锐意进取的精神状态，在不断突破发展瓶颈、激发创新活力的过程中开辟自我革命和社会革命新境界；必须要增强科学发展本领，坚持以新发展理念为科学指导，全面提高党的建设科学性，不断开创党和国家事业发展新局面；必须要增强依法执政本领，坚持依法治国和依规治党相统一，加快建设和完善党的建设各方面制度机制，为深化党的自我革命提供坚实的制度基础和法治保障；必须要增强群众工作本领，始终坚持群众路线、树立群众观念，把实现最广大人民的利益作为一切工作的出发点和落脚点，不断改进和创新联系群众、服务群众、团结群众的途径和方式，让党的领导更加符合人民的要求；必须要增强狠抓落实本领，坚持说实话、谋实事、出实招、求实效，坚持不务虚功、埋头苦干、勤奋工作，以钉钉子精神把党的各项决策部署真正落到实处；必须要增强驾驭风险本领，时刻保持警惕和清醒，增强忧患意识，切实做好应对各种风险挑战的准备，健全各方面风险防控机制，牢牢把握工作主动权。

其次，要努力提升“七种能力”。2020年习近平总书记在秋季中央党校中青年干部培训班开班仪式上指出：“面对复杂形势和艰巨任务，我们要在危机中育先机、于变局中开新局，干部特别是年轻干部要提高政治能力、

---

① 《习近平在同党外人士座谈并共迎新春时强调 多党合作要有新气象思想共识要有新提高 履职尽责要有新作为参政党要有新面貌》，《人民日报》2018 年 2 月 7 日。

调查研究能力、科学决策能力、改革攻坚能力、应急处突能力、群众工作能力、抓落实能力，勇于直面问题，想干事、能干事、干成事，不断解决问题、破解难题。”[①]“七种能力”的提出，是对新时代党员干部特别是年轻干部能力锻造的新的要求，为不断增强党员干部解决实际问题的能力、提升我们党治国理政的水平提供了科学的理论指引。新形势下，努力提升“七种能力”，必须以增强政治能力为根本，就是要不断提升把握方向、把握大势、把握全局的能力和辨别政治是非、保持政治定力、驾驭政治局面、防范政治风险的能力，时刻保持政治慧眼、把准政治方向；必须以增强调查研究能力为基础，就是要善于深入实际、深入基层，真正做到从实际出发分析问题、解决问题，切实练好推进各项工作的基本功；必须以增强科学决策能力为核心，时刻保持高瞻远瞩的战略思维和全局意识，坚持全盘谋划、统筹兼顾、实事求是，在积极汲取全党和人民群众智慧的基础上真正使党的决策全面正确、科学合理；必须以增强改革攻坚能力为关键，始终保持勇于担当、勇于斗争的精神品格，敢于涉险滩、敢于啃硬骨头，把干事热情和科学精神切实结合起来，努力破除思想观念束缚，在全面增强斗争精神和斗争本领中不断攻坚克难、勇毅前行。此外，还要不断提高应急处突能力，树立超前意识，牢牢把握战略主动权；不断提高群众工作能力，准确把握人民群众的生产生活需要，真正做到为老百姓办实事；不断提高抓落实能力，坚持脚踏实地、真抓实干，坚定不移把党中央的各项决策部署落到实处。只有不断提高“七种能力”，广大党员干部才能在各种机遇和挑战中真正做到能干事、干成事，为开辟党和国家事业发展的新境界贡献强大的力量。

① 《习近平在中央党校（国家行政学院）中青年干部培训班开班式上发表重要讲话强调 年轻干部要提高解决实际问题能力 想干事能干事干成事》，《人民日报》2020 年 10 月 11 日。

第五章

中国共产党百年奋斗中坚持自我革命的重要经验

坚持推动自我革命是党在世情国情党情的不断变化中做出的从自发到自觉的主动调适。百年来，中国共产党始终坚持推进自我革命，勇于直面问题，同一系列错误倾向作斗争，提高了自身先进性纯洁性建设水平，找到了跳出治乱兴衰历史周期率的“第二个答案”，引领了伟大社会革命的发展。党的十九届六中全会通过的第三个历史决议更加明确指出，坚持自我革命是党百年奋斗的历史经验之一，充分肯定百年来党不断进行自我革命的重大意义和取得的良好成效。回顾党进行自我革命的百年征程，不难发现党在此过程中已经形成了一系列值得学习借鉴的宝贵经验：始终坚持维护党中央权威和集中统一领导；坚持以人民为中心；坚定理想信念；抓好领导干部这个关键少数。深刻总结党的百年自我革命实践经验，并在此基础上传承延续自我革命精神将其运用于新时代党的建设中，对于新时代持续推进党的建设伟大工程具有重要意义。

第一节　坚决维护党中央权威和集中统一领导，提供自我革命政治保证

坚持党的领导，是党和国家事业持续稳定发展的根本政治保证。坚决维护党中央权威和集中统一领导是党在长期历史实践中始终坚持的政治原则，是党能够带领人民从胜利不断走向新的胜利的关键。中国共产党通过加强党对一切工作的全面领导使党的领导更加坚强有力，使党的领导核心地位日益稳固，从而为自我革命提供坚实的政治保证。同时，将坚持党的领导与从严管党治党相结合，以刀刃向内、刮骨疗毒的毅力与勇气投入自我革命的实践中，不断推动自我革命走向深入。

一、领导权问题关乎党的兴衰成败，必须确保党的领导核心地位

能否掌握领导权，是关乎党的事业兴衰成败的根本性问题。也只有保障了党的领导核心地位，党和国家事业的发展才有了重要保证。因此，这也就要求我们党必须要牢牢掌握领导权，时刻保证党的领导核心地位。在历史发展进程中，党愈加认识到了领导权的重要性，通过斗争的手段和方式最终获得了领导权，占据了领导核心地位。切实获得了领导权，也就为党的自我革命提供了坚实的政治保证。

（一）中国共产党对领导权重要性的认识在历史发展进程中不断得以深化

党对于领导权重要性的认识是一个逐渐走向深化的过程。大革命时期，

由于缺乏对领导权的正确认识，没有获得领导核心地位，从而使党领导的革命事业和党的自身力量都受到了严重的损害。惨痛的教训逐渐使党开始认识到不论是革命事业还是党的自身建设，都必须牢牢掌握领导权。

大革命时期，党由于缺乏对革命领导权重要性的深刻认识与掌握革命领导权的实践经验，“自愿地放弃对于农民群众、城市小资产阶级和中等资产阶级的领导权，尤其是放弃对于武装力量的领导权”[①]，对国民党右派妥协退让放弃了革命和武装的领导权，将自己阵营中团结的革命力量推了出去，被顽固阶级夺取了领导权，使党组织遭受到了严重的打击，使革命最终以失败告终。右倾投降主义错误给党带来的惨痛教训使中国共产党开始意识到掌握领导权的必要性。大革命失败后，党中央坚持以自我革命精神实事求是地纠正了陈独秀的右倾主义错误，指出无产阶级的领导权应该掌握在无产阶级手中，并于党的四大中第一次提出：“中国的民族革命运动，必须最革命的无产阶级有力的参加，并且取得领导的地位，才能够得到胜利。”[②]直到遵义会议之后，以毛泽东同志为核心的党的第一代中央领导集体开始逐渐形成。“革命领导权”问题被明确提出，党对这一问题的认识才逐渐加深，党逐渐从幼稚走向成熟。此后，中国共产党一直重视并坚持党在革命、建设、改革中总揽全局、协调各方的领导核心地位。新中国成立后，毛泽东在第一届全国人民代表大会第一次会议开幕式讲话中明确指出：“领导我们事业的核心力量是中国共产党。”[③]他反复强调：“中国共产党是全中国人民的领导核心。没有这样一个核心，社会主义事业就不能胜利。”[④]改革开放以后，中国共产党的历届领导人都坚定维护党的领导核心地位，通过党的统一领导来解决问题、推进自我革命，以强大的政治勇气拨乱反正，不断开创党的建设新局面。正如邓小平同志所指出的，“任何一个领导集体都要有一个核心，没有核心的领导是靠不住的”[⑤]，每一个错误的纠正，都需要依靠党

---

① 《建党以来重要文献选编（1921—1949）》第24册，中央文献出版社2011年版，第537页。

② 《毛泽东年谱（一八九三——一九四九）（修订本）》上卷，中央文献出版社2013年版，第129页。

③ 《毛泽东年谱（一九四九——一九七六）》第2卷，中央文献出版社2013年版，第283页。

④ 《毛泽东年谱（一九四九——一九七六）》第3卷，中央文献出版社2013年版，第162页。

⑤ 《邓小平年谱（一九七五——一九九七）》下卷，中央文献出版社2004年版，第1281页。

而不是离开党。迈入新时代，针对党的领导弱化虚化等问题，以习近平同志为核心的党中央不仅强调党的领导对于中国特色社会主义事业发展的极端重要性，坚决同党内的弱化虚化党的领导的思想和行为作坚决斗争，还通过一系列的制度体系建设来全面加强党的领导，以更好地实现党对自我革命的领导。

（二）党的领导权的获得和领导核心地位的确立为自我革命提供政治保证

领导权并非天然形成，更不是能够轻易得来的，而是要靠不断的斗争去争取来的。党在充分吸取失败经验教训后，坚持在革命事业中毫不动摇、毫不妥协地把握对革命运动的领导权，特别是全面抗战开始以后，党中央适时进一步提出要加强党的一元化领导。1945年，毛泽东指出，领导权要掌握，但不是天天念经一样的去叫，就能掌握。在讨论如何加强新民主主义统一战线领导权时，周恩来正确地分析了敌人、队伍和司令官这三个问题，指出“无产阶级比别的阶级先进，是应当领导别的阶级的”[①]。无产阶级是其他阶级的司令官，但司令官不是天生的，领导权要用力量去争。1947年，毛泽东进一步提出了争夺领导权的两个必要条件，即党有带领被领导者取得一切胜利的力量，同时能够满足被领导者的利益需求。在解放战争时期，党中央切实做到了在事实上与人民的利益站在一边，制定出了正确的思想、政策和行动方针，成功领导了统一战线，为党坚持自我革命提供了坚实的政治保障。新中国成立以后，为了坚持和确保党的领导权，党的一元化领导原则仍被持续沿用，并得到了更有力的实现。1962年1月，毛泽东明确提出：“工、农、商、学、兵、政、党这七个方面，党是领导一切的。”[②]坚持党中央领导一切是马克思主义政党理论的根本原则，是党对马克思主义经典作家关于党是“无产者的阶级联合的最高形式”[③]所作出的中国式话语表达，是中国共产党贯彻自我革命，将领导理论中国化的重大理论成果。坚持“党领导一切”，

---

① 《周恩来选集》上卷，人民出版社 1980 年版，第 216 页。

② 《毛泽东文集》第 8 卷，人民出版社 1999 年版，第 305 页。

③ 《列宁选集》第 4 卷，人民出版社 2012 年版，第 160 页。

是党的领导实践的重要遵循。中国共产党不断艰辛探索，逐步回答了在全国执政条件下谁“领导一切”、如何“领导一切”、领导什么等一系列基本问题，即以“党的领导一元化”原则明确谁领导的问题，以“党领导一切”原则明确领导什么的问题，同时还创造性地提出了“坚持和发挥党总揽全局、协调各方的领导核心作用”，以明确如何领导的问题，不断创新发展掌握领导权的理论与实践。党的十八大以来，以习近平同志为核心的党中央明确提出党是最高政治领导力量，为新时代坚持和完善党的领导提供了理论遵循；同时在实践中同影响党的领导的不良因素作斗争，注重提高党的领导能力和水平，切实发挥好了在自我革命中的领导作用。

党的百年历史充分证明，只有不断加强中国共产党的领导核心作用，才能从根本上实现自我革命的有效推进。中国共产党从成立之初仅由50多名党员组成，到发展成为当今世界第一大马克思主义政党，其对领导权的坚守是自身实现发展壮大和推动中国革命、建设和改革取得成功的必要前提。党不断将坚持党的集中统一领导落实到党和国家事业的各个领域、各个环节，以使各项事业不断取得成功，进而形成坚持自我革命的强大合力，为自我革命不断深入推进提供根本保证。新征程上，必须注重不断提高党的领导能力和领导水平，确保广大党员和群众都能够牢牢坚持党的领导不动摇。使其在党的正确领导下，不断谱写党和国家事业发展的新篇章。

二、要通过从严管党治党，加强和改善党的领导

历史充分证明，领导权并不是永恒不变的。如果不能及时发现和严肃对待自身的问题，采取轻视或者放任不管的态度，那么党的领导权就会动摇，甚至存在丧失的风险。因此推进自我革命，必须持续从严管党治党，不断加强和改进党的领导。治国必先治党，治党务必从严，全面从严管党治党是中国共产党坚持自我革命的深刻实践，关系到党和国家的前途命运。中国共产党自成立以来，便高度关注自身建设中存在的各种问题，并积极通过从严管党治党来保持自身的先进性和纯洁性，通过加强政治建设把准政治方向；

坚持思想建党与制度治党相统一；坚持严的主基调不动摇，净化党内政治生态，以把党建设得更加坚强有力。这些都是新时代必须借鉴的宝贵经验，要继续坚持严的主基调，从严加强管党治党，保障党的领导地位，实现长期执政。

（一）加强政治建设，把准政治方向

作为马克思主义政党，旗帜鲜明讲政治是中国共产党一以贯之的根本要求，也是党不断发展壮大的根本保证。因此，必须充分认识政治建设的重要地位，使广大党员真正做到自觉遵从党中央的正确领导，在党的领导下沿着正确方向推进各项事业的发展。

自党成立以来，就始终把政治建设摆在重要战略地位，并与时俱进地发展政治建设的理论与实践。新民主主义革命时期，毛泽东指出："政治工作，是革命军队的生命线。"[①]强调中国共产党要以自己的政治经济纲领为依托，有效制定并贯彻落实自己的政治路线，以加强党的建设与领导。改革开放以后，邓小平又进一步提出"到什么时候都得讲政治"[②]的建设思想。迈入新时代，党的政治建设话语体系被进一步发展和完善。面对新要求新问题，习近平总书记提出了"政治方向""政治定力""政治意识""政治纪律"等一系列相关概念，并在党的十九大报告中将党的政治建设纳入新时代党的建设总体布局，强调指出"党的政治建设是党的根本性建设"，要"把党的政治建设摆在首位"。[③]党的历史充分证明了政治建设的极端重要性，充分体现了加强党的政治建设是坚持党中央权威和集中统一领导、解决党内各种问题的治本之策。

实践经验深刻启示我们，中国共产党党员队伍的结构和党员队伍的思想文化水平是随着时代发展而不断变化着的。源源不断的新生力量在一定程度

---

① 《建党以来重要文献选编（1921～1949）》第16册，中央文献出版社2011年版，第268页。

② 《邓小平文选》第3卷，人民出版社1993年版，第166页。

③ 习近平：《决胜全面建成小康社会 夺取新时代中国特色社会主义伟大胜利——在中国共产党第十九次全国代表大会上的报告》，人民出版社2017年版，第62页。

上缺乏锻炼和考验，在政治上、理想信念上都不够成熟坚定，作风纪律上还会有自由散漫之风存在。这就要求党只有不断坚持自我革命，通过政治建设来增强党员队伍的政治历练，才能巩固党员干部的理想信念、改进自身的执政能力，以应对不断变化着的复杂执政环境。中国共产党始终坚持在政治上的自我革命，坚定“四个意识”，切实把“两个维护”贯彻落实到党中央各项决策部署上，确保党的政治路线顺利实行；始终坚定政治信念，站稳政治立场，勇于担当，坚决纠正党内存在的领导弱化、政治意识淡薄等问题；不断增强紧跟核心、维护核心的政治意识、思想自觉与行动指南，做到真正在党的领导下沿着正确的道路不断推动中国特色社会主义事业向前进，以永葆中国共产党人的政治本色。习近平总书记指出，“党的政治建设是一个永恒课题，来不得半点松懈”[①]，政治建设发挥着重要的指南针作用。中国共产党始终以坚定的自我革命精神推进党的政治建设，时刻关注并及时解决自身存在的问题，以回应时代的需求、满足人民的需要；始终以勇于自我革命的鲜明品格和最大优势锚准政治方向，致力于把党建设得更加坚强有力。

（二）坚持思想建党与制度治党相统一

重视思想建党是党将马克思主义理论同中国发展的前途与命运紧密结合起来的伟大革新与创造。严密的制度建设是中国共产党安身立命的基础。重视思想建党与制度治党的有机统一，是百年来党探索形成的建设自身的重要举措，也是党勇于自我革命的宝贵历史经验。坚持思想建党和制度治党相统一，就是既强调发挥思想教育的软约束力，又注重制度安排的硬性约束。通过将二者相结合，有利于实现党的建设水平的全面提升。

中国共产党自成立之日起便积极探索思想建党和制度治党相结合的实践路径。从党的一大讨论通过的《中国共产党纲领》，到党的二大讨论通过的《中国共产党章程》，这是党对组织原则、入党标准、委员会组成等作出的明确界定，也是党坚持制度治党的开端。在半殖民地半封建社会性质的中

① 《习近平谈治国理政》第3卷，外文出版社2020年版，第92页。

国，党的阶级成分并非完全由工人阶级所组成，其阶级成分相对复杂，除工人阶级外还包含农民阶级和小资产阶级等。这些非无产阶级性质的党员，他们“在思想上的准备、理论上的修养是不够的，是比较幼稚的”[①]，影响着党的先进性和纯洁性。尤其在大革命失败后，农民党员数量激增，以马克思主义理想信念武装全党，让广大党员首先在思想上入党以增强党的战斗力和纯洁性就显得迫在眉睫。1929年，毛泽东在古田会议上正式提出将思想建党作为党的建设原则。同时在《古田会议决议》中，毛泽东指出要从制度上纠正党内依然存在的各种非无产阶级的错误思想。注重思想建党与制度治党并举的党建思路由此开始显现。到延安时期，党开始把自身建设成为一个全国范围内的、广大群众性的、思想上政治上组织上完全巩固的马克思主义政党，通过整风运动批判和纠正主观主义，开展一系列教育整顿工作，在理论和实践上逐步开辟思想建党的新境界。党的十一届三中全会以来，邓小平逐步认识到思想建党与制度治党相结合的重要性，强调要“两手抓”，在制度上完善民主集中制，坚持严格有效的组织原则，制定了《关于党内政治生活的若干准则》等一系列党规党法；在思想上不断开展教育学习活动，延续思想建党的优良传统，构建起了思想与制度融合的新局面。党的十三届四中全会以来，江泽民同志继续秉持思想建党与制度治党相结合的理念，强调必须发挥好制度治党的关键性作用，同时不能忽视思想建党的内在引领，将二者结合起来共同发力。党的十六大以来，以胡锦涛同志为主要代表的中国共产党人创新发展了马克思主义政党建设理论，胡锦涛同志指出，要用思想道德防线来教育党员，纯洁党性；用廉政法制防线来惩治腐败，震慑违纪分子。党的十八大以来，在科学总结、深刻把握党的建设历史经验的基础上，结合新时代的党的建设实际，以习近平同志为核心的党中央不断使马克思主义建党治党理论与实践中国化时代化，指出“要使加强制度治党的过程成为加强思想建党的过程，也要使加强思想建党的过程成为加强制度治党的过程”[②]。通过相继出台的《中国共产党问责条例》《中国共产党党内监督条例》等在

① 《建党以来重要文献选编（1921—1949）》第18册，中央文献出版社2011年版，第499页。

② 《十八大以来重要文献选编》中，中央文献出版社2016年版，第95页。

内的一系列法规制度，严格执行党的领导制度，为坚持从严管党治党提供了强有力的制度保障；同时在思想上高度重视思想政治教育工作，强调“立德树人”，不断强化社会主义核心价值观的引领作用。

百年来党的奋斗历史表明，通过不断推进思想建党和制度治党相统一的伟大实践，有利于不断提升自身建设科学化水平。思想建党为制度治党提供精神内核和思想基础；制度治党为思想建党提供根本保障和前提条件，二者相互促进、彼此耦合。党的二十大报告中强调，要继续“坚持思想建党和制度治党同向发力”[①]，要充分实现二者的紧密结合，在促进思想建党和制度建党相统一的过程中，推进党的自我革命，确保全面从严治党取得长效进展。

（三）坚持严的主基调不动摇，净化党内政治生态

正风、肃纪、反腐是中国共产党推进自我革命的关键环节。不良作风、纪律松弛和腐败问题始终是党内存在的突出矛盾与关键问题，也是人民群众的痛点所在。能否以严的基调正风肃纪，是党在领导革命、建设、改革历史进程中坚持从严管党治党的重要内容。

首先，中国共产党一以贯之地致力于端正党的作风，以塑造良好的执政形象。党的作风代表着党的形象，是党组织和广大党员在思想、学习、工作和生活中所表现出来的状态面貌及行为方式。党的作风愈优良，人民群众对党的拥护度和认可度就会愈高，党的威信就会提高，党的凝聚力和战斗力也会随之增强。中国共产党一经成立，便义无反顾地肩负起了实现民族复兴的历史使命，并且在实践中不断践行使命担当。坚决同党内“左”倾、右倾主义错误作斗争，不断通过整风整党解决党内出现的若干问题与矛盾。新民主主义革命时期，毛泽东明确提出了“党风”概念，从“现在，延安的学风存在主观主义，党风存在宗派主义”[②]到“学风和文风也都是党的作风，都是

---

① 习近平：《高举中国特色社会主义伟大旗帜　为全面建设社会主义现代化国家而团结奋斗——在中国共产党第二十次全国代表大会上的报告》，人民出版社 2022 年版，第 13 页。

② 《建党以来重要文献选编（1921—1949）》第 18 册，中央文献出版社 2011 年版，第 592 页。

党风"[①]，不断丰富需要建设改进的党的作风的科学内涵。1942年全党通过开展整风运动对党内作风进行了调整与整顿，毛泽东在领导革命探索的过程中提出了理论联系实际、密切联系群众、批评与自我批评的三大优良作风。这三大优良作风是党区别于其他任何政党的显著标志，坚决贯彻落实优良作风是党坚持自我革命、以自我革命引领社会革命取得新成效的重要保障。社会主义革命和建设时期，"两个务必"的提出与"三反"运动的开展都有力遏制了党内存在的官僚主义、命令主义等不良作风。改革开放以来，为切实解决党的思想作风、学风、工作作风、领导作风和干部生活作风方面的突出问题，党积极提出并践行"八个坚持、八个反对"的相关思想。2009年9月，党的十七届四中全会审议通过的《中共中央关于加强和改进新形势下党的建设若干重大问题的决定》，进一步提出了要在全党大兴密切联系群众之风、求真务实之风、艰苦奋斗之风、批评和自我批评之风的"四大作风"，为党的作风建设赋予了新的时代特征与丰富内涵。新时代党深入推进自我革命，通过落实中央八项规定精神，来坚决纠治以"形式主义、官僚主义、享乐主义、奢靡之风"为主要表现的"四风"问题。2012年，中央政治局会议通过了《十八届中央政治局关于改进工作作风、密切联系群众的八项规定》，对广大党员、干部提出了更为明确、具体的要求。党的十九大后，中央政治局根据中央八项规定的实施情况，审议通过了《中共中央政治局贯彻落实中央八项规定的实施细则》，党通过一系列举措重点纠治形式主义和官僚主义，坚决破除特权思想和特权行为，始终秉持着作风建设永远在路上的坚定信念，将作风建设融入党员干部的工作与生活之中；高度重视作风建设，不断推进党的作风建设常态化、长效化，通过这一有力抓手高效推进从严管党治党，以加强和维护党的集中统一领导。

其次，严肃的组织纪律性是从严管党治党的重要保障。好的作风要靠严明的纪律加以保障。中国共产党是有组织、有纪律、有先进性的无产阶级政党。从实践发展来看，中国共产党必须有严明的组织纪律和过硬的干部队伍

① 《建党以来重要文献选编（1921—1949）》第19册，中央文献出版社2011年版，第31页。

才能确保自身的先进性和纯洁性。中国共产党获得政权不是革命的终点，党的自我革命不能因为阶段性的胜利而精神懈怠，必须“一刻不放松地解决自身存在的问题”①。党的执政时间越长，越要牢记党的初心使命，不能忘记自己为什么出发、不能忘记自己所要实现的目标，并且越要坚决贯彻伟大自我革命的精神，同阻碍党前进的各种障碍作坚决斗争。党自成立之初便重视严明纪律，在党的二大通过的《关于共产党的组织章程决议案》中，明确要求每个党员的一切言行都必须和党保持一致，同时专门规定了有纪律的组织与训练必须遵守的具体原则。为了贯彻落实纪律面前人人平等的原则，党的历史上第一个中央纪律检查监督机构——中央监察委员会于1927年选举产生。同时，党在《中国共产党第三次修正章程决案》中规定，严格党的纪律是全体党员及全体党部最重要的义务，不断深化广大党员干部对纪律的认知，为其奠定自觉的党纪观念。新中国成立以后，党中央通过发布《党政干部三大纪律、八项注意》等一系列纪律建设文件，不断健全党内相关法规制度，为加强党的纪律建设、提高自身先进性纯洁性建设水平提供有力保障。到改革开放以后，党的纪律建设程序不断科学化、质量不断提高，纪律监督体系不断完善。2003年，《中国共产党党内监督条例（试行）》的颁布，标志着党内纪律监督工作进入规范化、制度化的新阶段。新时代以来，党中央以从严治党为出发点，修订颁布了《中国共产党党内监督条例》《中国共产党廉洁自律准则》《中国共产党纪律处分条例》等党内法律法规，为从严管理党员干部提供了重要的制度抓手和法律依据；通过强化监督执纪“四种形态”，全面加强纪律建设，强化刚性约束，以铁的纪律严格规范党员干部的思想和行为；同时提出了“纪严于法、纪在法前”②的重要思想，将党的纪律建设上升到了党的建设总体布局的高度，实行巡视、监督的全覆盖。中国共产党始终坚持以坚决的自我革命精神从严治党，严肃处理各种违反党规党纪的行为，坚决做到发现一起查处一起，让纪律真正成为带电的高压线。

最后，中国共产党坚持自我革命的精神和勇气一直存在于反腐败斗争之

---

① 《十八大以来重要文献选编》下，中央文献出版社2018年版，第590页。

② 《习近平关于严明党的纪律和规矩论述摘编》，中央文献出版社2016年版，第65页。

中。腐败是党内各种不良因素长期积累、持续发酵的体现，是中国共产党面临的最大威胁。作为一个马克思主义政党，与腐败不相容是中国共产党党性的重要体现，拒绝腐败是党一贯坚持的政治立场，反腐败斗争是最彻底的自我革命。党自成立之初就认识到了反腐败的重要性，并且采取了一系列的有效举措切实同党内存在的腐败问题和腐败分子作坚决斗争，捍卫党的纯洁性。于1926年8月发表了第一个关于反腐败的重要文件——《中央扩大会议通告——坚决清洗贪污腐化分子》，文件明确要求要对各级党组织内存在的投机腐化分子进行清理，并强调“应该很坚决的洗清这些不良分子，和这些不良倾向奋斗，才能坚固我们的营垒，才能树立党在群众中的威望”[①]。党坚持惩治腐败的实践于1932年在瑞金打响了“第一枪”。毛泽东就此也明确强调，不对腐败分子予以清除，苏维埃旗帜就打不下去，共产党就会丧失威望，与民心渐行渐远。党始终坚持将从严治党与从严治吏相结合。1932—1934年中国共产党在根据地局部执政后在中央苏区开展了党的历史上第一次大规模的反腐败斗争，旨在惩治和预防党和政府及其工作人员的腐化变质问题。在旧思想、旧风俗、旧习惯的影响下，苏区存在各级政府浪费严重的现象。部分政府工作人员贪污腐败，隐报存款、贪污公款、将没收的物品（如金银制品）据为己有，部分地区，“干部的提拔与引进，不是经过一定的组织系统，从政治上斗争中工作表现上去选择，分配工作无所谓原则与标准，而是派别观念、感情关系、地方主义。往往许多来历不明的分子，可以由一个负责同志的‘保荐’甚至不经任何手续，而随便拉到党的领导机关中来”[②]。为了解决党内存在的突出问题，中国共产党以正视问题的勇气和刀刃向内的坚定，不断溯本清源，整肃了党的作风，纯洁了党的干部队伍，努力确保自身不变质、不变色、不变味。新中国成立初期，党所处的环境发生了根本性的转变。极少数党员干部就是在这种新的环境下出现了毛泽东所估计的“骄傲情绪，以功臣自居的情绪，停顿起来不求进步的情绪，贪图享乐

① 《建党以来重要文献选编（1921—1949）》第3册，中央文献出版社2011年版，第348页。
② 《建党以来重要文献选编（1921—1949）》第8册，中央文献出版社2011年版，第533页。

不愿再过艰苦生活的情绪”[①]，刘青山、张子善就是典型的例子。他们在资产阶级思想的腐蚀下，变成了贪污腐败，蜕化变质的腐败分子。为了巩固执政党地位，荡涤旧社会遗留的污毒，中国共产党开展了以反腐败为核心内容的“三反”运动。这场运动有力地抵制了资产阶级对革命队伍的侵蚀，清除了一批腐化堕落分子，同时对广大党员干部也产生了重要的思想政治教育作用。改革开放以来，中国共产党围绕新的时代背景与条件下“为什么必须反腐败、由谁领导反腐败、依靠谁反腐败、怎样推进反腐败斗争”的鲜明主题，密切结合反腐败斗争新的实践，不断推进反腐败理论发展，走出了一条具有中国特色的反腐败道路。邓小平同志强调：“在整个改革开放过程中都要反对腐败”，“要坚持两手抓，一手抓改革开放，一手抓打击各种犯罪活动。这两只手都要硬。”[②]要加强中国特色社会主义建设，就必须加强党的建设，要着眼于防范，面对腐败分子决不姑息，决不手软。1989年到2002年，是我国反腐败斗争形势空前严峻的时期，也是反腐败斗争实践与理论得到重大发展的时期。党立足新形势新要求，提出反腐败要作为一个系统工程来抓，强调建立健全一整套拒腐防变的制度，并形成“坚持标本兼治、综合治理、惩防并举、注重预防”[③]的方针政策，为加强党的执政能力建设提供了理论依据与制度保障，把握住了反腐倡廉工作的主动权。步入新时代以来，以习近平同志为核心的党中央延续大力惩治腐败的决心与传统，坚持“老虎”“苍蝇”一起打，以零容忍的态度与力度统筹推进各领域的反腐败斗争。坚持标本兼治以惩治腐败，先治标，控制腐败的蔓延，为治本争取时间；同时注重治本，深化改革，全面深入地建立完善制度体系以扎紧笼子。坚持以法治方式反对腐败，形成彼此联动、系统集成的法规制度体系，同时重视加强对权力运行的监督工作，使广大党员领导干部认识到要与人民群众同呼吸、共命运，实现从不敢腐、不能腐到不想腐的境界跃迁，以营造风清气正的党内政治生态。反腐败斗争是一场攻坚战、持久战，反腐败斗争永

① 《毛泽东选集》第4卷，人民出版社1991年版，第1438页。

② 《邓小平文选》第3卷，人民出版社1993年版，第378页。

③ 《改革开放三十年重要文献选编》下，中央文献出版社2008年版，第1748页。

远在路上。中国共产党深入研究新时代反腐倡廉的新特点、新趋势，多管齐下，“打虎”“拍蝇”“猎狐”协同推进，使党的执政根基更加稳定，使中国特色社会主义事业持续沿着正确的方向前进。中国共产党通过一次又一次的反腐败斗争，有效维护了党中央权威和集中统一领导，为全党高度的团结统一、为党坚持推进自我革命提供了政治保障。

历史和实践充分证明，只有坚定不移坚持从严管党治党，充分贯彻严的基调与要求，中国共产党才能不断增强先进性和纯洁性建设，才不至于病变腐败、误入歧途，才能以昂扬和坚定的精神姿态沿着正确的政治方向勇毅前行。

第二节　坚持以人民为中心，瞄定自我革命正确方向

民心是最大的政治，人民群众的拥护和支持是中国共产党最可靠的力量源泉。百年来，中国共产党深刻认识到了人民群众的重要性，始终坚持群众路线；充分信任人民，紧紧依靠人民群众。党正是因为能够始终做到服务人民、造福人民，切实维护广大人民的根本利益，才能获得广大人民群众的拥护和支持，才能拥有推进自我革命更加强大的动力和底气，才能跳出“历史周期率”，不断夯实党的执政基础。

一、坚持群众路线，保持同人民群众的密切联系

群众路线是马克思主义群众史观在中国的具体化、创造性运用。坚持群众路线是党推进自我革命，加强先进性纯洁性建设和长期执政能力建设的重要经验。一百多年来，党始终坚持以坚持人民立场为党的根本政治立场，不断夯实自我革命的群众之基，为党坚持自我革命提供持续的动力支撑。

（一）人民群众是推动历史发展和社会进步的根本力量

马克思主义唯物史观深刻认识到了人民群众在推动历史发展进程中的重要作用，明确指出人民群众是历史的创造者，是社会变革的决定力量。但政党不能仅仅看到人民群众对社会发展起到的作用，在推动社会革命的进程中重视人民群众的地位，还要看到人民群众也是党开展自我革命的重要动力。在推动自我革命的进程中，党可以充分汲取群众的智慧和力量，在其帮助下实现自身的发展进步。

人民群众的积极性和创造性，为党推进自我革命提供坚实的群众基础和力量支撑。正如毛泽东所指出的："人民，只有人民，才是创造世界历史的动力。"[①]中国共产党自成立以来，便团结带领广大人民不断艰苦奋斗，最终成功推翻压在中国人民身上的"三座大山"，取得了新民主主义革命的胜利，其中对于群众路线的坚持与贯彻作为党克敌制胜、实现自我革命的关键武器，发挥了重要作用。"因为革命战争是群众的战争，只有动员群众才能进行战争，只有依靠群众才能进行战争。"[②]大革命时期，由于党尚处于幼年时期，未能很好地坚持独立自主，放弃了对农民、小资产阶级和民族资产阶级的领导权，放弃了广大工农群众的力量，过度依赖国民党同盟的力量，最终导致了大革命的失败。1938年，毛泽东在《论持久战》中明确指出："战争的伟力之最深厚的根源，存在于民众之中。"[③]"这个政治上动员军民的问题，实在太重要了。……没有许多别的必要的东西固然也没有胜利，然而这是胜利的最基本的条件。"[④]为不断强化党进行自我革命的群众基础，1956年，党的八大通过的《中国共产党章程》明确规定："必须不断地发扬党的工作中的群众路线的传统"[⑤]，这也是群众路线这一概念被第一次正式明确地载入到党的章程之中。改革开放以后，邓小平在领导党恢复实事求是思想路

① 《毛泽东选集》第 3 卷，人民出版社 1991 年版，第 1031 页。
② 《毛泽东选集》第 1 卷，人民出版社 1991 年版，第 136 页。
③ 《毛泽东年谱（1893—1949）（修订本）》中册，中央文献出版社 2013 年版，第 75 页。
④ 《毛泽东选集》第 2 卷，人民出版社 1991 年版，第 513 页。
⑤ 《中共中央文件选集（一九四九年十月——一九六六年五月）》第 24 册，人民出版社 2013 年版，第 226 页。

线的同时，也严厉指出如果党组织脱离了群众，就一定会失败。这深刻阐明了坚持人民主体地位对于党坚持自我革命的重要性，以及贯彻群众路线对于党推进自我革命的必要性和紧迫性。1981年，党中央《关于建国以来党的若干历史问题的决议》也再次指明，“把马克思列宁主义关于人民群众是历史的创造者的原理系统地运用在党的全部活动中，形成党在一切工作中的群众路线”[①]是我们党的宝贵经验。党始终秉持人民立场这一鲜明的政治立场，在波澜壮阔的历史发展进程中始终拥有敢于直面问题、解决问题的勇气，以源源不断的动力来进行经常性的自我检视、自我革命，不断纠正错误、克服不足，以实现自身的提高和跨越，更高效地提升自身建设水平，推动历史的脚步不断向前迈进。江泽民同志也指出：“群众路线，是把马克思列宁主义关于人民群众是历史创造者的原理，系统地运用在党的全部活动中形成的党的根本工作路线。”[②]党中央历届领导人都深刻总结了人民群众是历史的创造者这一重要经验，不断深入贯彻马克思主义唯物史观在群众路线中的运用与发展，始终坚持以人民为中心进行自我革命，引领伟大革命从胜利走向胜利。进入新时代，中国共产党继续坚持群众史观。习近平总书记强调：“老百姓是天，老百姓是地。忘记了人民，脱离了人民，我们就会成为无源之水、无本之木，就会一事无成。”[③]他指出，“中国特色社会主义是亿万人民自己的事业，所以必须发挥人民主人翁精神，更好保证人民当家作主”[④]。人民群众作为推动历史发展、社会进步的主体力量，为新征程上夺取新时代中国特色社会主义新胜利提供根本动力。

历史实践经验反复证明，“江山就是人民，人民就是江山”[⑤]，人民群众是革命建设的决定力量，为党的自我革命提供勇气之源。中国共产党的根基在人民、血脉在人民、力量在人民，只有始终坚持群众路线这一能够使党永葆活力和战斗力的传家宝，充分深入群众身边与群众紧密团结在一起，依靠

① 《改革开放三十年重要文献选编》上，中央文献出版社2008年版，第209页。

② 《江泽民文选》第1卷，人民出版社2006年版，第344页。

③ 《十八大以来重要文献选编》下，中央文献出版社2018年版，第400页。

④ 《十八大以来重要文献选编》上，中央文献出版社2014年版，第78页。

⑤ 《习近平谈治国理政》第4卷，外文出版社2022年版，第9页。

和发挥群众的强大力量，自我革命才能够取得新胜利。

（二）坚持全心全意为人民服务的根本宗旨

中国共产党作为马克思主义执政党，没有任何自己特殊的私利。党成立之初便将为中国人民谋幸福、为中华民族谋复兴作为初心使命，始终坚持以人民为中心，始终坚持全心全意为人民服务，团结带领人民群众克服一个又一个艰难险阻，取得一个又一个伟大胜利，在坚决维护最广大人民的根本利益中不断推进自我革命。

新民主主义革命时期，毛泽东首先提出了“为人民服务”的思想，并于1945年党的七大将这一思想写入党章，明确强调了要“全心全意地为人民服务，一刻也不脱离群众”[①]。将维护广大人民群众的最大利益、受广大人民群众拥护作为全党的行动指南，塑造出党坚持贯彻自我革命的出发点和落脚点。邓小平也进一步强调，党的全部任务就是全心全意为人民服务，通过密切联系群众、引领群众，来帮助人民群众去奋斗、争取和创造幸福生活。让群众满意，实现好、维护好、发展好最广大人民的根本利益始终是党进行自我革命的内在要求和价值旨归。党的十三届四中全会以后，面对党内滋生的与党的宗旨背道而驰的官僚主义、形式主义、以权谋私等腐败现象，中国共产党坚持以人民立场为根本立场，以为人民谋幸福为最终目的，以全心全意为人民服务为首要原则，秉持刮骨疗毒、壮士断腕的决心，开展了自我革命的伟大实践。江泽民提出的“三个代表”重要思想，指出“八十年来我们党进行的一切奋斗，归根到底都是为了最广大人民的利益”[②]“党的一切工作，必须以最广大人民的根本利益为最高标准”[③]，进一步丰富和发展了为人民服务的思想，维护和巩固了党推进自我革命的底气和勇气。党的十六大以后，胡锦涛同志进一步提出了“以人为本”的重要思想，作为科学发展观的核心，指出“要始终把实现好、维护好、发展好最广大人民的根本利益作为

① 《毛泽东选集》第3卷，人民出版社1991年版，第1094页。

② 《江泽民文选》第3卷，人民出版社2006年版，第279页。

③ 《江泽民文选》第3卷，人民出版社2006年版，第280页。

党和国家一切工作的出发点和落脚点”[①]。党在历史条件与时代需求的变化中不断贯彻落实群众路线精神，站稳人民立场，夯实自我革命的强大底气与群众根基。党的十八大以来，以习近平同志为核心的党中央将维护广大人民群众的根本利益作为出发点和落脚点，通过不断的自我革命坚决整治人民群众痛恨的腐败问题和不正之风，坚决清除一切侵蚀党的肌体的细菌病毒和违背人民群众利益的顽瘴痼疾，使人民群众对党的认可度和信任度日益提升，党进行自我革命和长期执政的群众基础更为坚实。“我们党来自人民、扎根人民、造福人民，全心全意为人民服务是党的根本宗旨。”[②]中国共产党一直以来都是站在人民的立场上，始终坚持从人民群众的整体利益出发，坚持以人民为中心的发展理念，将人民对美好生活的向往作为自己的奋斗目标，不断实现好、维护好、发展好最广大人民的根本利益，以赢得群众的拥护和帮助，持续推进自我革命。

（三）坚持从群众中来，到群众中去的工作方法

从群众中来，到群众中去，这是党的优良传统和一以贯之的工作方法，也是百年来党在各项事业中不断取得胜利的关键。因此，坚持这一工作方法并且不断与时俱进，在理论和实践层面不断对其进行优化，是党夯实自我革命群众基础的宝贵历史经验。要通过采取从群众中来，到群众中去的工作方法，贴近人民生活，解决好涉及人民切身利益的问题，不断接受群众的反馈和建议，更好地加强自身建设和做好各项工作。

1934年，毛泽东在《关于领导方法的若干问题》一文中系统完整地阐述了党的群众观点和群众路线，使党开展群众工作有了科学的思想理论依据。文章指出：“凡属正确的领导，必须是从群众中来，到群众中去。”[③]具体而言就是要做到做好群众反映的问题和意见的收集工作，了解群众的真实需要，在此基础上对这些意见和建议进行采纳吸收，形成相应的思想成果，到

① 《胡锦涛文选》第2卷，人民出版社2016年版，第624页。

② 《习近平谈治国理政》第3卷，外文出版社2020年版，第182页。

③ 《毛泽东选集》第3卷，人民出版社1991年版，第899页。

群众中进行宣传，得到群众的认可和支持。毛泽东关于群众路线的思想，为启发党正确地开展群众工作、进行自我革命指明了方向。以毛泽东同志为主要代表的中国共产党人经过不懈的实践探索，在充分继承革命传统的基础上，认识到了人民群众的重要性，指出群众是真正的英雄，群众的力量为党落实自我革命提供了重要支撑。“要倾听人民群众的意见，要联系人民群众，而不要脱离人民群众”[①]，从新民主主义革命时期党积极领导和开展工农运动、坚决广泛地发动全体群众，不断“把党的政策变为群众的行动”[②]；到社会主义革命和建设时期重视人民群众来信，将“团结—批评—团结”的群众工作方法创造性转化为团结全国各族人民的重要方式；再到改革开放新时期对民生问题的重点关注，坚决贯彻“努力帮助群众解决一切能够解决的困难。暂时无法解决的困难，要耐心恳切地向群众解释清楚”[③]。中国共产党始终坚持站稳人民立场，把各行各业、各个阶层最广大的人民群众团结在党的周围，凝聚成为党持续深入推进自我革命的强大动力。正如胡锦涛同志在“七一”讲话中要求的那样：“坚持问政于民、问需于民、问计于民，真诚倾听群众呼声，真实反映群众愿望，真情关心群众疾苦”[④]，依法保障人民的各项权益。也只有这样，党才能真正深入群众、教育群众、赢得群众、发动群众，进而真正形成变革社会的人民力量。在顺应人民的期待和要求，真正满足人民的需要和解决困扰人民的问题之中，有效贯彻党的自我革命，确保党永远不变质不变色不变味。中国特色社会主义进入新时代以后，面临新时期党群关系日益复杂化，各种社会矛盾日益突出化，群众的利益诉求逐渐多元化等问题，党坚持一以贯之地把握群众，不断创新方式方法，在新形势下组织实施更高效高质的群众工作。以习近平同志为核心的党中央团结带领人民群众积极应对重大挑战与重大风险，不断发展全过程人民民主，完善人民代表大会制度，通过实施乡村振兴战略、提高保障和改善民生水平等一系列

① 《毛泽东选集》第 3 卷，人民出版社 1991 年版，第 809 页。

② 《建党以来重要文献选编（1921 ~ 1949）》第 25 册，中央文献出版社 2011 年版，第 255 页。

③ 《邓小平文选》第 2 卷，人民出版社 1994 年版，第 368 页。

④ 《胡锦涛文选》第 3 卷，人民出版社 2016 年版，第 532 页。

政策措施来响应群众的呼声、满足群众的需要，深入贯彻以人民为中心的发展思想。党团结带领人民群众进行的不懈奋斗与党不断坚持的自我革命同根同源，党始终坚持从群众中来、到群众中去的根本方法，牢牢把握住人民大众这一党进行自我革命最可靠的阶级基础和群众根基。

二、充分信任人民、紧紧依靠人民群众

人民群众不仅是推动党自我革命的重要动力和支撑，也是党自我革命成效的最终评判者和检验者。党推进自我革命结果的好与坏，从根本上说取决于是否能够得到人民群众的认可和拥护。不断推进自我革命的根本目的是在改正错误、解决问题中保持党的先进性，保持党与人民群众的血肉联系，维护人民群众根本利益，保证党实现长期执政。百年来，党始终保持谦虚谨慎、以民为师的工作作风，通过向人民群众学习来不断增强自身本领，提高党的建设水平；积极贯彻由人民群众来检验自我革命的实际成效，把人民群众的满意度和获得感作为衡量和检视自我革命成效的根本标准；自觉接受人民监督，做到充分依靠人民群众来帮助解决自身问题，凝聚自我革命和人民监督的强大合力。

首先，中国共产党坚持尊重人民首创精神，从群众实践中不断汲取经验，凝聚智慧力量。“三人行，必有我师焉”，我国人口基数庞大，人才资源雄厚，不同领域、不同阶层的人民群众都是中国共产党要争取密切联系的群众对象。人民群众的集思广益为党员干部开阔视野、获取新思路提供了源源不断的灵感，以此弥补执政者长期执政而陷入的思维定式，同时也使党员干部能够从人民群众的表现和反馈中获取“第一手资料”，发现问题，以更有效地解决问题，最终实现自我革命。人民群众的创造性实践是党不断创新工作思路、改进工作方法、推进自我革命的不竭源泉。中国共产党始终坚持尊重人民创造、集中人民智慧，不仅深入群众以夯实“地基”，还懂得向人民学习，从人民的生活实践中吸取教训、总结经验，以不断完善自我革命，实现自身的创新和发展。从“民可载舟，亦可覆舟”的民本思想到“其兴也

勃焉，其亡也忽焉”的历史事实，尊重人民的意愿，征求人民的意见，已经成为被历史证实的真理。在中国共产党的百年历史中，党成长的每一个阶段都被人民群众的实践经验与首创精神所照亮。视人民为老师，向人民学习，注重从人民群众的生活实践中积累经验，是党始终能够保持与人民群众的密切联系，坚持贯彻自我革命的重要原因。从毛泽东强调“必须重视人民的通信，要给人民来信以恰当的处理，满足群众的正当要求”[①]，到邓小平提出“只有首先善于做群众的学生的人，才有可能做群众的先生，并且只有继续做学生，才能继续做先生”[②]，再到改革开放新时期江泽民指出，“我们的改革和建设，只有得到人民群众的理解、支持和参与，充分发挥人民群众的积极性和创造性，才能顺利推进”[③]。中国共产党在带领人民进行伟大社会革命的同时，不断推进自我革命、提高自身执政能力，在向人民学习、与群众工作的实践过程中不断发现问题、解决问题，执政本领和执政能力也得到了持续强化。新时代强调的学习是增长本领、解决问题的重要途径，要认识好、解决好各种问题，唯一的途径就是通过加强学习，然后将学习的知识应用于实践之中，才能增强我们自己的本领。而我们党学习的一个重要的对象就是人民群众。这也就要求我们党要看到人民群众所拥有的强大智慧，尊重群众的首创精神，在向群众学习的过程中不断提高自身的执政本领，进而更好地为人民服务。

其次，党注重以人民群众的满意度作为主要标准来检验党的工作。检验标准体现了党各项工作的价值取向，本质上回答的是一个让谁满意、为谁负责的问题。中国共产党代表着最广大人民的根本利益，所有工作的最终结果需要紧紧依靠人民、信任人民，由广大人民群众来进行检验。群众的意见是衡量党是否贯彻以人民为中心、站稳人民立场的最好标准。无论是制定政策还是选举考核，党都时刻关注群众的评价，强调群众的话语权和评判权，正如邓小平所指出的，全党要始终把人民拥护不拥护、人民赞成不赞成、人民

① 《毛泽东年谱（一九四九—一九七六）》第 1 卷，中央文献出版社 2013 年版，第 342 页。

② 《邓小平文选》第 1 卷，人民出版社 1994 年版，第 218 页。

③ 《江泽民文选》第 1 卷，人民出版社 2006 年版，第 407 页。

高兴不高兴、人民答应不答应作为党的一切工作的出发点和归宿点。推进党和人民事业发展需要紧紧依靠人民以凝聚革命力量，党力争最大限度地把人民群众的积极性调动起来，不搞关起门的自我认可、自我评判，以更好地领导社会主义建设、推进自我革命。确保党的群众工作主张和政策真正符合群众需求，“让广大人民群众获得感、幸福感、安全感更加充实、更有保障、更可持续”[①]，是党坚持自我革命，站稳人民立场的出发点和落脚点。江泽民同志指出：“人民，只有人民，才是我们工作价值的最高裁决者。”[②]习近平总书记指出：“人民是我们党的工作的最高裁决者和最终评判者。”[③]古往今来，不论是社会革命还是自我革命，只要有脱离群众，甚至凌驾于群众之上的现象出现，就会导致党的一切工作偏离原本的奋斗轨道，与最终的奋斗目标背道而驰。尊重人民首创精神，请人民群众来评判自己的工作，是党赢得人民群众信任和拥护、实现自我革命的关键。

最后，中国共产党自觉接受人民监督，凝聚自我革命强大的监督合力。人民群众参与监督是党推进管党治党、开展自我革命的重要动力来源。列宁曾指出：“要有多种多样的自下而上的监督形式和方法，以便消除苏维埃政权的一切可能发生的弊病，反复地不倦地铲除官僚主义的莠草。”[④]表明了多种监督方式所能发挥的对于政权巩固的突出作用。这也深刻启示我们，对于党的各级组织和领导干部的监督，要采取多种监督形式和方法。其中，除了自上而下的组织监督和专门机关监督，自下而上的群众监督也尤为重要。中国共产党高度重视人民的监督。延安时期，黄炎培向毛泽东提出了如何跳出“其兴也勃焉，其亡也忽焉”的历史周期率问题，毛泽东在对历史经验和现实情况进行深刻探索和总结的基础上提出了跳出“历史周期率”的第一个答案，即“这条新路，就是民主。只有让人民来监督政府，政府才不敢松懈。只有人人起来负责，才不会人亡政息”[⑤]。党由此不断坚持并完善与自我革

① 《习近平谈治国理政》第 4 卷，外文出版社 2022 年版，第 139 页。
② 《江泽民论有中国特色社会主义（专题摘编）》，中央文献出版社 2002 年版，第 638 页。
③ 《习近平谈治国理政》第 1 卷，外文出版社 2014 年版，第 28 页。
④ 《列宁全集》第 34 卷，人民出版社 1985 年版，第 186 页。
⑤ 《毛泽东年谱（1893 ~ 1949）（修订本）》中卷，中央文献出版社 2013 年版，第 611 页。

命一脉相承、内在统一的人民监督，贯彻党的集中统一领导与人民至上原则的辩证统一。新中国成立以后，我国于1954年颁布的第一部宪法明确规定："一切国家机关必须依靠人民群众，经常保持同群众的密切联系，倾听群众的意见，接受群众的监督。"[①]中国共产党积极响应、广开言路，自觉接受广大人民群众的监督，听取正、反两方面建议与意见，并在此基础上进行自我批评与自我革命；同时贯彻落实党务、政务的公开，以保障群众的知情权，使群众能够自然而然地参与到监督的过程中来，以更好地发挥监督的作用。改革开放以后，邓小平也高度重视人民监督的重要性，并将人民监督作为一项制度着重提出，他强调："要有群众监督制度，让群众和党员监督干部，特别是领导干部。"[②]推进制度建设与改革，加强群众监督的作用，做到还政于民，让人民群众实质性地参与到监督中去，有助于党发现一些在实际工作中没有及时发现的错误和缺点，能够对于党的工作提供有益的帮助，也是党充分发扬民主，勇于自我革命的重要抓手。进入新时代，党中央十分注重坚持党的自我革命与人民监督相结合，认为这是深入推进党的自我革命的强大动力。习近平总书记强调"我们不能关起门来搞自我革命，而要多听听人民群众意见，自觉接受人民群众监督"[③]。党要保持自身的先进性和纯洁性，就必须勇于自我革命，不断提高自身建设水平，这也是党不断引领社会革命走向胜利的内在动力。而党的自我革命能否取得成功、获得良好实效，不能离开人民的支持，不能离开群众监督作用的发挥。只有在群众的监督下进行的自我革命，才能保证其质量与效果；脱离了群众的监督，自我革命只会变成一种盲目的自我认同与自我满足，而不会收到好的效果。百年征程，党高度肯定并反复强调人民监督对于我们党坚持自我革命的重要性和必然性，始终坚持人民群众参与监督，保持与人民群众的血肉联系。通过完善监督的参与机制，鼓励群众参与到监督中来；进一步明确和不断完善监督的内容和形式，使广大群众更加明确如何进行监督；完善体系机制的优化和制度建设的

① 《建国以来重要文献选编》第5册，中央文献出版社1993年版，第525页。

② 《改革开放三十年重要文献选编》上，中央文献出版社2008年版，第150页。

③ 《习近平谈治国理政》第3卷，外文出版社2020年版，第533页。

健全，为群众监督作用的发挥提供重要规范遵循和制度保障；规范监督的结果运用与落实反馈。在切实发挥好群众监督的作用的基础上，坚持党内监督与人民监督彼此结合、相互贯通，力求在构建全面监督体系中推动党的自我革命深入开展。

习近平总书记在中央政治局第四十次集体学习时强调，勇于自我革命是党百年奋斗培育的鲜明品格，进行自我革命也要注重依靠人民，靠人民群众的支持和帮助解决自身问题。人民群众是决定党和国家事业前途命运的根本力量，是任何事业能够取得成功的根基。中国共产党是人民的政党，其自身建设与人民群众的切身利益密切相关。人民群众的积极监督使党能够及时发现自己的错误，敢于进行自我反省和自我否定，勇于自我革命。

第三节　坚定理想信念，保持自我革命战略定力

坚定理想信念是党初心使命的集中体现，也是党持续推进自我革命的重要内容。百年来，中国共产党始终要求广大党员坚定马克思主义伟大信仰，用不断发展着的科学理论引领自我革命，在不断开辟马克思主义中国化新境界中深化发展自我革命。坚持以科学理论武装全党，不断推进理论创新；强化对党员的理想信念教育，不断增强党性修养，为党推进自我革命向纵深发展提供坚强的思想保证和源源不断的动力。只有使广大党员拥有坚定理想信念，党员才能更加积极主动地发现和改正自身问题，更好保持自我革命的决心和定力。

一、坚持以科学理论武装全党，不断推进理论创新

理论是行动的先导和指南。只有坚持科学理论的指导，不断加强科学理论的武装，行动的科学性才能得以保障。“没有革命的理论，就不会有革命

的运动。”[①]一百多年来，党坚持将马克思主义理论作为科学的行动指南，将其与中国具体实际相结合，不断开创马克思主义中国化时代化的新境界，以创新理论指导着党的自我革命的重要实践。因此，必须高度重视对于科学理论的学习，深刻认识科学理论为党坚持自我革命提供的强有力的思想支撑作用。

（一）把马克思主义作为科学的行动指南

马克思主义深刻揭示了人类社会发展的客观规律，是关于实现无产阶级和全人类解放的科学理论，也是中国共产党推进自我革命强大思想武器。百年来，中国共产党人，将自我革命的贯彻落实建立在马克思主义这一科学理论基础的指导之下，始终将马克思主义作为自身的行动指南。正是有了马克思主义的指导，使得全党的思想水平有了显著提升，党员的奋斗方向有了明确指引，党员的自我革命意识增强、自我革命行动更加坚定。

马克思和恩格斯创立了由马克思主义哲学、马克思主义政治经济学和科学社会主义为主要内容的马克思主义科学理论体系。这一理论体系不是凭空产生的，而是在充分借鉴、吸收前人的科学成果的基础上发展起来的。正如列宁所言，马克思主义“并没有抛弃资产阶级时代最宝贵的成就，相反却吸收和改造了两千多年来人类思想和文化发展中一切有价值的东西”。哲学、政治经济学和科学社会主义三个部分相互联系，彼此融通。唯物主义历史观揭示了人类社会发展的客观规律，为人类发展的未来指明了方向；剩余价值学说分析了资本主义生产方式的内在矛盾，对资本主义发展和社会变革的规律进行了深刻揭示；科学社会主义揭示了无产阶级运动的发展规律，提出了“两个必然”和“两个绝不会”的科学论断。马克思主义理论把社会主义从空想变成了科学，是在历史和实践中被反复证明的科学理论。作为马克思主义政党，在思想上统一起来，才能形成具有强大引领力量的领导集体。在革命实践运动中，面对纷繁复杂的革命态势和错误思潮，净化并统一思想是党

① 《列宁选集》第1卷，人民出版社2012年版，第311页。

进行自我革命的基本前提，马克思恩格斯通过对形形色色的反动、保守和空想的社会主义理论的有力驳斥，有效推进了无产阶级政党思想上的自我净化，为党实现自我革命、加强先进性和纯洁性建设指明了方向。

坚持以马克思主义为指导是中国共产党的优良传统和理论优势。近代以来，由于没有正确的理论来指导实践，虽然无数仁人志士为中国重塑命运的救亡图存之路进行了极其艰辛的探索，但革命始终没有取得成功。这充分证明了科学理论指导的重要价值。但随着马克思主义理论传入中国，先进知识分子们才真正开始获得科学理论的指导，才真正拥有了可以改变中国前途命运的机会。马克思主义由于其先进性、科学性和对中国国情的适应性而被中国的先进分子所广泛接受，并日益融入中国工人阶级运动之中，致力于维护和保障中国最广大人民群众的根本利益。中国共产党由此诞生，旧民主主义革命向新民主主义革命的转变由此开始。中国共产党通过巩固理想信念、加强思想建设实现自我净化，在中国共产党第一次全国代表大会上便明确强调在组织工人时要以共产主义精神教育他们。牢固树立马克思主义的革命原则和正确方向，把马克思主义作为指导思想写在自己的旗帜上。始终坚持科学社会主义的思想原则，坚决同第二国际社会民主主义划清界限，严肃清除党内不老实不忠诚的投机分子，以思想上的纯洁性来净化和纯洁党的肌体。大革命失败后，非无产阶级思想不断涌入党内，造成党内思想一度出现混乱局面。面对党内非无产阶级思想和无产阶级思想之间的矛盾问题，特别是无产阶级思想与农民和小资产阶级之间的矛盾以及党内存在的教条主义和经验主义等错误倾向，党更加深刻地认识到了必须加强科学理论的武装，认识到了只有加强科学理论的学习才能真正抵御不良思想对党员队伍的侵害，更加强调科学理论对于社会革命和自我革命的引领作用。毛泽东指出，“若不给以无产阶级的思想领导，其趋向是会要错误的”[①]。由此，党通过不断地探索与研究，逐步使马克思主义理论在中国扎根发芽。

列宁曾经指出：“沿着马克思的理论的道路前进，我们将愈来愈接近客

① 《建党以来重要文献选编（1921—1949）》第5册，中央文献出版社2011年版，第756页。

观真理（但决不会穷尽它）；而沿着任何其他的道路前进，除了混乱和谬误之外，我们什么也得不到。”[①]进入21世纪以来，随着全球遭受到国际金融危机的影响，新自由主义的根本缺陷和严重的弊端被暴露出来，西方社会的“马克思主义热”浪潮卷土重来。这充分证明了马克思主义理论并没有过时也不会过时，越来越多的政党、人民群众认识到了马克思主义理论所具有的重要价值和崇高魅力。当前，大量事实表明，马克思主义关于资本主义基本矛盾的观点和分析从未过时，无论时代如何演变、社会如何进步，马克思主义的立场、观点和方法仍具有十分重要的现实意义。马克思主义已在中国这片肥沃的土地上生根发芽，在我国社会发展过程中提供着强有力的理论支撑，引领党的自我革命不断走向深入，并能够不断回应时代向中国提出的各种新问题、新要求，不断实现马克思主义中国化时代化。在这个过程中，中国共产党以先进的科学的理论不断武装头脑，为党的自我革命提供了科学指导与思想保障，使自我革命在理想信念的武装中不断走向纵深。习近平总书记在纪念马克思诞辰200周年大会上指出：“中国共产党是用马克思主义武装起来的政党，马克思主义是中国共产党人理想信念的灵魂。”[②]在新时代不断深化开展伟大自我革命的过程中，党中央始终保持着清醒的头脑，把马克思主义作为指导思想，深刻践行马克思主义理论品格，在坚持马克思主义理想信念的基础之上深入推进党的自我革命，确保自我革命沿着正确方向前行。

（二）推动马克思主义中国化理论成果不断创新发展

马克思主义具有科学性的一个重要表现就是其并非僵化的、一成不变的教条。它是随着时代的发展和实践的需要，可以不断实现创新、发展与完善的理论，其内容是在随时代和实践的发展过程中变得更加丰富。中国共产党始终秉持着理论与实际相结合的世界观与方法论，不断突破马克思主义历史视域，实现了理论成果的创新发展。

马克思主义理论对中国产生了深远的影响，而党自成立以来也在实践中

---

① 《列宁全集》第18卷，人民出版社2017年版，第145页。

② 《习近平谈治国理政》第3卷，外文出版社2020年版，第74页。

不断丰富着马克思主义理论。在革命实践过程中，由于前期对马克思主义的教条式理解和应用以及对俄国革命经验的“照搬照抄”，党往往容易陷入“左”倾或右倾主义错误当中。特别是大革命的失败使党认识到，“照搬照抄”是不符合中国的发展实际的，不能真正解决党和国家面临的问题。只有把马克思主义与中国的具体实际相结合，才能解决革命实际问题。秋收起义之后，毛泽东确立起了农村包围城市、武装夺取政权的正确道路，并在《反对本本主义》中提出没有调查就没有发言权，阐明了把马克思主义基本原理与中国实际相结合的重要性，“马克思主义中国化”问题由此开始被重视。随后在1938年中国共产党扩大的六届六中全会上，毛泽东在《论新阶段》的报告中正确区分了抽象的马克思主义和具体的马克思主义的不同。文章中着重强调，我们党必须坚持具体的马克思主义，不能离开中国的特点和中国的具体实际来谈马克思主义。明确表示“马克思主义的中国化”就是要“按照中国的特点去应用”[①]。这是“马克思主义中国化”命题的正式提出，也是党坚持以马克思主义理论武装自身并与自身发展实际相结合的重要表达。

把马克思主义基本原理同中国具体实际相结合的原则具有丰富的思想内涵。其根本要旨，一是要毫不动摇地坚持以马克思主义为指导思想和理论基础，二是要毫不动摇地坚持一切从中国实际出发。要在实践中切实做到把这两方面有机统一起来，反对任何离开马克思主义或脱离中国具体实际的倾向。百年来，党始终以兼容并包的态度坚持和发展马克思主义，结合时代特点与国情需要，坚持具体问题具体分析，实事求是地将马克思主义的立场、观点和方法同中国革命、建设和改革的实践有机结合，形成了一系列马克思主义中国化的重大理论成果。党的十七大明确地总结了中国特色社会主义理论体系的具体内容，指出“中国特色社会主义理论体系，就是包括邓小平理论、‘三个代表’重要思想以及科学发展观等重大战略思想在内的科学理论体系”[②]。党的十八大在新的执政环境下，又以新的实践要求为依据，基本表述不变的情况下，进行了更新。省略了在科学发展观之后的“等重大战略

① 《建党以来重要文献选编（1921—1949）》第15册，中央文献出版社2011年版，第651页。

② 《十七大以来重要文献选编》中，中央文献出版社2011年版，第262页。

思想”，并增加了这一理论体系“是对马克思列宁主义、毛泽东思想的坚持和发展”[①]的相关表述。这是我们党对马克思主义中国化的最新成就的整体把握，标志着党对马克思主义中国化最新成果的整体性认识又提高到了一个新的水平，表明党理论创新的程度在不断加深。党的十八大以来，日益复杂的国内外环境和党内党外环境对加强党的建设、推进自我革命提出了新的要求和挑战，这就更要求党对推进自我革命的理论自觉有更深刻的把握和理解。以习近平同志为核心的党中央根据新的时代形势与新的实践需要，着眼于实现中华民族伟大复兴的中国梦，不断开辟治国理政新境界，创立了习近平新时代中国特色社会主义思想，形成了马克思主义中国化最新理论成果。新时代党持续坚持实现马克思主义中国化时代化和推进自我革命的良性互动，要深刻领悟把握习近平总书记关于马克思主义政党建设和自我革命的重要论述和重要观点，并以其为指导思想武装全党，指引自我革命的正确方向和前途道路。

纵观党的百年发展历程，马克思主义中国化一次又一次的飞跃，都引领和伴随着党的自我革命的历史性突破和重大发展。中国共产党人不断把马克思主义基本原理同发展着的中国具体实际与时代特征相结合，不断推进马克思主义的理论创新，为丰富和发展马克思主义作出了极大的原创性贡献。在此过程中，中国共产党以科学理论为指导，不断破除旧的思想观念、开辟思想新境界，推进自我革命向纵深发展，不断开辟党的建设新境界。中国人民之所以能够不断革除社会主义建设过程中存在的各种弊端，原因就在于其具有强大的自我革新能力。正是因为在百年奋斗中始终坚持自我革新，党才能在自我革命的实践中摒弃陈旧僵化的糟粕，汲取先进积极的精华，不断提高认识问题和解决问题的能力，永葆党的先进性。正是因为注重理论创新，党才能不断推动构建并完善系统科学的党的自我革命理论体系，以指导党的自我革命不断深化发展。

“理论在一个国家实现的程度，总是取决于理论满足这个国家的需要的

① 《十八大以来重要文献选编》上，中央文献出版社2014年版，第10页。

程度。”[①]百年来的历史实践充分证明必须毫不动摇地坚持科学理论，尤其要坚持马克思主义以及马克思主义中国化时代化的相关理论成果。这些理论是符合时代国情和发展需要的科学理论，是党坚持自我革命的根本理论指导。在新时代新征程上，党必须始终加强对科学理论成果的学习，坚持科学理论成果的指导。尤其是习近平总书记关于党的自我革命的重要思想和习近平总书记关于党的建设的重要思想为指引，始终发扬自我革命精神改造和锤炼自身，在新的革命性淬炼中不断巩固和强化自身的执政地位，将自身建设成为长期执政的马克思主义政党。

二、强化对党员的理想信念教育，不断增强党性修养

理想信念凝聚着中国共产党人的革命意志和斗争精神，承载着党的初心使命，彰显着广大党员的责任担当。坚持理想信念教育，持续增强党性修养，是中国共产党始终不断涵养自我革命精神，推进伟大自我革命的重要途径。

（一）加强马克思主义理论教育，坚定理想信念

加强马克思主义理论教育，既是使广大党员坚定理想信念、提高理论修养的重要途径和方式，也是中国共产党充分发扬自我革命精神，勇于刀刃向内、开展自我革命的重要前提和思想基础。中国共产党人的理想信念并不是与生俱来的，一直以来，党重视加强对广大党员的马克思主义理论教育，提升了党员的认识水平和思想境界，培养了党员的坚定理想信念。一百多年的深刻实践形成了宝贵的经验，那就是既要通过理论教育提升党员的科学认识和思想境界，也必须通过有目的、有组织、有计划的理想信念教育活动来进行持续引导和强化，如此才能坚定广大党员推进自我革命的决心。

在内容上，党坚持与时俱进，结合每一历史时期的中心工作进行理想信

① 《马克思恩格斯选集》第1卷，人民出版社2012年版，第11页。

念教育，不断深化自我革命。新民主主义革命时期，中国共产党为推翻“三座大山”，以实现民族独立和人民解放为首要任务，把“无产阶级政党为实现共产主义而奋斗的最高理想”与“推翻国际帝国主义的压迫，达到中华民族完全独立”作为奋斗目标，吸收了马克思主义理想信念教育思想的精髓，逐步形成了以共产主义远大理想为中心的理想信念教育，为推进自我革命、引领伟大社会革命取得胜利凝聚起了强大精神力量。从土地革命时期，党创办了马克思共产主义学校、列宁师范学校等在内的多所机构，经常开展以马克思主义理论教育为主要内容的思想政治工作，致力于实现全体党员的理想信念更加坚定，培养了一批优秀党员干部和专业人才。针对党内出现的各种非无产阶级的思想，党于1929年《古田会议决议》中明确提出“思想建党、政治建军”原则，通过广泛开展学习中国革命新道路和革命形势的宣传和教育，进一步加强了军队的信念教育，不断用无产阶级思想武装军队和党。到抗日战争时期，党坚持不懈抓好将士官兵的团结教育和宣传教育，有力驳斥了“亡国论”和“速胜论”等错误论调，警示着广大共产党员在身份上要时刻牢记自身党员身份和职责，不能丢弃自身党性修养，不断激发党员对党的事业发展的信心，坚定广大党员及人民群众的理想信念，使党的理想信念教育发展到了高峰。这一阶段，党在全党范围内广泛地开展理想信念教育，引导党员干部认真学习马克思主义理论，树立坚定的信仰。新中国成立后，党员人数迅猛攀升、党组织规模迅速扩大，但受时代条件限制，党来不及对大量新党员进行政治面貌审查并进行系统的思想政治理论教育，使得不少党员头脑中还存在各种非无产阶级思想。与此同时，部分老党员也被胜利冲昏头脑，出现理想信念动摇、思想滑坡的情况与贪图享受安逸、贪污腐化的风气。基于此，中国共产党接续了自我革命的光荣传统，有针对性地对广大党员进行了马克思主义思想理论教育、共产主义远大理想教育等，使党员思想得到净化、政治觉悟和理论水平得到提升、党内风气重回正轨。同时党中央还提出要在全党开展关于毛泽东思想的教育。这一时期通过出版相关书籍，在党员队伍中大力宣扬毛泽东思想。积极号召广大党员通过接受党校教育和自主学习的方式学习毛泽东思想，深刻领悟其思想精髓，在接受教育的过程中，进一步提高党员对于党的自身建设和国家事业发展的认识，坚定党员的社会主义信念，进一步凝聚起广大党员干事创业的热情和信心，推进社会主义建设。改革开放后，党积极建设社会主义核心价值体系，丰富理想信念教育的内容。具体体现在，在理想信念教育的内容中增加了对中国特色社会主义的信心教育，开始重点关注对广大青年的教育和引导。党的十一届三中全会后，在实行对外开放政策时，面对西方资本主义腐朽思想的侵蚀，邓小平主张“用法律和教育这两个手段来解决这个问题”①。党的十二大党章也强调指出，中国共产党要“用共产主义思想教育党员和人民群众，抵制和克服资本主义腐朽思想、封建主义残余思想和其他非无产阶级思想”②，防止党员干部在变幻莫测的市场环境中迷失社会主义方向。以邓小平同志为主要代表的中国共产党人重新确立了“解放思想、实事求是”的思想路线，使党的思想建设重新回到正轨。江泽民同志提出“三讲教育”以加强党的理想信念教育，胡锦涛把“求真务实”确立为党的思想路线的主要内容，这些举措解放并统一了全党思想，使党内思想灰尘得到清除，提高了广大党员的思想觉悟。进入新时代，中国共产党不忘初心使命，继续推进理想信念教育，拓宽教育的新阵地，将理想信念教育推向了新的发展高度。党的十八大以来，党中央十分重视理想信念教育问题。理想信念是共产党人精神上的“钙”，精神上缺“钙”，就会导致政治上变质、经济上贪婪、道德上堕落、生活上腐化，更加直观清晰地让广大党员认识到理想信念的重要性。这也更明确地对新时代共产党员的发展提出了新的要求，那就是必须要有坚定的理想信念。为此，党先后组织开展了一系列主题教育活动，为党员干部厚植补钙壮骨的精神家园；“弘扬忠诚老实、公道正派、实事求是、清正廉洁等价值观”③，拧紧共产党人的“总开关”，营造风清气正的政治生态；大力弘扬伟大建党精神和斗争精神，不断坚定党员干部的理想信念。这些实践极大地提高了党的思想建设的质量和效果，党员干部的思想状况得到了显著改善，为党在

① 《邓小平文选》第3卷，人民出版社1993年版，第156页。

② 《十二大以来重要文献选编》上，人民出版社1986年版，第65页。

③ 《习近平谈治国理政》第3卷，外文出版社2020年版，第49页。

新时代推进自我革命提供不竭的精神动力。新时代新征程，党要继续坚持以习近平新时代中国特色社会主义思想武装全党，教育引导党员干部牢固树立“四个意识”，坚定“四个自信”，做到“两个维护”，不断加强理想信念和性质宗旨教育，解决好世界观、人生观、价值观这个总开关的问题，始终牢记自身性质宗旨，提高党的自我净化能力，使全党在思想上实现高度统一，永葆党的先进性和纯洁性。

在形式上，党从开展群众运动式的整党整风，到组织自上而下的集中教育活动，始终坚持以自我革命精神实现创新发展，不断深化理想信念教育。新民主主义革命时期，党探索出了以整风形式开展党内教育的实践路径，在全党进行了深刻的马克思主义教育运动。延安整风以“惩前毖后、治病救人”为宗旨，对党内存在的主观主义、教条主义、党八股等不正之风进行了深刻纠正，对党内学风、作风与文风进行了彻底整肃，通过批评和自我批评克服了把马克思主义教条化、把共产国际决议和苏联经验神圣化的错误倾向的束缚，使全党确立了一条实事求是的辩证唯物主义思想路线，使全体党员对马克思主义的认识达到了一个新的高度，从而实现了全党空前的团结与统一。社会主义革命和建设时期，为克服新中国成立以后，一些党员干部中存在的骄傲自满、官僚主义等弊病，在1950年下半年，党分批次逐步展开了整风运动，通过这次大规模整顿，广大党员干部的思想觉悟和政治意识得到了全面的提升，党群关系得到了进一步的改善，对马列主义理论的学习理解得到了不断深化。改革开放新时期，1983年10月，中共十二届二中全会通过《中共中央关于整党的决定》，用三年半的时间有计划、有步骤地开展了以批评与自我批评为主，以坚定理想信念、整顿思想作风、铸就铁的纪律为主要目的的整党运动。中国共产党通过整党整风运动不断强化广大党员的理想信念，提高新党员思想的纯洁性，深入贯彻党的自我革命精神。进入新时代，中国共产党推动理想信念教育常态化和制度化建设，这是一种基于对新时代脉搏的准确把握而产生的一种创新性的理论，它将理想信念教育从党内教育延伸到了全社会的教育，密切了党的思想意识和社会思想意识之间的联系，使党的理想信念同全国人民的理想信念融为一体、彼此贯通。通过党内集中教育形式的一次次制度变革，从“活动”到“主题教育”的制度性转变，进行常态化制度化的经常性学习教育，彰显着中国共产党用马克思主义理论成果武装党员头脑，不断净化和锤炼广大党员干部思想觉悟，推动广大党员进行自我革命的思想自觉。

在方法上，党始终坚持理论与实际相结合的方法进行理想信念教育，同时坚持问题导向开展党内集中教育和经常性教育。理想信念教育不仅是理论层面的问题，同样也是实践层面的问题。一百多年以来，中国共产党始终注重将理论学习与革命实践相结合。毛泽东在《论十大关系》中明确提出，中国共产党在进行社会主义理想信念教育时，要学习的是“属于普遍真理的东西，并且学习一定要与中国实际相结合。”[①]理论脱离了实践，就是空谈；实践脱离了理论，就是盲行。坚持一切从实际出发、理论联系实际、实事求是，是我们党始终坚持的思想路线和优良品质。如果理想信念教育失去与现实情况的联系，那么这样的理论认识就会最终发展为教条主义。只有在加强理想信念教育中坚持理论与实际相结合的工作方法，才能避免出现理论与实际相脱离的“两张皮”的现象。这种结合是具体而不是抽象的，这也就要求党要在注重自身的学习和对党员的学习教育的同时必须坚持实事求是，在实践教育中将理想信念转化为广大党员干部的思想自觉与行动自觉。广大党员要不断把理想信念教育成果融入实践之中，坚持自我革命，在实践中增强学习本领，增长才干。中国共产党在前进道路上仍面临着许多复杂严峻的风险和考验，党内长期存在的“四大考验”和“四种危险”不断以新的形式呈现出来。在长期执政条件下，一些党员干部存在思想滑坡、贪图名利、理想信念发生动摇、自我革命意识淡薄等倾向，党的自我革命任重道远。党的十八大以来，党中央秉持问题导向开展了一系列党内集中教育活动。从“两学一做”学习教育到党史学习教育、党纪学习教育，党的自我革命能力在一系列教育实践活动中不断提高。中国共产党坚持党内集中教育和经常性教育相结合。一方面，针对某一阶段党的建设的主题和党内存在的较为突出的问题，

① 《毛泽东文集》第7卷，人民出版社1999年版，第42页。

开展党内集中教育，在解决问题中保持党的先进性，促使广大党员始终牢记初心使命；另一方面，大力开展经常性教育，推动党史学习教育常态化长效化，强化党的创新理论武装，把解决思想问题与解决实际问题结合起来，真正从思想层面做到正本清源、固本培元。

百年来，广大党员全面系统地学习马克思主义理论，牢牢把握马克思主义的立场、观点和方法，不断用马克思主义中国化的最新理论成果武装头脑，提高理论修养，坚定理想信念，以此抵御各种风险挑战，经受各种考验。历史和实践证明，党员干部的坚定理想信念是党和国家各项事业的“压舱石”，只有持续加强马克思主义理论教育，不断坚定党员的理想信念，才能为深入推进党的自我革命注入动力。

（二）提高广大党员的党性修养，牢记初心使命

一个合格的共产党员必须具备良好的党性修养，这也是中国共产党先进性的重要体现。因此，加强党性修养是马克思主义政党坚守初心使命的永恒课题，也是党贯彻自我革命的重要方式和基本要求。“中国共产党人的坚强党性，是我们党保持先进性和纯洁性、提高领导水平和执政能力的重要保证。”[①]这一重要论述揭示了加强共产党人党性修养对于党的建设的重要作用。

加强党性修养是中国共产党百年来的优良传统。党员是党组织的细胞，党员党性修养的高低直接关系到党的先进性和纯洁性，关乎党是否能够实现长期执政。百年来，中国共产党始终高度重视加强对广大党员的党性锻炼，提高了广大党员的思想理论水平和政治素养，使广大党员牢记初心使命，永葆自我革命精神。从一定意义上说，中国共产党百年波澜壮阔的历史就是一部党不断加强党性修养、提高党员党性觉悟的历史。加强党性修养本身就是党始终坚持自我革命、永葆自我革命精神的重要体现。新民主主义革命时期，中国共产党人对加强党性修养作出大量重要论述，明确提出了党性的概

---

① 习近平：《在纪念万里同志诞辰100周年座谈会上的讲话》，人民出版社2016年版，第8页。

念和加强党员党性修养的路径方法。这一时期，党十分注重思想建党，开展整党整风运动，通过了《关于共产党员的修养》《关于增强党性的决定》等一系列关于加强党性修养的文件，为我们党早期进行党性教育，提高革命军队的战斗力提供了思想根基。社会主义革命和建设时期，党注重用党章法规和整风运动的形式来巩固和加强党员的党性修养，并取得了一定的成效。大多数党员在实践中十分注重与人民群众的血肉联系，始终牢记初心使命，坚持自我革命，在复杂艰难的环境中不断修炼、增强自身的党性修养。但这一时期，党采取的运动式加强党性修养的方式也逐渐暴露其缺点，对党内团结造成了一定的负面影响。到改革开放新时期，党中央推动党性修养逐渐走向制度化。这一时期，党高度重视通过开展党内集中教育活动来提高广大党员的党性修养，比如，党先后开展了“三讲”教育活动、“三个代表”重要思想学习教育活动、保持共产党员先进性教育活动、深入学习实践科学发展观活动和创先争优活动等，通过这一系列党内集中教育活动，使广大党员的党性修养和思想理论水平得到了提升。此外，这一时期党首次把“增强党性”正式载入十四大党章，并通过了一系列中央文件，为不断加强党性修养提供了法规和制度保证。加强党性修养是新时代全面从严治党的基础性工程。新时代以来，站在解决党内突出问题，深入推进党的自我革命和全面从严治党的战略高度，习近平总书记从理论和实践两方面对新时代加强党性修养作出了许多重要论述，为新时代党不断强化党性修养，推进新时代党的建设提供了思想指导和行动指南。在理论层面，党的十八大以来，我们党进一步阐明了党性修养的科学内涵及其对全面从严治党的重要意义，指明当前加强党性修养存在的问题及解决方法，形成较为成熟的关于党员党性修养的理论体系。在实践层面，这一时期党开展了一系列党内集中教育实践活动，均取得了显著成效，广大党员干部特别是高级领导干部的党性修养和政治觉悟得到了进一步提高。习近平总书记指出：“干部的党性修养、思想觉悟、道德水平不会随着党龄的增加而自然提高，也不会随着职务的升迁而自然提高，而需要终生努力”，“培养干部，要抓好党性教育这个核心”[①]。党性教育是加强党的建设中的基础性和长期性战略任务，也是提高广大党员党性修养，永葆自我革命精神的根本途径。针对新时代党内仍存在的一些党员干部理想信念缺失、服务意识淡化等问题，要坚持用理论学习和理想信念教育武装头脑，增强党员的党性修养，激活其初心和使命。

推进自我革命的重要目标是牢记初心使命，锻造一大批具有坚定理想信念和党性修养的党员干部。中国共产党一经成立，便自觉打起马克思主义伟大旗帜，坚决与帝国主义、封建主义作斗争，同时在自己队伍内部与各种不良风气作斗争、与各种错误路线方针政策作斗争。党始终严格要求自身，不断总结吸取经验教训，及时纠正错误，端正前进方向，维护着自身的肌体健康。“全党同志要强化党的意识，始终把党放在心中最高位置，牢记自己的第一身份是共产党员。”[②]只有始终意识到党员身份，广大党员才能时刻牢记初心使命，增强提高党性修养和坚持自我革命的自觉，从而保持自身的先进性。我们党总结百年来党推进自我革命的历史实践经验，指出要坚定理想信念，加强党性修养，从严管党治党，严肃党内政治生活，坚持经常性教育和集中性教育相结合，勇于开展批评和自我批评，加强党内监督，接受人民监督，等等，都是党坚持自我革命所作出的探索与努力。习近平总书记强调：“做到不忘初心、牢记使命，并不是一件容易的事情，必须有强烈的自我革命精神。”[③]中国共产党之所以能领导革命、建设、改革持续前进，一个重要原因就是它始终能够保持着自己的初心，勇于承担自己的使命。执政时间愈长，愈不能忘本，愈不能失去自我革命的勇气；越是有所成就，就越是要坚持党的初心和使命，越是要勇于进行自我革命。“自我革命”作为一种强大的内在力量，是一种根深蒂固的、根植于马克思主义政党血脉中的政治基因。中国共产党通过开展“不忘初心、牢记使命”主题教育活动，不断加深作为无产阶级政党的基因烙印，检验新时代坚持自我革命的坚强意志。党

① 《习近平谈治国理政》第 1 卷，外文出版社 2014 年版，第 417 页。

② 《十八大以来重要文献选编》上，中央文献出版社 2014 年版，第 767 页。

③ 《习近平谈治国理政》第 3 卷，外文出版社 2020 年版，第 531 页。

坚持自我革命不是一句空洞的政治口号，而是贯穿其自身建设的具体历史实践，是保持党组织先进性、纯洁性的必然要求。正如列宁所说："给我们一个革命家组织，我们就能把俄国翻转过来！"[①]构建先进的革命政党是中国共产党领导革命、建设和改革取得胜利的重要保障。自我革命是我们党勇于解决自身存在的突出问题的重要途径，"要坚持守正和创新相统一，坚守党的性质宗旨、理想信念、初心使命不动摇，同时要以新的理念、思路、办法、手段解决好党内存在的各种矛盾和问题"[②]，以彻底的自我革命精神把中国共产党的红色基因一代代传承下去，使中国共产党真正代表国家和人民的利益，成为国家和人民事业的坚强领导核心。

第四节　抓好领导干部这个"关键少数"，落实自我革命重要举措

领导干部是党和国家事业发展的中坚力量，一百多年来，正是在优秀领导干部的带领下，我们党不断壮大且能够始终充满生机，国家事业发展不断取得新的成就。同时，领导干部也是广大党员的重要表率和重要参照，领导干部的行为在很大程度上影响着广大普通党员。因此，必须看到虽然领导干部是党员队伍中的少数，但是其发挥着重要的作用。在推进自我革命的实践中要抓好领导干部这个"关键少数"，通过发挥领导干部的表率示范作用以及切实增强领导干部自我革命的本领，带动全党勇于自我革命，敢于向自身问题开刀，使党能够始终保持自身的纯洁性和先进性。

---

① 《列宁选集》第 1 卷，人民出版社 2012 年版，第 406 页。

② 《习近平谈治国理政》第 3 卷，外文出版社 2020 年版，第 535 页。

一、注重发挥领导干部的表率示范作用

领导干部不同于广大普通党员，对党员起着重要的表率示范作用。因此，领导干部对自身应该有着更加严格的要求，也应该在推进自我革命的进程中发挥带头作用。领导干部作为党推进自我革命的重要主体和主要依靠力量，注重发挥领导干部以上率下的先锋模范作用是党百年来进行自我革命的重要经验。

党的百年奋斗历程表明，中国共产党之所以能够由小到大、由弱到强，保持巨大的凝聚力和战斗力，始终成为领导中国革命、建设和改革的领导核心，其中一个重要原因就是有一支能够堪当民族复兴大任的高素质干部队伍。建设一支高素质、强有力的干部队伍对于党的自身建设和国家的事业发展都具有极其重要的意义。领导干部是管党治党的骨干力量，是党的事业的组织者和推动者，只有抓好各级领导干部特别是高级干部这个“关键少数”，才能够对全体党员产生震慑力和说服力。党历来高度重视领导干部的选拔，强调以严的标准要求领导干部，确保其能够充分发挥示范引领作用。新民主主义革命时期，毛泽东同志就曾指出，“指导伟大的革命，要有伟大的党，要有许多最好的干部”[①]，领导干部是政治路线确定以后的决定性因素。1938年10月，他在党的六届六中全会上还指出：“中国共产党是在一个几万万人的大民族中领导伟大革命斗争的党，没有多数才德兼备的领导干部，是不能完成其历史任务的。”[②]实践证明，只有建设一支高素质的干部队伍，才能有效落实党的自我革命各项重要举措，带领全党及广大人民群众走向胜利。党的领导人及各级领导干部始终秉持着高度的自我革命精神，在党的建设中注重一以贯之地发挥着自身的模范带头作用。新中国成立以后，正处于巩固新生政权和推动国家发展的重要时期，全新的国内外形势对党的领导干部提出了更为严格的要求，亟须领导干部自觉担负起政治责任，严格要求自身，不断提高各项能力和本领。1953年，党中央通过了《关于加强干部

---

① 《毛泽东选集》第1卷，人民出版社1991年版，第277页。

② 《毛泽东选集》第2卷，人民出版社1991年版，第526页。

管理工作的决定》，对干部的管理的具体内容进行了具体的说明，推动干部管理走向规范化。1979年，党中央制定了《关于高级干部生活待遇的若干规定》，要求党的各级干部特别是高级干部发扬中国共产党艰苦奋斗的优良传统，发挥模范带头作用。改革开放后，邓小平多次强调领导干部特别是高级干部要起带头作用。他指出进入中央最高层的每个成员，“每个人从自身的角度，包括自己的作风等方面，都要有变化，要自觉地变化”[①]。“只要有一个好的政治局，特别是有一个好的常委会，只要它是团结的，努力工作的，能够成为榜样的，就是在艰苦创业反对腐败方面成为榜样的，什么乱子出来都挡得住。”[②]只有领导干部特别是高级干部始终坚持党中央权威和集中统一领导，全党才能够凝聚起强大的战斗力。江泽民同志也对广大领导干部提出了明确的要求，要求领导干部“必须同党中央在思想上政治上保持高度一致，坚决维护党中央的权威，坚定不移、百折不挠地贯彻落实党的路线方针政策。特别是在关键时刻，贯彻重大决策，更应坚定不移，做到任何时候任何情况下都不动摇。”[③]同时，领导干部还必须不断坚定理想信念、加强党性修养，与腐败现象作斗争，在党的作风建设、纪律建设等方面发挥出重要的示范带头作用，只有这样才能够使党保持高度的凝聚力和强大的战斗力。胡锦涛同志指出，“各级领导干部特别是高级干部要加强廉洁自律，牢固树立马克思主义世界观、人生观、价值观，牢固树立正确的权力观、地位观、利益观，常修为政之德、常思贪欲之害、常怀律己之心，始终保持共产党人的蓬勃朝气、昂扬锐气、浩然正气，真正做到自重、自省、自警、自励，真正做到干干净净办事、堂堂正正做人。”[④]在长期的革命、建设和改革实践中，我们党的领导人和各级领导干部都始终坚持革命的优良传统，发扬艰苦奋斗的革命精神；带头加强自我约束，对自己的亲人及周围的工作人员进行有序管理，起到了良好的模范带头作用。

---

① 《邓小平文选》第 3 卷，人民出版社 1993 年版，第 300 页。

② 《邓小平年谱（一九七五——一九九七）》下卷，中央文献出版社 2004 年版，第 1281 页。

③ 《十八大以来重要文献选编》下，中央文献出版社 2018 年版，第 464 页。

④ 《胡锦涛文选》第 3 卷，人民出版社 2016 年版，第 17 页。

群众向党员看齐，党员向干部看齐。真正起到表率示范作用的领导干部，可以带动“绝大多数”，形成全党都严格要求自身，追求进步的良好氛围，从而锻造一支具有强大合力的党员队伍。党的十八大以来，习近平总书记多次强调要以身作则、以上率下，对“关键少数”特别是高级干部提出更高的要求，进行更严的管理和监督。各级领导干部应勇于自我革命，当改革的促进派、实干家。中央政治局要在进行批评和自我批评方面为全党作出表率，要做敢于自我革命的战士。习近平总书记指出：“要加强教育引导，注重破立并举，抓住‘关键少数’，推动各级领导干部自觉担当领导责任和示范责任，把自己摆进去、把思想摆进去、把工作摆进去，形成‘头雁效应’。”[①]群雁高飞头雁领。头雁决定着整个队伍的方向，是起领航作用的。领导干部是干部队伍的“头雁”。领导干部的“头雁效应”是指广大党员在领导干部这个“头雁”的带领下，团结一致朝着共同的目标前进，形成一种强大的凝聚和联动效应。因此，领导干部要注重在工作和生活中以上率下、身体力行、率先垂范，在坚定理想信念、全面从严治党、塑造风清气正的政治生态等方面积极发挥示范带动作用，形成“头雁效应”。我们党在要求领导干部以身作则的同时，还在党内法规中作出明确规定，用刚性约束确保关键少数发挥示范作用。

强调以上率下，重视“一把手”作用，充分发挥领导干部“关键少数”的示范引领作用，是中国共产党坚持自我革命的重要经验。但需要指出的是，党在抓住“关键少数”的同时，也要注重将“关键少数”和“绝大多数”联系起来，只有这样才能充分调动全体党员的积极性和创造性，形成推进自我革命的强大合力。中国共产党在由小到大、从弱到强的发展过程中，在处理“关键少数”的领导干部与“绝大多数”普通党员之间的关系时，始终采取谨慎的态度，不断探索正确的方法，既注重发挥领导干部的模范带头作用，又注意调动广大党员的积极性，以形成强大合力推动自我革命不断深入。一方面，党充分发挥领导干部的表率引领作用，通过领导干部带头进行理论学习

---

① 《习近平李克强栗战书赵乐际分别参加全国人大会议一些代表团审议》，《人民日报》2018年3月11日。

和自我批评等方式，彰显自我革命的自觉，带动广大党员。另一方面，对于广大普通党员，党不断以各种方式来增强其党员意识。总之，既以典型的示范引领作用推动全体党员在思想上、政治上、行动上等方面不断增强自觉意识，又通过加强党员队伍建设来增强广大党员的整体意识和大局意识，是党积累的宝贵经验。正是在党的各级领导干部与普通党员齐心协力下，才不断形成强大自我革命合力，使得党历经百年依然保持着活力与旺盛的生命力。

二、切实增强领导干部自我革命的本领

“全面建设社会主义现代化国家，必须有一支政治过硬、适应新时代要求、具备领导现代化建设能力的干部队伍。”①政治过硬是领导干部安身立命之本，是提升领导本领的基本前提，锻造领导干部的政治领导本领是培养领导干部“八种本领”的核心要素。广大领导干部在实践中练就过硬本领，提高自身能力是党加强自身建设的重要组成部分，也是党敢于进行伟大斗争，勇于推进自我革命，积极致力于社会主义现代化建设的客观需要与必然要求。中国共产党的百年奋斗史就是一部伟大斗争史。敢于斗争，善于斗争被列入“三个务必”重要内容，作为前进道路上必须牢牢把握的五个重大原则之一，领导干部要时刻坚持发扬斗争精神，注重锤炼自身的斗争本领。百年来，党的各级领导干部不断根据新时代、新矛盾、新任务着力增强自身的本领，在实践锻炼和风险考验中提高能力修养，努力做到敢于斗争、善于斗争，以不断推进自我革命，不负时代重托。

（一）锻造领导干部的政治领导本领

政治过硬是领导干部的安身立命之本。历史实践经验证明，党的各级领导干部只有时刻保持政治定力，明晰历史方位、坚持目标导向，不断提高政治判断力、政治领悟力、政治执行力，才能深入推进自我革命，提高党的先

① 习近平：《高举中国特色社会主义伟大旗帜为全面建设社会主义现代化国家而团结奋斗——在中国共产党第二十次全国代表大会上的报告》，人民出版社 2022 年版，第 66 页。

进性纯洁性建设水平。历史的发展是连续性和阶段性的统一，不同的历史方位决定着党的建设的目标变化。中国共产党只有在正确目标的引领下才能够顺利推进党的建设以及党领导的各项事业，没有明晰的目标或目标出现偏差都会导致党的自身建设以及党所领导的革命、建设与改革事业遭遇挫折甚至失败。历史上的每一次重大转折，都是党为正确认识所处历史方位而做出的努力。百年来，党的建设总目标随着时代与地位的变化不断调整与完善，党将推进自我革命与党的建设目标紧密联系在一起，在回答“建设什么样的党、怎样建设党”这一根本问题中实现自身的成熟与发展。

首先，在提高政治判断力方面，党的各级领导干部懂得在纷繁复杂的关系中把握政治逻辑，占据政治上的主动，坚定政治立场，确保党的自我革命沿着正确的政治方向进行。毛泽东指出，领导干部要有远大的政治眼光，“对任何事情都要分析，弄清什么是正确的，什么是不正确的”[①]。邓小平也强调要树立全局意识，并批评部分党员，“凭直觉来看问题，凭自己脑袋上面有没有乌云来判断革命胜利或失败”[②]。各级领导干部只有从根本性、全局性、长远性的深度、高度及远度来进行思考与判断，才能占据自我革命的有利阵地。针对这一点，胡锦涛同志也反复强调，“尤其要注意提高政治敏锐性和洞察力，善于从政治上观察和处理问题，在事关大局、事关政治方向、事关根本原则的问题上，在错综复杂的矛盾和各种干扰、风浪面前，始终保持清醒和坚定”[③]。进入新时代，领导干部更加需要始终保持政治上的清醒与坚定，明辨行为是非，弘扬自我革命精神，用敏锐的政治鉴别力及时应对各类苗头性问题与隐患。

其次，在强化政治领悟力方面，领导干部坚持不断对党中央精神进行深入学习，时刻关注党中央在关心什么、强调什么，始终做到同党中央保持高度一致，勇于承担政治责任，以提高自身的政治领导本领。党的各级领导干部对党的路线方针政策的不断深化理解，是党及时有效推进自我革命的必要

① 《毛泽东文集》第7卷，人民出版社1999年版，第64页。
② 《邓小平文选》第1卷，人民出版社1994年版，第99页。
③ 《胡锦涛文选》第1卷，人民出版社2016年版，第109页。

前提。江泽民同志提出，“希望各级领导干部特别是高级干部，始终注意全面、准确、完整地理解和贯彻落实党的路线方针政策及各项工作部署，把工作做得更好”[①]。这也就要求领导干部要通过结合自己的学习和工作对党的重大战略部署进行深入思考，真正弄清国家的战略布局和战略全局，培育自身用政治思维和政治理论进行思考分析并形成科学认识的能力与本领。并且在实践中，切实做到把党中央的决策部署与当地的经济社会发展实践创造性地结合起来，推动地方发展取得成效。

最后，在贯彻政治执行力方面，党的各级领导干部积极维护党中央权威和集中统一领导，从讲政治的高度不断维护党的领导地位和国家政治安全，同时不断提高自身贯彻落实党的各项决定及路线方针政策的能力与水平，为党坚持自我革命提供了有力的队伍保障。江泽民同志指出，“各级领导干部必须在思想上、政治上同党中央保持高度一致。这种高度一致，体现在坚决拥护和贯彻中央的路线方针政策上，体现在自觉维护中央的权威上”[②]。胡锦涛同志也强调，作为党的领导干部，必须把坚持共产主义理想同完成党的现阶段的任务和执行现行政策统一起来。党的各级领导干部在执行过程中只有切实做到不掉队、不走偏，才能推动党的自我革命朝着正确的方向发展。可以说，领导干部的政治执行力是确保党中央各项决策部署高效落实的决定性因素。因此，必须要求领导干部严格执行党的政治纪律，严格贯彻落实党中央精神，做好党中央决策部署的落细落实工作，不断提高执行决策部署的能力，书写新时代人民满意的答卷。

（二）锤炼领导干部的斗争本领

党的二十大报告指出，要“加强干部斗争精神和斗争本领养成，着力增强防风险、迎挑战、抗打压能力，带头担当作为”[③]。中华民族历来是一个富

① 《江泽民文选》第 3 卷，人民出版社 2006 年版，第 72–73 页。

② 《江泽民文选》第 2 卷，人民出版社 2006 年版，第 140 页。

③ 习近平：《高举中国特色社会主义伟大旗帜　为全面建设社会主义现代化国家而团结奋斗——在中国共产党第二十次全国代表大会上的报告》，人民出版社 2022 年版，第 66–67 页。

有斗争精神的伟大民族，党要实现自我完善，就必须发扬斗争精神、锻造斗争本领。敢于斗争、敢于胜利，是党落实自我革命、赢得历史主动的关键。

敢于斗争，是我们党的政治优势。领导干部培育斗争本领的过程，就是不断面对时代问题、应对风险挑战的过程。百年来，党的各级领导干部时刻坚持保持战略定力，把握问题导向，坚持解决问题与防范问题相统一，不断推进党的自我革命。马克思在《集权问题》中指出，“问题是时代的格言，是表现时代自己内心状态的最实际的呼声”“真正的批判要分析的不是答案，而是问题。”[①]历史实践证明，领导干部只有养成并时刻保持问题意识，抓住在党的建设中出现的重大理论与实际问题，积极斗争，勇于斗争，才能战胜困难，及时有效地应对问题，推进党的肌体健康发展。这对于巩固党的执政基础，不断加强马克思主义政党建设都具有十分重要的意义。从党的百年发展历程来看，党自建立之日起，就始终带着斗争的精神推动党的自身建设，始终注重培育领导干部的斗争本领。新民主主义革命时期，党通过八七会议、古田会议等几次重要会议，对党内存在的各种错误思想与倾向进行了公开斗争，并带领广大党员干部做到了及时地纠错纠偏，保障了党内思想的先进纯洁，在一次次生死关头挽救党于危难之中。社会主义革命和建设时期，党领导人民自力更生，在一穷二白的基础上取得了社会主义建设的伟大成就，并通过整党整风与党内各种不良倾向作斗争，提升了党员干部的斗争本领。改革开放后，面对“文革”给社会和党的建设发展造成的影响，邓小平同志总结并吸取国内情况与国外共产主义运动的深刻教训，向全党提出了一个尖锐而现实的问题：“执政党应该是一个什么样的党，执政党的党员应该怎样才合格，党怎样才叫善于领导？”[②]为恢复党的先进性纯洁性建设，使党始终走在改革开放与社会主义现代化建设的前列，以邓小平同志为主要代表的中国共产党人提出了一系列具体举措，如规范合格党员的具体标准，加强纪律建设工作，整顿党内作风，纯洁党的组织等，与党内的不良风气作了坚决斗争。到20世纪80年代末90年代初，面对东欧剧变、苏联解体的严峻事

① 《马克思恩格斯全集》第 1 卷，人民出版社 1995 年版，第 203 页。

② 《邓小平文选》第 2 卷，人民出版社 1994 年版，第 276 页。

实，党敦促领导干部坚定理想信念，增强斗争本领，提高带领人民建设中国特色社会主义的勇气与信心。并提出了“建设什么样的党、怎样建设党”的问题，并创立了“三个代表”重要思想，为新世纪全面推进党的建设新的伟大工程，提供了坚实的思想保障和组织基础。针对新世纪新阶段出现的新形势与新要求，以胡锦涛同志为主要代表的中国共产党人进一步提出了科学发展观和建设社会主义和谐社会的战略任务，全面提升党的建设科学化水平，提高领导干部的执政能力与斗争本领，促进了社会主义各项事业的长足发展。进入新时代，以习近平同志为核心的党中央把伟大斗争与伟大工程紧密结合，坚持“老虎”“苍蝇”一起打，开展了最为彻底、最为广泛、最为深刻的反腐败斗争，自觉承担起了全面从严治党的历史使命。斗争精神是中华民族从古至今世代相传的一种持久的精神品质，也是党的领导干部树立问题意识、坚持问题导向、进行伟大斗争、贯彻自我革命的深厚精神底蕴。广大领导干部唯有统筹判断，增强斗争本领，才能不畏艰险，继续推动党和人民事业向前发展。

中国共产党百年来带领广大人民攻坚克难、走向胜利的奋斗史表明，领导干部没有任何理由沉醉于已有的成绩而止步不前，必须时刻保持谦虚谨慎、居安思危，增强忧患意识与斗争精神，才能实现时代赋予中国共产党人的历史使命。党的二十大擘画了全面推进中华民族伟大复兴的宏伟蓝图，在新征程上必然会充满风险与挑战。“遇事无难易，而勇于敢为”。面对新征程上的各类风险考验，领导干部只有做到敢字当头、勇于斗争，才能求得发展，夺取新的胜利。未来，领导干部要遵循斗争规律、用好斗争方法、讲究斗争策略，坚持在斗争中成长、在斗争中提高，唯有如此，才能战胜前进道路上的风险与挑战。

第六章

中国共产党继续推进自我革命的实践路径

一百多年来，党不断加强自我革命的自身淬炼，切实增强党的执政能力和领导本领，推进了社会革命的进程。尤其是党的十八大以来，以习近平同志为核心的党中央聚焦管党治党的重点问题，勇于自我革命，切实推进全面从严治党，党内政治生态呈现新气象，反腐败斗争取得压倒性胜利。面对党和国家事业发展取得的诸多成就，也必须清醒认识到，党推进自我革命的进程中仍然存在许多尚未解决的深层次问题，并且党面临的一些新情况新问题新挑战仍接踵而至，党的自我革命仍然任重而道远。正所谓“开弓没有回头箭”，所以党必须拥有对党的自我革命永远在路上的正确认识，“决不能有松劲歇脚、疲劳厌战的情绪”[①]。在新的赶考之路上，党必须始终牢记打铁必须自身硬的道理，矢志不渝地推进党的自我革命，奋力谱写中国共产党建设史上璀璨夺目的新时代党建华章。

① 习近平：《高举中国特色社会主义伟大旗帜 为全面建设社会主义现代化国家而团结奋斗——在中国共产党第二十次全国代表大会上的报告》，人民出版社 2022 年版，第 64 页。

第一节 坚持开展马克思主义理论教育

中国共产党自诞生之日起，就把马克思主义鲜明地写在自己的旗帜上，将其作为立党立国的根本指导思想，并且不断实现马克思主义中国化时代化。中国共产党的百年征程，既是一部坚持和弘扬自我革命精神的历史，也是一部推动马克思主义基本原理同中国具体实际相结合的历史。正如党的二十大报告中所指出的：“中国共产党为什么能，中国特色社会主义为什么好，归根到底是马克思主义行，是中国化时代化的马克思主义行。”[①]理论上清醒，才能实现政治上的坚定、历史上的主动、自我革命的自觉。因此，新时代仍然需要进一步加强马克思主义理论教育，以党的创新理论武装头脑、指导实践，不断从中汲取科学智慧和理论力量，确保新时代党的自我革命不断向纵深发展，引领伟大社会革命取得新的胜利。

一、创新马克思主义理论教育方式方法

坚持运用马克思主义科学理论武装全党，既是党保持先进性的政治优势和宝贵经验，也是党持续推进自我革命的行动指南。自我革命精神的塑造不仅要将科学的思想理论作为武器，还要遵循科学的方法论指引。这就要求我们党在开展马克思主义理论教育的过程中，不断开拓和创新教育的宣传方式和途径，加大理论教育的覆盖面，使越来越多的党员干部能够真正掌握马克

① 习近平：《高举中国特色社会主义伟大旗帜 为全面建设社会主义现代化国家而团结奋斗——在中国共产党第二十次全国代表大会上的报告》，人民出版社2022年版，第16页。

思主义理论的精髓，更好地将其运用到解决实际问题之中。确保全党都能始终保持对马克思主义的真理信仰，坚守共产党人的精神追求，永葆旺盛生命力和强大战斗力。

（一）坚持理论学习与实践体悟相结合

理论联系实际的学风是党长期以来形成的优良传统。习近平总书记指出："我们党的历史反复证明，什么时候理论联系实际坚持得好，党和人民事业就能够不断取得胜利；反之，党和人民事业就会受到损失，甚至出现严重曲折。"[①]因此，我们党必须重视科学理论的引领作用，坚持不懈用马克思主义理论武装头脑，也要在实践中加强对科学理论的认识和理解，不断实现理论创新，将理论学习与实践体悟相结合，从而实现让马克思主义理论真正入脑入心，成为新时代中国共产党推进自我革命、实现长期执政的理论依据。

在理论学习方面，习近平总书记指出，广大党员干部必须把坚定的马克思主义信仰"建立在对科学理论的理性认同上，建立在对历史规律的正确认识上，建立在对基本国情的准确把握上"[②]。为此，他号召全党"读原著、学原文、悟原理"，并且要将此作为一种生活习惯和精神追求，在日常的生活中积极践行。在反复阅读原著和原文的过程中，广大党员要学会理解和体会蕴含其中的立场观点方法、道理学理哲理，深刻领会马克思主义基本理论的精神实质和思想精髓。感受科学理论中蕴含的历久弥新的思想价值，从而坚定用科学理论武装头脑的决心和行动。任何理论一旦脱离实践，就会成为僵化的教条，失去活力和生命力。开展马克思主义理论教育仅仅在书本里学习是不够的，也要在实践中学习、践行与传承马克思主义。即在全面系统研读马克思主义经典著作的基础上，将学习原著原文与新时代中国特色社会主义伟大实践相结合。在实践体悟方面，党的十八大以来，以习近平同志

① 《立志做党光荣传统和优良作风的忠实传人 在新时代新征程中奋勇争先建功立业》，《人民日报》2021 年 3 月 2 日。

② 《习近平谈治国理政》第 1 卷，外文出版社 2014 年版，第 50 页。

为核心的党中央在全党范围内先后部署开展了党的群众路线教育实践活动、“三严三实”专题教育、“两学一做”学习教育，“不忘初心、牢记使命”主题教育、党史学习教育、学习贯彻习近平新时代中国特色社会主义思想主题教育、党纪学习教育。这是新时代以党内集中教育推进自我革命的生动实践，使党员干部接受深刻的精神洗礼，有助于引导全党同志在教育实践中深刻体悟信仰的力量，进一步强化对马克思主义的坚定信仰，确保全党思想统一、行动一致，以高度的思想自觉和行动自觉推进党的自我革命落到实处。此外，发展马克思主义必须立足时代、扎根实践。这也要求必须把马克思主义基本原理同中国具体实际相结合，科学回答时代提出的重大理论和现实问题。只有在实践中坚持、丰富和发展马克思主义，结合时代特点和新的发展实际才能不断赋予其新的内容，使其永葆生机和活力。新形势下，党和国家事业发展面临新机遇新挑战，中国共产党要做坚定的马克思主义学习者，采用反复阅读原著原文等多种方式自觉加强理论学习，并且在学习交流互鉴中，加强对理论的认识和理解，真正掌握其中蕴含的思想精髓，获得马克思主义这个看家本领。同时还要成为马克思主义的实践者，仅仅在理论上掌握是不足够的，要做到切实不断提高运用马克思主义分析解决实际问题的能力，应用于党的自身建设和新时代国家发展建设的实践之中。从而不断增强党的凝聚力和战斗力，在新时代的伟大实践中不断开辟马克思主义中国化时代化新境界。

（二）坚持传授教育与情感体验相结合

马克思主义理论教育不是简单机械的知识传授，不能仅仅拘泥于阐释马克思主义经典作家的具体观点和结论，而是要实现认知活动与情感活动的有机结合，增强马克思主义理论教育的实效性和感染力，以坚定的思想自觉和情感认同将党的自我革命推向深入。

学习马克思主义基本理论是共产党人的必修课，而知识传授教育是全党学习、研究和宣传马克思主义的基本方式。党校、干部学院、党性教育基地、理论学习中心组等都是党员干部学习马克思主义的重要阵地，是党员干部坚定理想信念、加强党性修养的熔炉。其中，党校作为教育培训党员干部的主渠道，是我们党对领导干部开展理论教育的主阵地，在强化全党马克思主义理论武装过程中发挥着不可替代的作用。习近平总书记在全国党校工作会议上指出，“党的各级领导干部特别是高级干部，要原原本本学习和研读经典著作，努力把马克思主义立场、观点、方法学到手，作为自己的看家本领。”[①]党员干部定期参加党校教育培训，系统学习并掌握马克思主义基本理论，是加强党的自身建设、推进党的事业向前发展的重要安排，目的在于提升提高党员素质和全党的理论水平，促使广大党员干部在坚定理想信念中保持自我革命的意志和定力。

理想信念的坚定源自积极正向的情感体验，在知识传授教育的基础之上，通过创设一定情境，能够使受教育者增加情感体验，达到潜移默化、润物无声的效果。由此看来，不能仅仅通过简单的理论分析和理论灌输来引领全党确立对马克思主义的信仰，还必须强化党员干部对马克思主义的情感培养，使党员干部能够更加自觉主动接受马克思主义理论教育。例如，在开展马克思主义理论教育过程中，在内容上与党史、新中国史、改革开放史、社会主义发展史相结合，引导全党同志从党的辉煌成就、艰辛历程、历史经验、优良传统中进一步感悟马克思主义的真理力量和智慧光芒。同时，通过采用现场体验、演讲辩论、学员论坛、编制情景剧等方式，在党史学习教育的模式设定和内容选择中适度增加自我革命的议题，切实增强党员干部的课堂情感体验，在加深对马克思主义的情感认同中，促进党员干部在思想上牢固树立自我革命意识、坚定自我革命意志。

二、加强马克思主义理论教育队伍建设

开展马克思主义理论教育是党推进自我革命的一条重要经验，高度重视人才培养和队伍建设，为凝聚和造就马克思主义理论人才、加强党的思想理

---

① 《在全国党校工作会议上的讲话》，人民出版社2016年版，第15页。

论建设搭建了重要平台。进入新时代，要深刻领会党的自身发展面临的新形势新任务，着力打造一支理想信念坚定、理论功底扎实、政治立场明确的高素质党政干部队伍，通过广泛宣传和深入研究马克思主义，不断提高党员干部的政治素质和党性修养，以坚实的组织保障和人才支撑把党的自我革命向纵深推进。

（一）加强马克思主义理论教育人才队伍建设

习近平总书记指出："我们党立志于中华民族千秋伟业，必须培养一代又一代拥护中国共产党领导和我国社会主义制度、立志为中国特色社会主义事业奋斗终身的有用人才。"①新形势下，中国共产党应当深入学习马克思主义理论，培养一批政治立场坚定、理论功底深厚的马克思主义理论专业人才，确保党始终满怀坚定信念、永葆自我革命精神，从容应对前进道路上的各种风险挑战。

早在新民主主义革命时期，面对党员队伍整体理论水平和素质不高的局面，毛泽东看到了加强理论人才队伍建设的重要性，强调必须有自己的马克思主义理论家的队伍。如果能够培养出一支立场坚定、规模宏大的马克思主义理论队伍，确保党内的广大党员都能够真正理解和掌握马克思主义理论的重要内容，这样会极大提高我们党的战斗力。此后，我们党十分注重加强马克思主义理论教育人才队伍建设，党员队伍的整体理论水平和素质都有了明显的提升。进入新时代，尤其强调要打造一支高素质专业化的党员干部队伍，这有助于提高全党思想觉悟和理论水平，为开展自我革命赋予强大精神动力和组织保障。但在新时代社会价值观念日益多元化的新形势下，理论人才队伍的建设与今天党和国家事业发展的要求相比，还存在一些不相适应的地方。例如，马克思主义理论教育队伍受到冲击，存在数量不足、整体素质不高、组织管理涣散问题，部分党员干部也存在精神懈怠、宗旨意识淡化、思想信仰缺失现象。这就要求健全党的组织体系，整合党政、宣传、社科、

① 习近平：《思政课是落实立德树人根本任务的关键课程》，《求是》2020 年第 17 期。

高校等理论战线“四支队伍”人才资源，形成强大合力。在党政人才队伍建设方面，落实党管干部、党管人才的原则，培养一批政治立场坚定、德才兼备的高素质党政领导班子和干部队伍；在宣传人才队伍建设方面，努力打造一批政治过硬、本领高强的宣传思想工作队伍，注重运用各类融媒体手段和平台，提升马克思主义大众化的传播力和影响力；在社科人才队伍建设方面，建设一支高素质哲学社会科学人才队伍，进一步丰富马克思主义理论的人才宝库；在高校人才队伍建设方面，尤其要注重党校师资队伍的建设，党校教师只有具备扎实的马克思主义理论功底，用马克思主义的立场、观点、方法分析问题和解决问题，才能更好地承担理论教育的责任。总之，要针对不同群体，开展马克思主义教育分类指导，逐步形成高校干部、教师、学生共同学习、研究、宣传马克思主义的良好局面。

（二）加强马克思主义理论教育队伍能力建设

党的二十大报告中提出要“建设堪当民族复兴重任的高素质干部队伍。”[①]具有深远的战略考量和重大的现实意义。广大党员干部必须具备正确理解、传播和运用马克思主义理论的能力，在树牢坚定信仰、打好理论功底、锻造过硬担当上下功夫，以彻底的自我革命精神厚植党的执政根基，把党建设得更加坚强有力。

首先，党员干部要具备正确阐述马克思主义理论的能力。这是党员干部提高理论自觉、增强党性修养的前提，为推进党的自我革命注入强大精神动力。一方面，深入研读经典著作，提升系统掌握马克思主义基本理论的能力。马克思主义经典著作作为重要理论载体，对广大党员完整准确地理解马克思主义具有重要价值，这就使得必须将攻读经典著作作为必修功课。毛泽东同志讲过，“在中国，本来读书就叫攻书，读马克思主义就是攻马克思的道理，你要读通马克思的道理，就非攻不可”[②]。攻读经典著作，不仅要具

---

① 习近平：《高举中国特色社会主义伟大旗帜 为全面建设社会主义现代化国家而团结奋斗——在中国共产党第二十次全国代表大会上的报告》，人民出版社 2022 年版，第 66 页。

② 《毛泽东文集》第 2 卷，人民出版社 1993 年版，第 181 页。

有科学严谨的态度，专心致志、原原本本、仔仔细细地读，真正领悟马克思主义的思想精髓和深刻意蕴，也要坚持联系和发展的观点，破除对马克思主义的教条式理解，正确阐述和传播马克思主义基本理论。另一方面，坚定不移用党的创新理论武装头脑，及时掌握创新理论的最新成果。深入推进党的自我革命，要以习近平新时代中国特色社会主义思想为根本遵循，深刻认识到习近平新时代中国特色社会主义思想是当代中国马克思主义、二十一世纪马克思主义，看到其具有的对于党的建设和国家发展的重要意义，即有助于广大党员干部统一思想认识、明确前进方向、凝聚奋进力量，不断开拓马克思主义中国化时代化的新境界，不断夯实党推进自我革命的理论根基。要使广大党员干部通过自主学习习近平总书记系列重要讲话、主题教育活动等方式，不断加强习近平新时代中国特色社会主义思想的理论武装，增加理论学习的广度和深度，从而能够更加清楚地阐释理论内容。

其次，党员干部要增强运用马克思主义理论研究和回答重大现实问题的能力。党员干部学习马克思主义理论，最终目的是解决党在新时代面临的新情况新问题。这就要求党员干部将马克思主义信仰作为毕生追求，将马克思主义基本原理同中国具体实际问题相结合，以自我革命的精神和勇气解决党和国家事业发展的重大现实问题。一是增强调查研究的能力。调查研究是马克思主义认识论的具体运用，是党实事求是思想路线的重要体现。“正确的决策离不开调查研究，正确的贯彻落实同样也离不开调查研究。”[①]因此，广大党员干部要坚持把调查研究作为工作的重要内容和手段，增强发现问题的敏锐力。要着眼于对实际问题的思考，提升全党增强在马克思主义的指导下深入调查研究实际问题的能力和水平。二是增强明辨是非的能力。学习马克思主义理论可以使人视野广阔、思路开阔，心明眼亮、分清是非。党员干部尤其是领导干部，要努力掌握好马克思主义这个看家本领，深入掌握辩证唯物主义和历史唯物主义的世界观与方法论，学会分辨各种错误思想，形成正确的政治判断，做到在重大问题和关键环节上态度鲜明、立场坚定、头脑清

① 习近平：《在党的十九届一中全会上的讲话》，《求是》2018 年第 1 期。

醒，不断提高政治敏锐性和政治判断力。

三、改进马克思主义理论学习制度与评价机制

注重学习、善于学习是中国共产党的优良品质，是党始终走在时代前列的重要保证和成功秘诀。习近平总书记指出："中国共产党人依靠学习走到今天，也必然要依靠学习走向未来。"[①]我们党一贯重视加强全党的理论学习教育，尤其是学习马克思主义基本理论。建立科学完善的学习制度与评价机制是增强学习本领的内在要求，也是党自我革命的有效方式。因此，我们党要不断在改进马克思主义理论学习制度、规范制度执行和考核机制上下功夫，以彻底的自我革命精神完善学习制度，建立健全以学铸魂、以学增智、以学正风、以学促干长效机制，推动全党在马克思主义理论学习制度化中走向未来。

（一）建立健全党内马克思主义理论学习制度

制度具有强大的约束作用，制度制定和执行得好，理论学习的效果在一定程度上就能够得到保障。因此，党员干部的理论学习要想取得良好成效，不仅要加强思想引导和教育，更要依托制度作为支撑和保障。这就要求我们党建立行之有效的马克思主义理论学习制度，以制度化的学习保障理论创新、自我革命的实现，不断推动马克思主义理论学习常态化、制度化和规范化，把思想建党、理论强党提升到一个新的水平。

一是完善党委（党组）理论学习中心组学习制度，推动领导干部带头学习马克思主义理论。2017年1月，党中央颁布《中国共产党党委（党组）理论学习中心组学习规则》，对各级党委（党组）理论学习的主体、内容、方式等内容都进行了明确的规定，使党员干部的理论学习有了明确的安排，在一定程度上保障了学习的成效。在学习主体上，主要由领导班子成员、宣传思

① 习近平：《在"不忘初心、牢记使命"主题教育总结大会上的讲话》，《人民日报》2020年1月9日。

想工作成员和其他成员组成，进一步发挥“关键少数”的引领和表率作用。在学习内容上，更加突出对马克思主义中国化时代化最新理论成果的学习，不断增进对党的创新理论的政治认同、理论认同、情感认同。要将习近平总书记关于党的建设的重要思想纳入党委（党组）理论学习中心组学习的重要内容，纳入党校（行政学院）、干部学院教学安排，作为组工干部学习培训的首课、主课。[①]从而引导广大党员干部真正学深悟透用好。在学习方式上，采取集体学习研讨、领学促学、个人自学、专题调研等多种途径方法，开展切实有效的马克思主义理论学习活动。二是规范集中性学习教育制度，把马克思主义作为党员干部的一门必修课。党的十八大以来，针对党内存在的理想信念淡薄、宗旨意识淡化、自我革命精神淡化等问题，我们党先后开展了七次党内集中教育。经过党内集中教育，使得广大党员经历了深刻的思想洗礼，从而实现党的创造力、凝聚力、战斗力显著提高，党的各项能力不断增强。此外，我们党还积极探索集中性教育和经常性教育相结合的教育机制，以此统一思想、提高认识、深化实践效果，不断推进党内集中性学习教育制度化、常态化、长效化。三是落实党的基层组织理论学习制度，把基层党员理论学习引向深入。“基础不牢，地动山摇”，党的基层组织是党的一切工作和战斗力的基础。因此，必须加强对基层党员的理论教育，针对基层党员的特点，不断探寻更加具有针对性的教育方式和途径，提升基层党员的马克思主义理论素养。2022年党的二十大修订的党章中明确规定，党组织的基本任务之一是“组织党员认真学习马克思列宁主义、毛泽东思想、邓小平理论、‘三个代表’重要思想、科学发展观、习近平新时代中国特色社会主义思想，推进‘两学一做’学习教育、党史学习教育常态化制度化，学习党的路线、方针、政策和决议，学习党的基本知识，学习科学、文化、法律和业务知识。”[②]按照这一要求，不仅要严格执行政治理论学习制度、“三会一课”制度、主题党日制度等，更要积极探索和完善基层组织长期学习、集中

① 《深入学习贯彻习近平总书记关于党的建设的重要思想 高质量做好新时代新征程党的组织工作》，《求是》2023年第15期。

② 《中国共产党章程》，人民出版社2022年版，第89页。

学习、持续学习的制度机制，系统深入开展理想信念教育和马克思主义理论教育，保障基层党组织理论学习真正见到实效。

（二）完善马克思主义理论学习制度执行与考核机制

建立马克思主义理论学习制度是全党接受思想洗礼、筑牢理想信念、保障实践成效的关键举措。新时代，为确保党内学习制度真正落到实处，防止制度形式化和空洞化，就必须强化马克思主义理论制度的执行、监督和考核机制，切实提高制度执行效能和水平，推动马克思主义理论学习迈入全新的历史阶段，为党的自我革命提供可靠的理论根基和制度保证。

首先，强化学习制度权威和执行力，保证全党马克思主义理论学习的实践效果。制度的生命力在于执行。正如习近平总书记所指出的："我们要下大力气建制度、立规矩，更要下大力气抓落实、抓执行，坚决纠正随意变通、恶意规避、无视制度等现象。"[①]由此可见，只有牢牢树立崇尚实干、狠抓落实的鲜明导向，坚持不懈抓好理论学习制度的落实工作，切实把制度执行好、维护好，才能真正使广大党员干部将马克思主义看家本领学到手，实现理论教育常态化、制度化、长效化。例如，通过建立学习计划、学习考勤、学习通报等制度，为党员干部制定年度学习计划和阶段性学习安排，在学习主题、内容和方式方法上提出明确要求。并且在全党集中学习活动中实行考勤登记模式，对于每年集中参学率过低的党员要进行通报批评，确保各项学习任务落到实处，进一步提高马克思主义理论学习制度化水平和实践成效。其次，构建理论学习考评和监督机制，增强全党学习马克思主义理论的主动性和自觉性。2016年10月，党中央通过的《关于新形势下党内政治生活的若干准则》明确提出，"各级党组织要加强督促检查，把学习情况作为领导班子和领导干部考核的重要内容"[②]。这对加快党内学习制度建设、切实增强制度实效具有重要的指导意义。此后，中共中央印发了《党政领导干部

---

① 《习近平关于严明党的纪律和规矩论述摘编》，中央文献出版社、中国方正出版社2016年版，第89页。

② 《十八大以来重要文献选编》下，中央文献出版社2018年版，第421页。

考核工作条例》，不断完善干部考核评价机制的内容。通过建立考核激励机制，把学分制纳入对党员领导干部年终考核之中，根据考核评价结果采取奖惩并举的方式，在评比、表彰、激励、惩罚等诸多环节实现正向激励和反向约束共同发力，增强考核评价机制对全党理论学习工作的保障支撑作用。此外，通过构建严格的定期检查监督机制，监督党员干部理论学习工作的开展情况及效果。例如，对学习资料发放、学习档案整理、学习情况上报等职责是否履行到位开展监督检查；采取全程参与的形式，督促检查干部培训机构的学风学纪；同时不定期开展理论测试或者抽查党员干部的学习笔记，以增强全党学习马克思主义理论的积极性和自觉性。

第二节　继续深入推进反腐败斗争

古人云："国家之败，由官邪也。"腐败是人类社会的公敌和毒瘤，严重破坏党的良好形象、损害党的肌体健康。全面从严治党是新时代党的自我革命的伟大实践，反腐败斗争是其中关键环节。新时代新征程，我们党必须始终发扬彻底的自我革命精神，以锲而不舍、驰而不息的决心，以刮骨疗毒、壮士断腕的勇气深入开展反腐败斗争持久战，着力在提高重点领域反腐败治理效能、加大基层反腐败工作力度，强化反腐败斗争支撑保障三方面下功夫，继续深入推进党风廉政建设和反腐败斗争。

一、坚持以严的主基调一体推进正风肃纪反腐

唯物辩证法认为，矛盾是普遍存在的，矛盾的双方既对立又统一。它要求我们在认识和解决实际问题时，要坚持两点论和重点论的统一，既要统筹兼顾，又要找准重点。习近平总书记多次强调，"要学会运用辩证法，善于

‘弹钢琴’，处理好局部和全局、当前和长远、重点和非重点的关系”[①]。同样，在深入推进反腐败斗争中，要把严的主基调长期坚持下去，以系统施治、标本兼治的理念正风肃纪反腐。这是全面从严治党宝贵经验的深刻总结，为新时代继续推进党的自我革命，跳出治乱兴衰的历史周期率提供了行动指南。

（一）以系统观念强化正风肃纪反腐

习近平总书记强调指出，要“以系统施治、标本兼治理念管党治党，实现干部清正、政府清廉、政治清明”[②]。作为一项系统工程的反腐败工作，必须要有全局观和大局观，牢记反腐败永远在路上，永远吹响反腐败冲锋号，如此才能跳出治乱兴衰历史周期率，确保党长期执政、国家长治久安。

正风肃纪反腐是深入推进党的自我革命的重要抓手。进入新时代，继续推进党风廉政建设和反腐败斗争，必须增强系统观念，深化标本兼治，把正风肃纪反腐与坚定思想、政治建设、制度保障、落实监督贯通起来，以自我革命的政治勇气着力解决党内存在的突出问题。换言之，要注重反腐败各方面工作的协同性和有效性，尤其是要贯彻新时代党的建设总要求，推动反腐败斗争向纵深发展。比如，从思想上正本清源、固本培元，持续开展新时代廉洁文化教育，教育引导全党牢记初心使命、坚持人民立场、勇于自我革命，使党倡导的理想信念、道德观念、优良传统深入党员干部的思想和心灵，进而转化为廉洁自律的内在动力；在政治建设上从严管理干部，坚持把纪律挺在前面与持续高压反腐相结合，在全党深入开展党纪学习教育，以学习贯彻《中国共产党纪律处分条例》为重点，逐章逐条学、联系实际学，建立经常性和集中性相结合的纪律教育机制，不断增强党员干部的纪律规矩意识，提高党员干部遵守纪律的内在自觉。同时强化纪律执行，使广大党员干部真正敬畏纪律、严格遵守纪律、守住纪律红线，始终保持纠风反腐的高压

① 《习近平谈治国理政》第2卷，外文出版社2017年版，第206页。

② 习近平：《全面从严治党探索出依靠党的自我革命跳出历史周期率的成功路径》，《求是》2023年第3期。

态势，推动党内风气持续好转；在制度体系上从严监督干部，一方面，构建结构完备、执行有力的党风廉政建设和反腐败制度体系，坚持制度制定和执行并重，严格检查和处理党员干部的违法违纪行为，保证制度的严肃性和权威性，不断提升反腐败的规范化水平。另一方面，不断健全党和国家监督体系，以党内监督带动其他监督力量，提升监督合力和治理效能，让党员干部在监督和约束的环境中真正做到依法依规用权，权为民所用、利为民所谋。此外，也要加快构建一体推进不敢腐、不能腐、不想腐工作机制，实现惩治震慑、规范权力、提高觉悟三者融会贯通、同向发力，激励党员干部从内心深处坚守正道、惩恶扬善，不断提升全党反腐败工作质量和水平，以彻底的自我革命精神开创正风肃纪反腐新局面。

（二）切实提高重点领域反腐败治理效能

党的二十大报告中指出："腐败是危害党的生命力和战斗力的最大毒瘤，反腐败是最彻底的自我革命。"[①]如果把腐败比作毒瘤，那么重点领域、关键环节的腐败就是位于要害部位、最严重最凶险的毒瘤，如果不能及时剔除，则会产生极大的危害。这就要求我们党必须牢牢把握反腐败斗争的重点和方向，从腐败高发频发易发的重点领域和关键环节入手，一刻不停把党风廉政建设和反腐败斗争向纵深推进。

党的十八大以来，以习近平同志为核心的党中央以"得罪千百人，不负十四亿"的使命担当坚决反对腐败，坚持不敢腐、不能腐、不想腐一体推进，"打虎""拍蝇""猎狐"多管齐下，反腐败斗争取得压倒性胜利。但必须清醒认识到，反腐败斗争形势依然严峻复杂，减少腐败存量、遏制腐败增量、彻底铲除反腐败土壤依然任重道远，尤其是要聚焦重点领域和关键环节，时刻保持惩治腐败高压态势，切实提高重点领域反腐败治理效能。首先，聚焦重点领域，严肃查处政治问题和经济问题交织的腐败案件。在金融行业中，腐败与市场、政治风险相互交织，极易形成系统性风险，在政法系

① 习近平：《高举中国特色社会主义伟大旗帜 为全面建设社会主义现代化国家而团结奋斗——在中国共产党第二十次全国代表大会上的报告》，人民出版社2022年版，第69页。

统中，执法司法不严、不公、不义、不廉等问题也逐渐暴露出来，严重影响党的长期执政能力、侵蚀党的执政根基。这不仅是当前我国腐败问题频发的典型特征，也是造成反腐败斗争形势依然严峻的重要因素。在此形势下，必须进一步健全市场经济制度，使政府、市场、社会三者回归本位，提高党驾驭社会主义市场经济的能力；也要完善预防腐败的体制机制，为党员领导干部设立反腐防线，加强对权力的监督和制约，切断权力和利益的交换渠道。其次，抓住“关键少数”，有效预防领导干部腐败行为滋生蔓延。领导干部掌握重大权力和资源，是腐败行为的主要实施者。领导干部特别是高级干部作风如何，对党风政风乃至整个社会风气具有重要影响。坚定不移惩治腐败、推进自我革命，必须落实好主体责任，抓住领导干部这个“关键少数”。一方面，领导干部要管好自身，时刻坚守廉洁自律的底线。既要强化廉洁自律意识，增强廉洁从政的自觉，自觉守牢拒腐防变思想防线，始终做到清清白白为官、老老实实做事、干干净净做人。同时也要正确行使党和人民赋予的权力，不能越权行事，更不能擅权独大，用制度规范和约束自身行为，永葆共产党人清正廉洁的政治本色。另一方面，也要管好亲属和身边工作人员，绝不能让他们利用自己的职权谋取不正当利益。广大领导干部要把家风建设摆在重要位置，加强对配偶、子女、亲友等身边人的教育、管理和约束，自觉建树良好家风，将党性锻炼融入家庭教育之中。

二、切实加大基层反腐败工作力度

“九层之台，起于垒土。”党的基层组织是党的肌体的“神经末梢”，也是党的全部工作和战斗力的基础。加强基层党组织建设，加大基层反腐败工作力度，是新时代党推进自我革命的重点内容。只有基层党组织坚强有力，党的根基才能牢固，党的战斗力和凝聚力才能增强，才能使党经受住长期执政的考验。党的十八大以来，反腐败斗争取得压倒性胜利，全面从严治党取得重大成就。但也应清醒认识到，当前反腐败形势依然严峻复杂、任务依然艰巨，基层腐败和不正之风易发多发，腐败问题产生的土壤和条件仍然存在。因此，在新的历史条件下开展党的自我革命，必须推动反腐败斗争向纵深发展、向基层延伸，将基层反腐作为重点领域，打通腐败治理的“最后一公里”。

（一）严肃查处发生在群众身边的腐败案件

习近平总书记指出：“推动全面从严治党向基层延伸……对基层贪腐以及执法不公等问题，要认真纠正和严肃查处，维护群众切身利益，让群众更多感受到反腐倡廉的实际成果。”①这充分体现了我们党对基层腐败问题的重视，为反腐败斗争指明了新的战略方向。持续深入整治群众身边的不正之风和腐败问题，治理“小官贪腐”、拍“苍蝇”，是新时代推进反腐斗争的重要组成部分。

群众身边的腐败也称基层腐败，对广大群众利益的损害最直接、最具体、最现实，也最具典型性和影响力。人民群众最痛恨各种消极腐败现象，对存在的各种各样的腐败现象看得最清也最为敏锐，是战胜腐败和不正之风的力量源泉。党的二十大报告中明确要求“坚决惩治群众身边的‘蝇贪’”②，这是以习近平同志为核心的党中央部署的重大任务。党的十八大以来，党中央始终秉持以人民为中心的根本立场，持续整治群众身边的腐败和不正之风，坚持人民群众反对什么、痛恨什么，就坚决防范和纠正什么，坚决向侵害群众利益的行为亮剑，集中整治了一批群众反映强烈的突出问题，不断提升人民群众的幸福感和安全感，推动全面从严治党不断向基层延伸。与此同时也要看到，“微腐败”滋生和蔓延的土壤尚未彻底铲除，损害群众利益的行为仍然时有发生，群众急难愁盼的问题还没有完全解决，这不仅严重侵害了基层群众切身利益，也破坏了党和政府的良好形象。如果不能对在就业、教育、医疗、住房、养老等领域发生的腐败问题给予足够重视，如果

① 习近平：《在第十八届中央纪律检查委员会第六次全体会议上的讲话》，《人民日报》2016年5月3日。

② 习近平：《高举中国特色社会主义伟大旗帜 为全面建设社会主义现代化国家而团结奋斗——在中国共产党第二十次全国代表大会上的报告》，人民出版社2022年版，第69页。

不能对违规征地拆迁、操纵破坏基层选举、垄断集体资源等违纪违法行为进行严厉打击，就会严重损害广大人民群众的根本利益，影响人民群众对党开展反腐败斗争的信心和信任，党就会丧失民心、走向人民群众的对立面。由此可见，必须将整治群众反映强烈的腐败问题放在突出位置，严厉查处群众身边的“蝇贪”，充分发挥系列反腐举措的强大威慑作用，不断以反腐倡廉的实际成效取信于民、造福于民。

（二）加大对基层领导干部违纪问题的惩治力度

加强基层党风廉政建设，坚定不移惩治腐败问题，是一项长期复杂的任务，既要注重治标，着力解决发生在群众身边的腐败问题，更要注重治本，抓好基层领导干部这个“关键少数”。切实解决基层腐败问题，有效铲除腐败滋生土壤，可以推动党在新时代将自我革命工作进行到底、推向深入。

近年来，基层领导干部的腐败问题日益突出，部分基层干部失职渎职、滥用职权、行贿受贿、侵吞国家财产的现象还时有发生，不仅严重损害了人民群众的利益，而且也影响了党和国家的形象。习近平总书记指出：“我们党严肃查处一些党员干部包括高级干部严重违纪问题的坚强决心和鲜明态度，向全党全社会表明，我们所说的不论什么人，不论其职务多高，只要触犯了党纪国法，都要受到严肃追究和严厉惩处，决不是一句空话。”[①]这一重要论述，充分彰显了我们党坚定不移零容忍惩治腐败，“老虎”“苍蝇”一起打的勇气和决心。由此可见，必须加大对基层领导干部违法违纪问题的惩治力度，这一任务刻不容缓。各级党组织要加强对基层领导干部的日常管理，严格按照党规法纪和程序规范行事，及时发现、纠正和处理违法违纪行为，将贪污腐败、滥用职权、违反纪律的基层党员干部置于法网之下。同时也要加大对基层领导干部考核和监督的强度，对于不法分子，必须采取严厉果断的打击措施，坚决将他们绳之以法。具体表现在，要严格审查和处置党员干部违反党纪政纪、涉嫌违法的行为；严肃查办领导干部贪污贿赂、权钱

---

① 《十八大以来重要文献选编》上，中央文献出版社 2014 年版，第 135 页。

交易、腐化堕落的案件；严肃查处执法、司法人员徇私舞弊、枉法裁判、以案谋私的案件；等等。此外，我们党也应高度重视基层领导干部的生活作风和思想状况。比如，领导干部挪用公款吃喝玩乐、购买赠送或者发放礼品、肆意挥霍浪费问题，在住房方面以权谋私、利益输送问题，不给好处不办事、吃拿卡要、与民争利问题。针对这些问题，我们党必须认真抓严抓实、抓早抓小，彻底纠正和铲除各种腐败行为与不正之风。

三、切实强化反腐败斗争的支撑保障

新时代反腐败斗争压倒性态势已经形成并得到巩固发展，但反腐败形势依然严峻复杂。习近平总书记指出："腐败是党内各种不良因素长期积累、持续发酵的体现，反腐败就是同各种弱化党的先进性、损害党的纯洁性的病原体作斗争。"[①]在制度执行力度有待加强、纪检监察作用有待进一步发挥的情况下，我们党要以构建"三不腐"体制机制、强化纪检监察机关组织队伍建设为重要路径，为继续推进反腐败斗争、保证党的肌体健康、深化党的自我革命提供更加完善的支撑与保障。

（一）构建"三不腐"体制机制保障

一体推进不敢腐、不能腐、不想腐，不仅是反腐败斗争的基本方针，也是推进党的自我革命的重要方略。新时代反腐败斗争呈现四个"任重道远"的阶段性特征，必须保持清醒头脑，增强反腐政治定力，把一体推进"三不腐"方针方略落实到全面从严治党各方面，把惩治震慑、制度约束、提高觉悟结合起来，使反腐败治理效能更加凸显。

党的二十大报告强调，"坚持不敢腐、不能腐、不想腐一体推进，同时

① 《提高一体推进"三不腐"能力和水平 全面打赢反腐败斗争攻坚战持久战》，《人民日报》2022年6月19日。

发力、同向发力、综合发力。”[①]这是对新时代反腐败斗争成功经验的深刻总结，充分彰显我们党解决大党独有难题的清醒和坚定，为在新时代新征程上深入推进党的自我革命、继续把反腐败斗争引向深入指明了正确方向。首先，保持不敢腐的高压震慑，强化以惩治震慑为重点的惩戒机制。一方面，要驰而不息纠治“四风”。不正之风是滋生腐败的温床，与反腐败问题同根同源、互为表里。各级党组织都要认真学习贯彻习近平总书记重要讲话精神，持续加固中央八项规定精神的堤坝，坚决破除特权思想和特权行为，不断把作风建设引向深入，推进作风建设常态化长效化。另一方面，要以“零容忍”态度反腐惩恶。腐败和反腐败较量还在激烈进行，稍有松懈就可能前功尽弃，唯有“零容忍”才能保持惩治贪腐震慑常在。这充分彰显了我们党严惩腐败分子、把反腐败斗争进行到底的坚强决心和坚定意志。因此，必须坚持有腐必反、有贪必肃，坚持“打虎”“拍蝇”“猎狐”多管齐下，更加有力遏制增量，更加有效清除存量。必须始终保持严惩腐败的高压状态，才能有效消除党内政治隐患，营造风清气正的良好政治生态，不断取得更多制度性成果和更大治理效能。其次，扎紧不能腐的制度笼子，完善权力配置和运行制约机制。一是要善于运用法治思维和法治方式惩治腐败，以党章党规党纪、宪法法律法规为准绳，严格依规依纪行使权力、推进监督、惩治腐败，确保反腐败工作在法治化、规范化的轨道上运行。二是要持续深化纪检监察体制改革，不折不扣执行监督执纪工作规定、监督执法工作规定，促进制度优势更好转化为反腐败治理效能。此外，还要完善权力配置和运行制约机制，实行权力清单制度，依法公开权力运行流程、划定权力界限，把权力运行置于党组织和群众监督之下，让权力在阳光下运行。最后，筑牢不想腐的思想堤坝，构建党员干部不想腐的免疫机制。要取得反腐败斗争的真正彻底胜利，必须重视和推进党的思想建设，这是保持党的先进性纯洁性、不断增强党的战斗力创造力的奥秘所在。全党同志都要加强理论学习，通过开展经常性和集中性教育的方式，及时了解新政策、掌握新动态、学习新知识，

① 习近平：《高举中国特色社会主义伟大旗帜 为全面建设社会主义现代化国家而团结奋斗——在中国共产党第二十次全国代表大会上的报告》，人民出版社 2022 年版，第 69 页。

进而坚定自身理想信念、自觉筑牢拒腐防变防线，树立正确的世界观、人生观和价值观，确保在任何场合下都能够履行好本职工作。此外，也要加强新时代廉洁文化建设，通过积极开展纪法教育、建立媒体平台“倡廉”阵地、张贴清正廉洁警示标语等多种载体和方式，教育引导全党从思想上正本清源、固本培元，提升拒腐防变的能力水平和思想自觉，扣好廉洁从政的“第一粒扣子”。

（二）强化纪检监察机关组织队伍保障

纪检监察机关是党和国家反腐败方针政策的执行者，是治理腐败问题的中坚力量。坚持不懈整治群众身边腐败和不正之风，是党中央赋予纪检监察机关的重要任务，是纪检监察机关坚持以人民为中心发展思想的实际行动。为此，必须加强纪检监察机关组织队伍建设，打造一支勤政务实、清正廉洁、忠诚担当、作风优良的纪检监察干部队伍，为深入开展反腐败斗争、推进自我革命实践进程提供坚实的组织队伍保障。

首先，加强纪检监察机关组织队伍履职能力建设。一方面，要持之以恒加强党性修养。党性教育是党员干部教育的核心内容，也是提升干部队伍整体素质、保持党的战斗力生命力的根本要求和重要途径。习近平总书记在二十届中央纪委二次全会上对纪检监察机关提出了新的要求：“要结合即将在全党开展的主题教育，把纯洁思想、纯洁组织作为突出问题来抓，切实加强政治教育、党性教育，严明法纪，坚决清除害群之马，以铁的纪律打造忠诚干净担当的铁军。”[①]各级纪检监察机关的党员干部要将加强党性教育作为终身课题，通过理论学习、专题学习、组织生活会、参观交流等多种方式，深入开展理想信念教育、党的宗旨教育、党规党纪教育、党史国史教育和革命传统教育等。要把党章、党性课程作为学习的基本课程和必修课程，不断强化自身的宗旨意识和主动担当的使命感，牢固树立和践行正确政绩观，在严格的思想淬炼中提纯党性、锤炼党性。另一方面，要切实增强实干本领。

① 习近平：《一刻不停推进全面从严治党 保障党的二十大决策部署贯彻落实》，《人民日报》2023年1月10日。

针对当前反腐败工作力量分散、干扰多、阻力大等问题，建议研究出台监督和办案的指导意见，整合运用监督力量，真正实现多部门上下联动，充分发挥多级监督合力。同时，也要加强上级纪检监察机关对下级纪检监察机关监督工作的领导，认真抓好各项监督检查任务的贯彻落实，保障党中央关于反腐败的决策部署落实到位，统筹推动各项工作有序有效开展，在实干中不断增强纪检监察机关组织队伍履职能力，确保反腐败斗争取得显著成效。

其次，强化纪检监察机关组织队伍的监督能力保障。随着反腐败工作重心向基层的下移，以基层纪检监察机关为主体的监督力量在反腐败斗争中发挥着举足轻重的作用。习近平总书记在十九届中央纪委四次全会工作报告中提出，“要在更大范围整合运用监督力量，提升基层纪检监察机关监督能力。”①尤其是要聚焦群众普遍关注、反映强烈和反复出现的问题，对群众身边腐败和作风问题进行专项治理，找准反腐败工作切入点和着力点，让监督更加精准、更富实效。因此，要全面推进纪检监察职能向农村基层延伸，实现监督工作无禁区、无死角、全覆盖；落实落细监督力量的整合运用，注重把纪律监督、监察监督、巡察监督、派驻监督的统筹和衔接起来；聚力提升基层纪检监察机关的治理效能，对腐败问题的整改落实真正到位，补齐基层监督的弱项和短板，推动纪检监察工作实现高质量发展。

第三节　加强与规范党内政治生活

党内政治生态是党的优良作风的生成土壤，是党永葆旺盛生机的动力源泉，也是检验党的自我革命成效的重要指标。历史与现实经验深刻表明，“严肃党内政治生活、净化党内政治生态，是党的建设中带有根本性、基础性的问题，关乎党的团结统一，关乎党的生死存亡。”②党的十八大以来，以

① 《十九大以来重要文献选编》中，中央文献出版社 2021 年版，第 408 页。

② 习近平：《习近平关于全面从严治党论述摘编》，中央文献出版社 2016 年版，第 37 页。

习近平同志为核心的党中央突出强调政治建设，进一步加强与规范党内政治生活，党内政治生态明显好转。在肯定成绩的同时也必须深刻认识到，少数党员干部忽视政治、淡化政治的问题还比较突出，有的政治纪律意识不强，有的在原则问题和大是大非面前立场摇摆，有的违背“四个服从”原则，有令不行、有禁不止，对党中央和上级的决策部署合意的就执行，不合意的就打折扣、搞变通。在此背景下，开展严肃认真的党内政治生活依然任重道远，必须常抓不懈。新时代要通过增强严守政治纪律的自觉性、提升党内组织生活的规范性与有效性、推动批评与自我批评常态化等途径破解党内政治生活中的突出问题，进一步推动党的自我革命向前推进。

一、增强严守政治纪律和政治规矩的自觉性

我们党作为马克思主义政党，是靠革命理想和铁的纪律组织起来的政党，纪律严明是党一以贯之的光荣传统和独特优势。毛泽东曾指出：“加强纪律性，革命无不胜。”[①]习近平总书记强调：“党的纪律是刚性约束，政治纪律更是全党在政治方向、政治立场、政治言论、政治行动方面必须遵守的刚性约束。”[②]可以看出，政治纪律是最重要、最根本、最关键的纪律，必须始终把严明政治纪律和政治规矩摆在首位，不断形成自我净化、自我完善、自我革新、自我提高的内生动力，为自我革命从规章制度上提供刚性约束和行为遵循。

（一）加强对党员干部遵守政治纪律的教育

政治纪律教育是严格党内政治生活的一项重要任务，抓好政治纪律教育是严明党的政治纪律的重要抓手。党的政治纪律一旦确立，并不意味着全体党员都能自觉遵守，而是要有目的、有计划、有组织地对党员进行纪律

① 《论中国共产党历史》，中央文献出版社 2021 年版，第 172 页。

② 《习近平关于严明党的纪律和规矩论述摘编》，中央文献出版社、中国方正出版社 2016 年版，第 7 页。

宣传、教育和引导，从而提高全党守纪律、讲规矩思想自觉和行动自觉。习近平总书记指出，“党的各级组织要加强对党员、干部遵守政治纪律的教育”[①]。只有充分提升党员政治纪律意识、筑牢思想防线，严格用党规党纪约束党员干部的行为，才能永葆共产党人清正廉洁的政治本色，不断增强党自我净化、自我完善、自我革新、自我提高的能力。

首先，明确和丰富政治纪律教育的内容。党的政治纪律教育应包括党章学习教育、党规党纪教育以及党的优良传统和作风教育。一是要主动学习党章，强化党章意识。全体党员既要牢固树立党章意识，严格对照党章规范自身的言行举止，又要将党章内化于心、外化于行，党章学习教育要作为经常性工作来抓，使其各项规定真正落实到党的各项事业中。二是要开展党规党纪教育。党的各级组织应把最新修订和颁布的党规党纪作为重点学习内容，深入宣讲和解读《中国共产党廉洁自律准则》《中国共产党纪律处分条例》《关于新形势下党内政治生活的若干准则》等党内法规，教育引导广大党员干部领会其中的科学内涵、精髓实质和实践要求。三是要继承发展党的优良传统和作风，把党的优良传统作风与时代要求相结合，将严格的纪律与规范的行为相联系，确保党的自身建设的正确政治方向和良好效果。其次，拓宽开展政治纪律教育的方式和途径。开展政治纪律教育的方式多种多样，主要包括集体学习、专题培训、廉政谈话、警示教育、个别教育等，关键是要切实提升政治纪律教育的实效性。通过专题讲座、中心组学习、党校培训、交流研讨等形式，组织广大党员干部认真学习党的政治纪律和政治规矩，并对存在错误认识的同志有针对性地予以批评教育；通过定期召开警示教育大会、拍摄警示教育片、参观警示教育基地等方式还原典型案例，坚持以身边案身边事教育身边人，引导党员干部守牢党纪党规的防线，警示他们要揽镜自照、反思整改，做到防微杜渐。此外，我们党也应持续创新教育的形式，充分利用网络新媒体途径，努力提供沉浸式、场景化体验，不断增强政治纪律教育的实效性和感染力。

---

① 《习近平关于严明党的纪律和规矩论述摘编》，中央文献出版社、中国方正出版社2016年版，第18页。

（二）加强对政治纪律执行情况的监督检查

严明党的政治纪律和政治规矩，在加强纪律教育的前提之下，更要注重强化执纪监督，充分发挥二者合力，更好地促进政治纪律的自觉养成。长期以来，政治纪律执行不力是党内政治生活中存在的一个突出问题。这就要求各级党组织把政治纪律执行情况的监督检查摆在更加突出的位置，通过强化监督检查引导和督促广大党员干部讲政治、顾大局、守纪律，自觉在日常工作、生活中遵守党的各项政治纪律，维护党中央权威。

首先，严格执行党的各项政治纪律。“制定纪律就是要执行的。”[①]纪律的生命力在于执行，只有严格执行才能真正发挥其规范和约束党员行为的作用，从而确保党内政治生活有序开展。在执纪态度上，要始终保持高压态势、严的基调，发扬彻底的自我革命精神，对任何违纪行为都敢抓敢管，自觉维护党的政治纪律的权威和执行力；在执纪对象上，把党员干部作为重点监督对象，尤其是要抓住领导干部这个“关键少数”，要求党员干部必须要带头遵守党的纪律的规定，重点对于不遵守党的纪律的党员干部进行严肃处理，从而充分发挥党员干部的带头示范作用，保障纪律的执行；在执纪内容上，对违反党章和党内生活准则的行为作出明确规定，积极同各种错误言行作斗争，坚决纠正“七个有之”，做到“五个必须”，增强“四个意识”，勇于担当尽责，坚决做到令行禁止。其次，强化对政治纪律执行情况的监督检查。加强监督检查是推动纪律执行的重要手段，是实现让铁规发力、让禁令生威的必然要求。“党的各级纪律检查机关要把维护党的政治纪律放在首位，加强对政治纪律执行情况的监督检查。”[②]这充分说明无论是制定纪律还是执行和维护纪律，都离不开强有力的专门性组织作为保障。对此，必须加快建立专门性的纪律检查机关，充分发挥监督专责机关的作用，及时发现和解决违反党的政治纪律和政治规矩问题。紧紧围绕落实党的二十大战略部署，切实加强对党章党规党纪贯彻执行情况、党的路线方针政策的监督检

---

① 《习近平关于严明党的纪律和规矩论述摘编》，中央文献出版社、中国方正出版社2016年版，第77页。

② 《十八大以来重要文献选编》上，中央文献出版社2014年版，第134页。

查，着力纠正政治偏差。

二、提升党内组织生活的规范性和有效性

习近平总书记指出："党的组织生活是党内政治生活的重要内容和载体，是党组织对党员进行教育管理监督的重要形式。"[①]在他看来，各级党组织都必须高度重视组织生活。聚焦当下组织生活存在的问题和弊端，着力探寻破解之道，并且不断进行实践探索和积极创新，不断提升组织生活的规范性和有效性。通过充分发挥好组织生活对广大党员的教育监督管理功能，切实推进全面从严治党取得新成效。党的建设实践证明，什么时候党的组织生活开展得好，党内政治生态就正气充盈，党的自身建设和党的事业就能顺利推进。新形势下，持之以恒深入推进党的自我革命和全面从严治党，必须运用好加强党内政治生活这一重要抓手，着力在严格开展党内组织生活、认真落实党的组织生活制度上下功夫，不断增强党解决自身问题、实现长期执政的能力。

（一）规范党内组织生活的内容形式

加强与规范党内组织生活是解决党内矛盾问题、增进党内和谐的过程，也是党员干部不断实现自我完善、自我超越的过程。如果党内组织生活存在庸俗化、平淡化的不良倾向，就会导致党组织软弱涣散、党员政治意识淡薄，从而削弱党的执政能力，影响党自我革命的效力。为此，必须严格开展党内组织生活，通过规范党内组织生活的内容和形式，增强党内生活的规范性，从而为党员干部锤炼党性修养、规范自身行为提供重要保证。

首先，丰富和发展党内组织生活内容。丰富新颖的学习内容，能够充分调动党员参与组织生活的热情和积极性，使党员充分发挥在组织生活中的主体作用。当前，党内组织生活内容尚不完善，导致党的组织生活流于形式，仅

① 《关于新形势下党内政治生活的若干准则》，人民出版社2016年版，第32-33页。

仅停留在表面上，极大影响了党的组织生活质量。为解决这一问题，必须在充实党内组织生活的内容和改进形式上下功夫，不断增强党内组织生活吸引力。具体而言，一是要及时更新和不断丰富组织生活的学习内容，提升党员的思想政治觉悟。不仅要使广大党员原原本本学习和研读马克思主义经典著作，更要不断推动广大党员全面掌握马克思主义中国化时代化的创新理论成果，在丰富组织生活的学习内容中着力提升学习教育效果。二是要将开展党的集中教育活动与党的组织生活结合起来。例如，以党的重要纪念活动以及党史学习教育为契机，组织党员干部学习党章党规、党史国史的重要内容，开展生动形象的思想政治教育。三是要将传达党中央和上级党组织的指示、决定、报告和文件作为重要的学习内容，增强党员对于党和国家各项方针政策的理解，并以本地区本单位的现实情况为重要依据，做好在本地区本单位具体的贯彻落实工作，不断激发党员建功新时代的热情、提高党员的工作能力。

其次，推进党内组织生活方式方法创新。为确保党内组织生活真正取得实效，不仅要丰富完善教育的内容，更要注重拓宽组织生活开展的途径和渠道，不断增强党内组织生活的开放性、共享性，调动广大党员积极参与党内组织生活的热情。一是要创新形式。要改变过去的形式单一性，与时俱进丰富新的形式，并且有针对性地安排组织生活内容。如积极探索实践以“菜单式”为主要特征的主题党日活动，进一步增强活动的趣味性和参与度，提升党组织的创造力和凝聚力；积极利用微党课、微视频、微动漫的教育培训方式，组织开展线上线下学习交流活动，开阔党员眼界、启发党员思维，增强组织生活的实践特色和时代活力。二是要拓宽途径。不局限于线下召开组织生活会的途径，积极谋划筹备内容丰富的教育宣传活动，充分利用网络资源，拓展线上途径。例如，充分利用网络新媒体渠道，搭建微信群、朋友圈、官方微博、新闻客户端等网络教育平台开启在线讨论交流，更好学习党史知识、讲述党的故事、传播党的声音；充分挖掘社会资源，利用党日活动时间组织党员干部参观理想信念教育基地、党风廉政教育基地等场所，使之成为党员接受理想信念教育、提升党性修养的重要载体，让党员在潜移默化中自觉接受精神洗礼和文化熏陶。

（二）严格落实党的组织生活制度

加强制度约束是提高组织生活质量效果的治本之策。通过不断健全和严格执行党的组织生活各项制度，使广大党员都能够遵守明确的制度安排，从而着力解决组织生活不规范、不认真、不严肃等问题，有助于党员提升自身党性修养、筑牢坚定理想信念，为营造良好党内政治生态、推进党的自我革命提供强有力的制度保障。

严格党的组织生活首先要从制度抓起，使组织生活真正成为党员干部的必修课。站在新的历史起点上，为确保党的组织生活充分发挥实效，党的各级组织需要着力在以下几方面下功夫：一是坚持和完善“三会一课”制度。这一制度是严密党的组织、增强党的创造力凝聚力战斗力的鲜明体现和制度安排。一方面，以“三会一课”为载体，让党员全面掌握党的基本理论知识，组织党员学习党章党规，不断提高党员政治理论素养，增进对党的路线方针政策的理解。另一方面，通过定期召开党小组会、支部委员会和党员大会，引导党员把思想和工作摆进去，并针对自身不足开展积极健康的思想斗争，以达到统一思想、改进工作、共同提高的实际效果。二是要坚持民主生活会和组织生活会制度。党员领导干部既要参加所在党支部或党小组的组织生活会，又要参加所在党委、党组定期召开的民主生活会，在组织生活中通过批评与自我批评及时发现并改进自身问题，提升党的组织生活的科学化、制度化、规范化水平。三是要坚持民主评议党员制度。通过开展民主评议党员活动，对每个党员在各项工作中的表现和作用做出客观的评价。既要大力表彰先进党员，鼓励广大党员向先进党员学习，在党内形成良好的氛围。又要及时清退党内存在的坏分子，对存在问题的党员进行严肃处理，及时处置不合格党员，保证党员队伍的纯洁性和先进性。四是要坚持谈心谈话制度。“党组织领导班子成员之间、班子成员和党员之间、党员和党员之间要开展经常性的谈心谈话”[①]，对党内开展的思想、组织、纪律、作风等方面工作交换意见、沟通思想，主动说明自身不足，诚恳指出对方问题，深入探讨解决

---

① 《关于新形势下党内政治生活的若干准则》，人民出版社2016年版，第34页。

问题的意见建议。这有利于营造党内积极健康的思想交流和良好氛围，化解党内矛盾、增进党员队伍的团结。

三、推动批评和自我批评常态化开展

马克思认为，与资产阶级革命不同的是，无产阶级革命经常进行自我批判[①]。习近平总书记指出："批评和自我批评是解决党内矛盾的有力武器，也是保持党的肌体健康的有力武器。"[②]中国共产党继承了马克思主义政党的批判性和革命性品格，自诞生之日起就勇于开展批评和自我批评，并将其作为新时代推进党的自我革命的重要法宝。正因为如此，我们党才能始终赢得最广大人民群众的衷心拥护，才能带领全国各族人民踔厉奋发、勇毅前行，夺取一个又一个伟大胜利。进入新时代，唯有继续坚持批评和自我批评的优良传统与作风，敢于并善于同各种错误思想作斗争，及时纠正自身错误和不足，才能不断提升党的长期执政能力，开辟党的自我革命的崭新境界。

（一）推动党内批评与自我批评常态化

批评与自我批评是有效发现和解决党内存在的问题、规范党内政治生活的重要手段，是党的光荣传统和优良作风。我们党能够依靠自身力量解决自身问题，正是因为始终发扬彻底的革命精神，严肃认真地开展批评和自我批评，不断在党内形成批评和自我批评的良好风气，为新时代深入推进党的自我革命提供了重要遵循。

毛泽东同志曾讲过："定期召开会议，进行批评和自我批评，这是一种同志间互相监督，促使党和国家事业迅速进步的好办法。"[③]习近平也多次强调批评与自我批评的重要性，他指出："批评和自我批评是一剂良药，是对

① 《马克思恩格斯选集》第1卷，人民出版社2012年版，第672页。

② 《十八大以来重要文献选编》中，中央文献出版社2016年版，第97页。

③ 《毛泽东文集》第6卷，人民出版社1999年版，第406页。

同志、对自己的真正爱护。”[①]因此要大胆使用、经常使用批评与自我批评的方式，发挥其对发现党内问题的良好效果，激励广大党员干部直面和改正自身问题。党的十八大以来，党内批评与自我批评得到普遍开展，取得积极成效，党风政风明显好转。但值得注意的是，面对新时代价值观念的深刻变化，批评和自我批评并没有完全发挥出其应有的价值，存在对于部分问题不能进行及时批评和批评不到位等诸多问题。甚至是在进行自我批评的过程中，部分党员干部根本不能发现自身存在的问题，将自我批评流于形式，反而在内容上更多进行自我表扬。因此要消除当前党内存在的种种不良倾向，必须坚持批评与自我批评并推动其形成工作常态。这就要求各级党组织要借助特定的载体和方式，鼓励党员经常性地开展批评与自我批评。比如，定期召开专题民主生活会，会前确定相应主题、内容、时限和要求，会上围绕主题进行对照检查，深刻检视自身存在的问题，会后及时制定整改措施，确保整改任务落地见效；要通过党员干部轮流开展思想汇报的方式，积极带动广大党员深刻反思并及时纠正自身不足，在总结与反思中提高思想觉悟、锤炼党性修养；深入开展谈心谈话，及时把握党员的思想动态，加强党员之间的思想交流，既要讲道理、以理服人，又要情理结合、以情动人，确保党员在沟通中交换意见、增进了解，总结交流经验，最终达成共识。通过批评的经常化健全党内政治生活、促进党的自我革命，推进党的事业顺利发展。

（二）实现党内批评与自我批评制度化

批评和自我批评是我们党不断改造和提升自己的有力武器。要使批评与自我批评有效运行，不能仅仅靠提高全党的思想觉悟，还必须通过刚性制度加以约束，强化开展党内批评与自我批评的自觉性。因此，必须加强制度建设，健全完善批评和自我批评长效机制，提高党员干部自我净化和自我提高的能力，进一步提升党的自我革命的水平和境界。

---

① 习近平：《坚持用好批评和自我批评的武器 提高领导班子解决自身问题能力》，《人民日报》2013 年 9 月 26 日。

一是建立健全党内批评与自我批评的领导制度。首先要从领导干部抓起。各级党组织应加强对党内开展批评与自我批评的领导，尤其是主要领导干部要充分发挥好示范引领、榜样带头作用。一方面，以制度的形式对领导干部带头开展诚恳的自我批评的具体要求和程度进行规范落实，制定和落实整改措施，使得领导干部以实际行动为广大党员检视自身、保持优良作风做好重要表率。另一方面，明确领导干部和党员之间也要敢于并善于进行相互批评。在坚持实事求是原则、采取客观公正态度的前提之下，通过同志间的善意批评、虚心接受、相互帮助、积极改正的流程，提高党内政治生活质量和党组织的活力，推动形成批评与自我批评的良好氛围。二是建立健全党内批评与自我批评的监督考核制度。党章规定，每个党员都有义务进行批评与自我批评，党的干部要自觉接受群众的监督和批评。通过虚心听取人民群众的意见、建议与批评，查找工作中的偏差，认真制定整改措施并落到实处，逐渐改变批评与自我批评走形式、走过场的不良风气。由此可见，充分发挥人民群众对党内批评的监督作用，汲取人民群众的智慧，有助于营造民主平等的监督环境，不断提高党的领导能力和执政水平。三是建立健全党内批评与自我批评的奖惩制度。要根据监督考评的结果采取相应的奖惩措施。对于那些勇于剖析问题、虚心接受意见的党员干部，要坚决支持，给予奖励，对压制批评或者打击报复的人，要给予严厉惩处，以此激发全党正确开展批评与自我批评的思想自觉和行动自觉。

第四节　完善党的自我革命制度规范体系

不以规矩，不能成方圆。建章立制，是现代政党必须遵循的一般规律，也是现代政党得以良好运行并且富有战斗力的基本保障。党的十八大以来，以习近平同志为核心的党中央始终把依规治党、制度治党作为新时期推进党的自我革命的重要抓手，在原有制度规范基础上“形成了一整套党自我净化、自我完善、自我革新、自我提高的制度规范体系”[①]，为持续有效推进党的自我革命、建设长期执政的马克思主义政党提供了科学的权威规范与坚实的制度保证。在新的赶考之路上，唯有不断完善党的自我革命制度规范体系，将科学理论转化为制度规范、确立为行动遵循，才能充分彰显制度优势、增强历史主动，确保党的自我革命在制度治党的科学轨道上有力推进。

一、完善以党章为根本、以民主集中制为核心的党内法规制度体系

党内法规制度体系是规范党的领导和党的建设活动的专门规章制度，发挥统摄提领、搭梁立柱的重要作用。党的二十大报告中指出，我们党已经“形成比较完善的党内法规体系”[②]，这一体系是以党章为根本、以民主集中制为核心，以中央党内法规为主干、以地方党内法规为枝叶组成的有机统一整体。完善党的自我革命制度规范体系，必须牢牢抓住党内法规制度体系这个核心要件，把健全完善党内法规制度摆在全党工作的中心位置。

（一）以中国共产党的领导为根本保证

坚持党的领导是党内法规制度建立的根本保证。中国共产党作为革命、建设和改革的领导核心，历来高度重视党内法规制度建设，在党中央的正确领导下，注重运用党内法规巩固党的执政地位、提高党的建设质量。新时代，构建更为系统、完善的党内法规制度体系，仍要坚持以党的领导为根本保证。

百年来，我们党根据不同历史时期的特殊形势和中心任务，制定颁布了一系列党内法规和规范性文件，从最初的党纲党章发展为以党章为核心的比较完备的党内法规制度体系，生动地再现了我们党推动制度建设、勇于自我

① 习近平：《以史为鉴、开创未来 埋头苦干、勇毅前行》，《求是》2022 年第 1 期。

② 习近平：《高举中国特色社会主义伟大旗帜　为全面建设社会主义现代化国家而团结奋斗——在中国共产党第二十次全国代表大会上的报告》，人民出版社 2022 年版，第 13 页。

革命的历史进程。新民主主义革命时期，党的第七次全国代表大会通过的《中国共产党章程》，强调中国共产党是按照民主集中制组织起来的统一战斗组织，并把“四个服从”确立为民主集中制的一项基本原则，从党章这一党内根本大法上规定了党的集中统一领导，这在党的历史上具有重要的里程碑意义。社会主义革命和建设时期，党在巩固新生政权的基础上对党内法规制度建设进行了许多探索。例如，1954年2月，党的七届四中全会通过《关于增强党的团结的决议》，明确规定“党的团结的唯一中心是党的中央”，向全党强调必须严格遵守民主集中制和集体领导的原则，切实增强和维护党的团结统一。改革开放后，党的十二大对党章进行了修改与完善，阐明中国共产党“是中国社会主义事业的领导核心”，不仅科学规范地概括了党的性质，也将政治领导置于党的领导布局首位，保障了党内法规制度建设的正确方向。进入新时代，党中央始终旗帜鲜明坚持和加强党的全面领导，秉持于法周延、于事有效的原则坚定不移推进党内法规制度的建设，逐步建立起一套内容科学、程序严密、配套完备、运行有效的党内法规制度体系。领导有力才能真正抓出实效，始终坚持党的全面领导不动摇，把党的领导落实到治国理政各方面各环节，不仅为党内法规制度建设指明了前进方向，也为党的自我革命提供了重要制度保障，从而释放出强大的治理效能。

（二）以党章为根本

党章是党的根本大法，在党内法规制度体系中处于统领地位。同时，党章也是约束和规范广大党员的重要规范，在对党员的管理方面发挥着重要的作用。因此，必须强调党章的重要性，始终以党章为根本依据完善党内法规建设，推动党在革命性锻造中更加坚强有力。

完善党内法规制度体系，首要的是强化党章的根本地位和作用。党的十八大以来，以习近平同志为核心的党中央反复强调全党要认真学习党章、严格遵守党章，以党章这一党内根本大法为基础和依据建立健全党内法规制度体系。他明确指出：“党章是我们立党、治党、管党的总章程，是全党最基本、最重要、最全面的行为规范。”[①]在全体党员面前突出强调了党章所具有的重要地位，并且将学习和遵守党章上升到党员的义务和责任的高度，要求全党既要全面掌握党章基本内容，又要严格落实党章各项规定，切实维护以党章为首的党内法规制度的严肃性和权威性。此后，党章作为党内根本法的地位不断凸显，也有力推动了党内法规制度的体系化进程。2016年2月，党中央在全党范围内开展了“学党章党规、学系列讲话，做合格党员”集中性学习教育，不断推动“两学一做”学习教育常态化、制度化。习近平总书记强调指出：“建立健全党内制度体系，要以党章为根本依据；判断各级党组织和党员、干部的表现，要以党章为基本标准；解决党内矛盾，要以党章为根本规则。”[②]全党对党章的认同、遵守与贯彻程度，决定着党员队伍的党性修养水平，进而决定着党开展自我革命的程度和水平。2017年10月，党的十九大及时把治国理政的创新成果和成功经验提炼后写入党章，完善了新时代党的建设的指导方针、总体布局、基本要求等内容，有利于全体党员深入学习贯彻党的创新理论，推动党和国家事业的发展。党的二十大将习近平新时代中国特色社会主义思想的新发展写入党章，并对党百年奋斗的重大成就和历史经验进行增写补充，对党的建设总体要求的内容进行调整充实，充分实现了党章内容的与时俱进。总体而言，党内法规制度体系的建构，必须从新时代党的事业发展和党的建设全局出发，适应党的理论创新和实践发展的需要，充分发挥党章提纲挈领、统领全局的作用，贯彻落实好党章的各项规定，在全党形成自觉学习党章、严格遵守党章、坚决维护党章的良好氛围。

（三）以民主集中制为核心

马克思、恩格斯虽然没有明确提出民主集中制这一概念，但在建立工人阶级政党的理论与实践活动中蕴含民主集中制的理论基因。列宁在继承马克思、恩格斯民主集中制思想的基础上，首次提出并深化了民主集中制概念。

① 习近平：《全面贯彻落实党的十八大精神要突出抓好六个方面工作》，《求是》2013年第1期。
② 习近平：《认真学习党章 严格遵守党章》，《人民日报》2012年11月20日。

他认为“加入共产国际的党，应该是按照民主集中制的原则建立起来的”[①]，并将它确定为建党原则推广运用到各国共产党的建设之中。“民主集中制是我们党的根本组织原则和领导制度，是马克思主义政党区别于其他政党的重要标志。”[②]党的十八大以来，党中央多次强调民主集中制的重要性，并注重发挥民主集中制的独特优势。以习近平同志为核心的党中央加快推进以民主集中制为核心的党内法规制度体系建设，为完善党的自我革命制度规范体系提供了可靠保障。

具体而言，一是将民主集中制的理念融入具体的党内法规制度之中，保证党内法规制度内容的科学性。例如，2016年10月，党的十八届六中全会通过的《关于新形势下党内政治生活的若干准则》强调民主集中制是党内政治生活的重要制度保障，要求各级党组织实现“集体领导和个人分工负责相结合”，进一步完善了党内政治生活制度。再如，2018年修订的《中国共产党纪律处分条例》增写“两个维护”的内容，并将其列为一项严肃的政治纪律，是对民主集中制原则的创造性运用和升华。二是将民主集中制贯穿于党内法规制度的运行过程，保证党内法规制度的有效实施。在干部选拔任用方面，2014年修订的《党政领导干部选拔任用工作条例》强调采用党管干部原则与充分发扬民主的方法，使民主集中制原则贯穿选人用人的全过程和各方面。在党的组织工作中，2021年颁布的《中国共产党组织工作条例》明确规定，民主集中制是党的组织工作必须恪守的根本原则和领导制度，为新时代加强党的组织法规建设提供了基本遵循。在议事决策过程中，我们党不断健全和完善民主决策规则和程序、健全重大决策执行监督机制、改进党委常委会议事方法等，着力推进党内法规制度的贯彻落实。

---

① 《列宁选集》第4卷，人民出版社2012年版，第254页。

② 《树牢“四个意识” 坚定“四个自信” 坚决做到“两个维护”勇于担当作为 以求真务实作风把党中央决策部署落到实处》，《人民日报》2018年12月27日。

二、健全党统一领导、全面覆盖、权威高效的监督体系

依靠完善党的监督体系深入推进党的自我革命，是中国共产党在实践探索中形成的创新成果。党的二十大报告中明确指出，要“健全党统一领导、全面覆盖、权威高效的监督体系，完善权力监督制约机制，以党内监督为主导，促进各类监督贯通协调，让权力在阳光下运行”[①]。构筑党和国家的监督体系意义重大，不仅是坚持党的领导、提高党的执政水平的必然要求，也是从严管党治党、治国理政的基本遵循。在全面建设社会主义现代化国家新征程上，要加快完善党和国家的监督体系，进一步织牢织密权力运行制约和监督的制度笼子，推动党的自我革命制度化水平迈向新的发展阶段。

（一）坚持以党内监督为主导，促进各类监督贯通协调

“增强党自我净化能力，根本靠强化党的自我监督和群众监督。”[②]通过监督的方式，有利于有效预防和减少党内乱用和滥用权力的行为，保障党员干部能够行使自身权力真正实现为民造福。新的征程上，必须坚持以党内监督为主导，促进各项监督相互贯通协调，不断健全党和国家监督体系。这是坚定不移推进党的自我革命的题中应有之义，有利于全面从严治党的纵深推进。

首先，充分发挥党内监督的主导作用。加强党内监督是马克思主义政党的一贯要求，是党永葆旺盛生命力的有力武器。党的历史经验表明，如果党内监督弱化、虚化甚至缺失，党的领导能力和执政能力就会大大削弱。正如习近平总书记所指出的：“党的执政地位，决定了党内监督在党和国家各种监督形式中是最基本的、第一位的。”[③]为确保党章党规党纪在全党有效执行、统一全党的意志和行动，必须充分发挥党内监督的政治引领作用。党的

① 习近平：《高举中国特色社会主义伟大旗帜 为全面建设社会主义现代化国家而团结奋斗——在中国共产党第二十次全国代表大会上的报告》，人民出版社 2022 年版，第 66 页。

② 《十九大以来重要文献选编》上，中央文献出版社 2022 年版，第 47 页。

③ 习近平：《在党的十八届六中全会第二次全体会议上的讲话（节选）》，《求是》2017 年第 1 期。

十八大以来，党不断完善党内监督体系，构建起全覆盖、无死角、零容忍的党内监督网。例如，在监督内容上，党中央颁布《中国共产党党内监督条例》《中国共产党纪律处分条例》《中国共产党问责条例》等一系列党内监督保障法规；在监督主体上，要推动形成党委（党组）全面监督、纪律检查机关专责监督、党的工作部门职能监督、党的基层组织日常监督、党员民主监督的党内监督体系等。

其次，促进各类监督有机贯通、相互协调。新时代，党和国家监督体系的总体框架已经形成，各领域各环节监督的关联性和互动性明显增强。这就要求我们党要把党内监督同国家机关监督、民主监督、司法监督、群众监督、舆论监督等贯通起来，以党内监督带动其他监督，构建起科学严密的监督体系，形成常态长效的监督合力。一是在各类监督中，群众监督至关重要，是最广泛、最直接、最有效的监督，因此要着重加强党内监督与群众监督的联系。因此，要通过拓宽群众监督的途径，完善来信、来访、电话、网络四位一体的信访受理平台，进一步畅通群众反映情况的渠道，充分调动群众监督的主动性和积极性；通过进一步加强和规范群众监督和党内监督的程序衔接，对人民群众检举揭发的党员违纪违法行为及时启动党内监督程序，依规依纪进行严肃处理。二是要通过聚焦专项领域治理，促进各类监督的积极贯通。例如，要以正风反腐工作为重要切入点，充分发挥反腐败协调小组作用，进一步贯通监察监督、巡察监督、审计监督力量，既严查黑恶团伙等违法犯罪案件，更深挖背后腐败和“保护伞”问题，坚决清除阻碍经济社会发展的顽瘴痼疾。总体而言，只有坚持党内监督与外部监督相结合，推动各类监督有机贯通、相互协调，才能全方位强化对权力运行的制约和监督，才能为完善党的自我革命制度规范体系提供系统化的坚实保障。

（二）推进政治监督具体化、精准化、常态化

党的二十大报告明确提出，要“推进政治监督具体化、精准化、常态

化”[①]。这是对全面从严治党经验的深刻总结，也是完善党的自我革命制度规范体系的重要保证。新时代新征程，必须进一步提高政治站位，强化政治担当，着力在推进政治监督具体化、精准化、常态化上下功夫，不断健全协同高效的监督体系，切实推进党的伟大自我革命。

第一，推进政治监督具体化，就是明确和细化政治监督的任务、主体、对象、方式等，对谁来监督、监督什么、如何监督做到心中有数。在监督任务上，必须坚决维护党中央权威和集中统一领导，坚决做到“两个维护”，确保全党在政治立场、政治方向、政治原则上与党中央保持高度一致。在监督主体和对象上，各级党组织和全体党员既是监督的主体，又是监督的对象，其中党的领导干部又是重点监督对象。在监督方式上，通过综合运用自上而下的监督、自下而上的监督以及同级之间相互监督的手段，推进政治监督具体见效。第二，推进政治监督精准化，就是紧跟党中央决策部署实现监督检查的精准落实，抓好关键少数、重点问题、关键环节，增强政治监督的针对性和有效性。一是强化对“关键少数”的政治监督，把对“一把手”和领导班子的监督作为重中之重，充分发挥好各级领导干部的以上率下、引领示范作用。二是强化对重点问题的政治监督，各级党组织要认真领会习近平总书记重要讲话和党中央重大决策部署的精神实质，致力于解决与人民利益相关的深层次矛盾和突出问题，赢得最广大人民群众的信任和拥护，厚植党的群众基础和执政根基。三是强化对关键环节的政治监督，紧盯权力运行的关键点和矛盾问题易发点，实现全方位的监督来防范化解潜在的风险隐患。第三，推进政治监督常态化，就是让政治监督成为经常性活动，保证政治监督经常性持续开展。习近平总书记强调，要“加强日常监督检查，严肃查处违规违纪问题，坚决防止反弹，推动党的作风持续向好”[②]。这就要求纪检监察、巡视机构等监督主体加强事前、事中、事后全过程监督，在规范监督程

① 习近平：《高举中国特色社会主义伟大旗帜 为全面建设社会主义现代化国家而团结奋斗——在中国共产党第二十次全国代表大会上的报告》，人民出版社 2022 年版，第 66 页。

② 习近平：《在第十八届中央纪律检查委员会第六次全体会议上的讲话》，《人民日报》2016 年 5 月 3 日。

序、制定监督规则、落实监督方式、保障监督执行各个环节严加把控，让政治监督成为固定化和日常性的工作，不断形成政治监督常态化的良好氛围。

（三）发挥政治巡视利剑作用

党的二十大报告提出，完善党的自我革命制度规范体系，要“发挥政治巡视利剑作用，加强巡视整改和成果运用”①。政治巡视作为党内监督的战略性制度安排，在深化全面从严治党中发挥着重要作用。要深刻领会党的二十大精神，准确把握健全党和国家监督体系的内在要求，用好政治巡视这把党之利剑、国之利器，为新时代深入推进党的自我革命提供坚强保障。

党的十八大以来，以习近平同志为核心的党中央高度重视巡视工作，不断健全政治巡视的体制机制。巡视本身是政治巡视，本质上是政治监督，只有牢牢把握好政治巡视定位，才能精准有效地发现真问题。历史和实践充分表明，我们党不断开展政治巡视的根本目的是夯实党的长期执政基础，跳出治乱兴衰的历史周期率，实现党的长期执政。立足这一政治定位，中共中央办公厅印发了《中央巡视工作规划（2023—2027年）》，并且两次修订《中国共产党巡视工作条例》，为依纪依规开展政治巡视提供了总体规划和基本遵循。除此之外，我们党还相继出台了《关于规范巡视反馈工作的意见》《关于巡视移交工作的意见》《关于加强巡视巡察上下联动的意见》《关于加强巡视整改和成果运用的意见》等相关配套文件，形成了一整套科学化、规范化、标准化的体系架构，加快了党内政治巡视制度的完善与成熟。

在管党治党实践中，我们党更加注重巡视整改和成果运用，政治监督的效果进一步提升。发现问题是巡视工作的生命线，推动问题解决是巡视工作的落脚点，巡视的目的就是及时发现并纠正政治偏差。习近平总书记在第十八届中央纪律检查委员会第六次全体会议的讲话中强调指出，要强化巡视监督，推动巡视向纵深发展，“对巡视发现的问题和线索，要分类处置、注

① 习近平：《高举中国特色社会主义伟大旗帜 为全面建设社会主义现代化国家而团结奋斗——在中国共产党第二十次全国代表大会上的报告》，人民出版社2022年版，第66页。

重统筹，在件件有着落上集中发力”[①]。我们党始终坚持问题导向，着力发现落实党的路线方针政策和党中央重大决策部署方面存在的责任问题、腐败问题、作风问题，始终坚持严的主基调不动摇，构建巡视巡察上下联动工作格局，强化整改和成果运用，保证政治监督落点更实、更准、更有力。总之，健全党统一领导、全面覆盖、权威高效的监督体系，要充分发挥政治巡视的利剑作用，以政治巡视保障党的自我革命制度规范体系的执行力和完善度的提高。

第五节　强化党员干部队伍建设

列宁说过，无产阶级“所以能够成为而且必然会成为不可战胜的力量，就是因为它根据马克思主义原则形成的思想一致是用组织的物质统一来巩固的”[②]。

习近平总书记强调指出：“党的力量来自组织。党的全面领导、党的全部工作要靠党的坚强组织体系去实现。”[③] 党的组织体系建设的质量和水平，关系到自我革命能否顺利开展和贯彻落实，对提高党的长期执政能力具有重要作用。深入推进党的自我革命，不仅需要正确的政治路线和思想路线，还要有正确的组织路线做保证，也就是说要培养一大批适应党和国家发展需要的优秀干部。新时代新征程，我们必须着力强化党员干部队伍建设，在从严选拔、培养、管理党员干部上下功夫，打造一支堪当民族复兴重任的高素质干部队伍，为加强党的自身建设、深化全面从严治党、全面建设社会主义现代化国家提供强大的干部队伍支撑。

---

① 习近平：《在第十八届中央纪律检查委员会第六次全体会议上的讲话》，《人民日报》2016年5月3日。

② 《列宁选集》第1卷，人民出版社2012年版，第526页。

③ 《切实贯彻落实新时代党的组织路线 全党努力把党建设得更加坚强有力》，《人民日报》2018年7月5日。

一、严格选拔任用党员干部

政治路线确定之后，干部就是决定因素。“我们党要团结带领人民实现‘两个一百年’奋斗目标、实现中华民族伟大复兴的中国梦，必须贯彻新时代党的组织路线”，严把德才标准，坚持公正用人，拓宽用人视野，激励干部积极性，“努力造就一支忠诚干净担当的高素质干部队伍”①。党的自我革命要依靠具备自我革命精神的党员干部来推进，必须从严选拔政治素质高、理论功底强的党员干部，不断优化党员队伍结构、提升党的建设质量。只有坚持党管干部原则，从严选拔符合新时代好干部标准的干部，树立正确选人用人导向，匡正选人用人风气，才能真正将高素质人才吸纳进党员队伍中，把我们党建设得更加坚强有力。

（一）严格落实新时代好干部标准

党员干部是党和国家事业发展的中坚力量。党的二十大报告指出：“坚持党管干部原则，坚持德才兼备、以德为先、五湖四海、任人唯贤，把新时代好干部标准落到实处。”②全党都要认真践行新时代好干部标准，争做对党忠诚、为民解忧、清正廉洁、敢于担当的好干部，努力成为对党和人民忠诚可靠、堪当时代重任的栋梁之才。

党的十八大以来，党中央高度重视党员干部的培养、选拔与任用，始终坚持德才兼备、选贤任能。习近平总书记提出“信念坚定、为民服务、勤政务实、敢于担当、清正廉洁”的好干部标准，赋予了好干部新的时代内涵和实践准则。这一标准不仅为党组织培养人才提供了基本遵循，也为党员干部自身成长指明了奋斗方向，是党员干部思想一致、行动一致的重要保障。具体而言，理想信念坚定是精神之钙，是好干部第一位的标准。通过深入开展

---

① 习近平：《努力造就一支忠诚干净担当的高素质干部队伍》，《求是》2019 年第 2 期。

② 习近平：《高举中国特色社会主义伟大旗帜 为全面建设社会主义现代化国家而团结奋斗——在中国共产党第二十次全国代表大会上的报告》，人民出版社 2022 年版，第 66 页。

一系列党内集体教育活动，把学习贯彻习近平新时代中国特色社会主义思想不断引向深入，促使广大党员干部进一步坚定理想信念、牢记初心使命、提升思想境界；全心全意为人民服务，是我们党的根本宗旨和使命所在，是党一切行动的出发点和落脚点。党员干部始终站稳人民立场，厚植为民服务的情怀，把群众的事情办好，把干事创业的本领用好，用心用情用力为人民群众解决急难愁盼问题；勤政务实是党员干部的立身之本、兴业之基。一方面，党员干部要恪尽职守，勤于政事，为实现党的事业和人民利益认真履行职责、兢兢业业工作。另一方面，也要实事求是、求真务实，深入基层密切服务群众，发扬真抓实干作风，推动各项工作真正落实落地；敢于担当是党员干部必须具备的基本素质和职责要求。党员干部要增强学习能力，明确自身定位，站稳政治立场，准确把握好党中央各项决策部署，自觉在思想上政治上行动上同以习近平同志为核心的党中央保持高度一致。同时也要在工作中不断接受实践锻炼，提升实际工作能力，积极主动地承担责任，全面增强干事创业的本领；清正廉洁是党员干部的为政之本。广大党员干部要自觉筑牢思想防线，时刻保持清醒头脑，提高自我约束能力，始终做到清清白白做人、干干净净做事，永葆对党忠诚的政治本色。总之，全党同志都要发扬彻底的自我革命精神，时刻以好党员和好干部标准严格要求自己，不断强化党员身份意识和政治担当，着力锻造一支意志特别顽强、作风特别硬朗、执行特别高效的干部队伍。

（二）树立正确选人用人导向

习近平总书记指出全面建设社会主义现代化国家，“必须有一支政治过硬、适应新时代要求、具备领导现代化建设能力的干部队伍……树立正确选人用人导向，选拔忠诚干净担当的高素质专业化干部。”[①]这一重要论述为做好新时代选人用人工作提供了基本遵循。必须以习近平新时代中国特色社会主义思想为指引，严格落实新时代好干部标准，树立更加鲜明的选人用人导

① 习近平：《高举中国特色社会主义伟大旗帜 为全面建设社会主义现代化国家而团结奋斗——在中国共产党第二十次全国代表大会上的报告》，人民出版社2022年版，第66页。

向，着力把党和人民需要的好干部选好用好，在大力推进党员干部队伍建设中提升党的长期执政能力，永葆党的旺盛生命力和强大战斗力。

一是要严把德才标准。德才标准是考察和衡量党员干部的基本标准，只有德才兼备，党员干部才具有自我革命的勇气，才能担负起新时代党的历史使命。“德”与“才”是辩证统一的，“德”主要体现在政治立场、党性修养和作风原则上，“才”集中表现为党员干部谋事成事、敢于担当的过硬本领和能力。在选拔党员干部时，要把政德放到第一位，严格把好政治关，把是否对党忠诚、为民服务，是否认真贯彻党的路线方针政策，是否增强“四个意识”、坚定“四个自信”、坚持做到“两个维护”作为检验党员干部是否合格的根本标准。二是要坚持公正用人。就是要公平公开地选拔任用干部，完善选拔程序、细化方案、创新方法，把握好重点环节，形成干部选拔任用的科学机制，预防选人用人上的不正之风。一方面，要本着对党、对人民的责任心选人用人，让群众公认的优秀干部得到重用，而不是让那些投机钻营的人占得先机。另一方面，要从党和人民的事业发展需要出发，坚持事业为上、依事择人，做到人岗相适，真正选拔出优秀的党员干部，推进党和人民事业的蓬勃发展。三是要拓宽选人用人视野。习近平总书记指出：“把方方面面优秀人才聚集到党和人民事业中来，需要打开视野、不拘一格，充分盘活干部资源，把干部队伍和各方面人才作用充分发挥出来。”[①]在党员干部的选用中，既要多选一些在重大斗争中经历风雨、见过世面的干部，注重在基层一线和艰苦地区培养锻炼年轻干部，在攻坚克难中提高胆识和本领。同时也要注重从各个领域选拔专业化人才，改善领导班子和干部队伍的知识、能力和专业结构。四是要激励干部积极性。进入新时代，随着自我革命的深入推进，党员干部的思想觉悟和专业素养有所提高，但少数党员理想信念不坚定、精神懈怠、劲头不足等现象依然存在。因此，要充分激励党员干部在各项工作中担当作为，对党员干部的形式主义问题进行专项整治，大幅精简文件、会议和公务活动，将治理文山会海作为重要整改目标，切实把减

① 习近平：《努力造就一支忠诚干净担当的高素质干部队伍》，《求是》2019 年第 2 期。

负落到实处，让党员干部轻装上阵。

二、严格教育培养党员干部

我们党之所以能够始终保持强大的创造力、凝聚力、战斗力，成为革命、建设、改革事业发展的中流砥柱，“一个十分重要的原因就在于高度重视培养造就能够担当重任的干部队伍”[①]。面对新的赶考之路，我们党不仅注重加强党员干部的理论教育和思想淬炼，也更加注重培养党员干部的斗争精神和理论联系实际的能力，将自我革命的理论自觉有效转化为实践动力，努力锻造敢于善于斗争、勇于自我革命的党员干部队伍。

（一）加强理论武装和历史学习

重视理论武装是马克思主义政党的显著特征和光荣传统。毛泽东同志曾说过：“掌握思想教育，是团结全党进行伟大政治斗争的中心环节。”[②]习近平总书记强调指出：“马克思主义政党的先进性，首先体现为思想理论上的先进性。”[③]强化党员干部的理论武装和历史学习，增强自我革命的自觉，始终保持党的先进性和纯洁性，这是中国共产党在长期执政条件下解决自身问题、跳出历史周期率的重要法宝。

第一，要加强马克思主义理论武装，引导党员干部自觉接受思想淬炼。党内存在的一些突出问题，归根结底都是思想上的问题。只有思想理论达到一定的深度和境界，才能自觉清除思想灰尘、纠正行动偏差，实现全党同志的自我净化和自我完善，各种困难和问题才能迎刃而解。“要加强马克思主义特别是新时代中国特色社会主义思想的理论武装，使各级党组织和广大党员、干部特别是领导干部掌握马克思主义理论武器，提高马克思主义理论水平和运用能力，共同把党的创新理论转化为推进新时代中国特色社会主义伟

① 习近平：《努力造就一支忠诚干净担当的高素质干部队伍》，《求是》2019 年第 2 期。

② 《毛泽东哲学思想史》，中国人民大学出版社 2011 年版，第 444 页。

③ 《习近平谈治国理政》第 3 卷，外文出版社 2020 年版，第 539 页。

大事业的实践力量。”[①]新时代，学懂弄通习近平新时代中国特色社会主义思想，将其切实转化为坚定信念、攻坚克难、干事创业的强大力量，是全面贯彻落实党的二十大战略部署的重要要求，对新时代新征程深入推进党的自我革命具有深远意义。习近平总书记指出：“开展主题教育是今年党的建设的重大任务。各级党组织要坚决贯彻落实党中央的工作部署，教育引导党员、干部在以学铸魂、以学增智、以学正风、以学促干上下功夫见实效。”[②]因此，既要将习近平新时代中国特色社会主义思想纳入全国党员、干部教育培训规划，作为党校（行政学院）和干部学院的重点课程，对党员、干部进行系统培训，并健全常态化培训特别是基本培训机制。又要通过组织开展个人自学和学习会、报告会、研讨会、培训班等多种形式，实现学习全覆盖，真正学深悟透教育引导广大党员干部全面领会这一重要思想的基本观点、科学体系和精髓要义，坚持和运用好这一重要思想的世界观、方法论和贯穿其中的立场观点方法，不断增强党自我净化、自我完善、自我革新、自我提高的能力，使党永葆旺盛生命力和强大战斗力，在革命性锻造中更加坚强有力。同时，也要牢牢把握“学思想、强党性、重实践、建新功”的总要求，坚持学思用贯通、知信行统一，在学思践悟、融会贯通上下功夫，用党的创新理论武装头脑、指导实践、推动工作，不断提高履职尽责、担当作为的能力和水平，确保习近平总书记重要讲话重要指示和党中央决策部署落地落实，在新的起点上推动全面从严治党取得更大成效，使百年大党在自我革命中不断焕发蓬勃生机。

第二，要认真学习党史国史，进一步增强理论教育的实效性。历史是最好的教科书和清醒剂。中国共产党的百年奋斗史，既是一部理论武装史，也是一部自我革命史。注重学习和总结历史、借鉴和运用历史经验，是马克思主义政党的优良传统。广大党员干部可以从中汲取智慧和力量，找到正确的前进方向，以昂扬的精神状态深入推进党的自我革命。习近平总书记指出：“学习党史、国史，是坚持和发展中国特色社会主义、把党和国家各项事业

① 《习近平谈治国理政》第4卷，外文出版社2022年版，第503页。

② 《以学铸魂，坚定理想信念》，《人民日报》2023年4月17日。

继续推向前进的必修课。这门功课不仅必修，而且必须修好。”[①]这就要求各级党组织深入开展历史学习教育，教育广大党员干部认真学习党史、国史，深入了解中国共产党的建立、中华人民共和国的成立、改革开放的伟大实践以及新时代中国特色社会主义事业的推进过程，进一步深刻认识我们党崇高的政治理想、高尚的政治品质，深刻体会中国从站起来、富起来到强起来的艰辛探索和历史必然，进而坚定理想信念，培养历史思维和眼光，坚持发扬斗争精神，勇于担当历史重任。也就是说，党员干部要自觉明晰党和国家事业未来的发展方向，自觉遵循历史规律办事，在历史学习教育中加强思想淬炼、砥砺初心、滋养使命、锤炼党性，继续培育和锻造党的自我革命品格，发挥党自我革命的政治优势，把党建设得更加坚强有力。

（二）加强政治历练和实践锻炼

党员是党组织的肌体细胞，干部是党的事业的骨干力量。新时代深入推进党的自我革命，必须抓住党员干部这个“关键少数”。针对党员干部存在的能力不足、行动乏力和本领恐慌问题，必须着力加强党员干部的政治历练和实践锻炼，不断增强敢于斗争、善于斗争的意志和本领，以强烈的自我革命精神全力战胜前进道路上的各种风险考验。

第一，加强对党员干部的政治历练。习近平总书记指出：“在干部干好工作所需的各种能力中，政治能力是第一位的。”[②]在党的自我革命语境下，政治历练主要是指通过开展严肃认真的党内政治生活，使党员干部经常接受政治体检，打扫政治灰尘，防范政治风险，不断提高政治判断力、政治领悟力、政治执行力。一是要提高政治判断力，这就要求党员干部在面对复杂局势或各种难题时，善于运用政治眼光观察和分析问题，时刻保持清醒头脑，清晰明辨政治是非，从政治高度思考和推进党的各项工作。二是要提高政治领悟力。各级党组织要教育引导党员干部学会把握政治大局、把准政治

① 习近平：《在对历史的深入思考中更好走向未来 交出发展中国特色社会主义合格答卷》，《人民日报》2013 年 6 月 27 日。

② 《年轻干部要提高解决实际问题能力 想干事能干事干成事》，《人民日报》2020 年 10 月 11 日。

方向，深刻领会党中央重大决策部署的内涵及要求，切实担负好党和人民赋予的责任，真正做政治上的明白人，广泛凝聚与党同心、团结奋斗、战胜挑战的共识和力量。三是要提高政治执行力。它要求党员干部以坚定的政治立场和实干精神，把党的领导贯彻落实到党和国家事业各领域各方面各环节，确保党中央决策部署不折不扣落实到位，体现党员干部的行动自觉和责任担当。

第二，在实践锻炼中增强斗争本领。党员干部的斗争精神、斗争本领不是与时俱来的，而是在复杂严峻的实践任务中磨砺出来的。“领导干部特别是年轻干部，要经受严格的思想淬炼、政治历练、实践锻炼、专业训练，主动投身到各种斗争中去，多经历‘风吹浪打’，多捧‘烫手山芋’，当几回‘热锅上的蚂蚁’，在复杂严峻的斗争中真正锻造成为烈火真金。”[①]只有积极投身于实践的“大熔炉”，坚持从群众中来、到实践中去，才能锤炼自身党性、磨炼斗争意志，不断增强服务群众、防范风险的能力和水平。各级党组织要鼓励党员干部到重大斗争中去真刀真枪实干，将急难险重的岗位作为锻炼党员干部的重要平台，注重在实践实干中增强政治素质，在实绩实效中提升行动自觉，激励党员干部奋力担当作为。此外，也要主动奔着矛盾问题、风险挑战去。面对党内存在的“四大考验”“四种危险”“七个有之”等问题，党员干部要坚持以大局观科学预判潜在风险，并对其表现形式和发展趋势作出准确判断，做到在各种重大斗争考验面前“乱云飞渡仍从容”，始终以顽强的斗争精神和昂扬的斗争风貌埋头苦干、勇毅前行。

三、严格管理监督党员干部

中国共产党的先进性和纯洁性不是一劳永逸、一成不变的，也不是一朝一夕形成的，这离不开党组织对党员的管理与监督。党员干部尤其是高级领导干部，肩负着党和人民的期待重托，是加强党的建设的重点和关键，更应

① 《习近平新时代中国特色社会主义思想学习纲要》，学习出版社、人民出版社 2023 年版，第 287 页。

该以严格的标准予以要求，促使他们发挥好带头示范和引领表率作用。因此，各级党组织要从严从实抓好党员干部的管理监督工作，不仅要在加强日常监督管理上下功夫，也要完善与之相适应的管理机制，激励党员干部敢于担当、积极作为，为建设忠诚干净担当的高素质干部队伍，深入推进党的自我革命提供坚强的政治和组织保证。

（一）加强日常管理和经常性监督

"好干部是选拔出来的，也是培育和管理出来的。"[①]从严从实管理党员干部队伍，让党员干部在严管下成长、在磨砺中成才，事关党和人民事业薪火相传、后继有人这个根本大计。这也绝非一朝一夕之功，不是一蹴而就的，必须在日常管理监督中持续用力、久久为功。我们党坚持从日常点滴抓起，从具体问题管起，教育引导党员干部坚定理想信念，筑牢初心使命，加强党性锻炼，正确行使手中的权力，不断增强责任感和使命感，着力打造奋发有为、锐意进取、实干担当的干部队伍。

习近平总书记指出："党要管党，首先要管好干部；从严治党，关键是从严治吏。"[②]新形势下，我国党员干部队伍建设成效显著，选拔任用更加科学，管理监督更加严格，党员干部队伍素质和形象有了明显提升，形成了管党治党的鲜明导向和浓厚氛围。但也应清醒认识到，近年来出现的一些党员干部违法违纪案件，暴露出党员日常监督管理工作上还存在一些问题和弊端，也更加凸显出加强党员干部日常监督管理，对于深入推进党的自我革命的重大意义以及时间紧迫性和任务艰巨性。因此，要想充分发挥好广大党员干部的重要作用，就要求各级党组织着力在加强党员干部的日常管理监督上下功夫，使党员干部时刻保持积极向上的良好心态，切实把精气神凝聚到干事创业上来。强化对党员干部的管理和监督，重在日常、贵在有恒。各级纪检监察机关要坚决贯彻全面从严治党战略方针，以零容忍的态度依法执纪、严格执纪，协助同级党委党组开展好问责工作。要开展全方位的执纪监督，

① 《习近平谈治国理政》第 4 卷，外文出版社 2022 年版，第 505 页。

② 《十八大以来重要文献选编》上，中央文献出版社 2014 年版，第 350 页。

既注重领导干部和违法严重的干部，也要关注到一般党员干部，从根源处杜绝干部“带病提拔”问题的发生，真正实现党内执纪问责常态化、严肃化。此外，也要坚持严管和厚爱相结合，激励和约束并重。各级党组织要全方位多渠道了解党员干部生活圈、社交圈，经常交流思想、关心生活，坚持抓早抓小、防微杜渐，对一些苗头性、倾向性问题早发现、早解决，坚决防止违法违纪行为发生。与此同时，组织部门要定期或不定期地与广大党员干部开展谈心谈话，及时掌握和了解干部思想动态，始终把纪律规矩放在首位，真正把监督工作管到实处、严在份上，引导党员干部严格要求自己，自觉筑牢思想防线。

（二）建立健全管理监督长效机制

加强对党员干部的管理监督是提高党的执政能力、保持党的先进性的必然要求，是建设高素质干部队伍的重要途径。“要加强对干部经常性的管理监督，形成对干部的严格约束。”[①]新时代深入推进党的自我革命，仍然需要强化干部管理监督工作，以着力构建和完善正向激励机制、容错纠错机制、党内关怀机制为发力点，全面激发干部队伍生机活力，确保党和国家各项事业顺利推进。

党的十八大以来，以习近平同志为核心的党中央高度重视党员干部的管理监督工作，始终将其摆在重要突出位置，并采取一系列重要举措，不断创新党员干部管理方式，党员干部队伍建设工作出现新气象、呈现新风貌。与此同时，党员干部监督管理工作中仍然存在一些不容忽视的问题，主要表现在党员干部监督意识淡薄、接受监督的自觉性不高，监督机制还有待完善、监督力度有待加强等方面。在新的赶考之路上，如何进一步破解“一把手”和领导班子监督难题，扎实有效推进干部监督工作，提升干部监督的质量和水平成为重要问题。这就要求我们党必须持之以恒从严从实抓好党员干部管理和监督，健全加强对“一把手”和领导班子监督配套制度，永葆党的蓬勃

① 《十八大以来重要文献选编》上，中央文献出版社2014年版，第342页。

生机和旺盛生命力。具体而言，一是要完善干部考核评价机制。党的二十大报告中提出，要“完善干部考核评价体系，引导干部树立和践行正确政绩观，推动干部能上能下、能进能出，形成能者上、优者奖、庸者下、劣者汰的良好局面。”[①]我们党要立足于党和国家事业发展需要，以更高的政治站位、更宽广的视野、更强的使命担当管理和考察党员干部，通过科学制定考核方案、合理安排考核内容、整合优化考核指标，全方位提升党员干部考核工作水平，以奖惩分明、奖优罚劣激发党员干部干事创业的内在活力。二是要建立健全容错纠错机制。按照事业为上、实事求是、依纪依法、容纠并举“四个原则”，坚持有错必纠、有过必改，允许和宽容党员干部在工作中出现失误，鼓励干部敢闯敢试、积极作为，强化正向引导和激励作用，充分保护党员干部的主动性和积极性，为党员干部干事创业撑腰鼓劲。三是要建立健全党内关怀帮扶机制。一方面，完善党内表彰激励机制。通过广泛开展“两优一先”“模范党支部”“党员先锋评选”等一系列评比表彰活动，对先进组织和优秀个人进行通报表彰，充分发挥先进典型的引领示范作用，激励各级党组织和广大党员干部砥砺奋进，不断增强党员的荣誉感和使命感。另一方面，建立良好的沟通机制。各级党组织要常态化开展谈心谈话，加强与党员之间的交流沟通，认真倾听党员的想法和情况，了解掌握党员的思想动态和生活动态，消除党员的思想困惑和内心矛盾，使党组织更加富有活力、凝聚力和战斗力。

① 习近平：《高举中国特色社会主义伟大旗帜 为全面建设社会主义现代化国家而团结奋斗——在中国共产党第二十次全国代表大会上的报告》，人民出版社 2022 年版，第 67 页。

结 语

习近平总书记在党的二十大报告中指出，“我们党作为世界上最大的马克思主义执政党，要始终赢得人民拥护、巩固长期执政地位，必须时刻保持解决大党独有难题的清醒和坚定”①，“全党必须牢记，全面从严治党永远在路上，党的自我革命永远在路上”②。深刻阐明了自我革命对于确保党永葆先进性和纯洁性的极端重要性，体现了百年大党居安思危的忧患意识和强党兴党的政治自觉。自我革命是理解中国共产党百年历程的重要线索，也是解释中国共产党长盛不衰奥秘的关键所在。通过分析和总结党在百年奋斗历程中对自我革命的坚持和把握，为新时代继续深入推进党的自我革命，新时代新征程把握推进党的建设新的伟大工程的历史主动提供宝贵经验和根本遵循。

“党的自我革命”这一重大命题虽然是从党的十八大以来管党治党的新实践中产生，但中国共产党的历史本身就是一部坚持自我革命的奋斗史。因此，必须系统考察党坚持自我革命的历史原点与发展历程。一百多年来，中国共产党时刻保持对王朝兴衰成败的政治警觉；勇于坚持真理、修正错误，不断推进党的事业胜利前进；勇于刀刃向内、自我净化，不断推动组织队伍的纯洁性与先进性；勇于批评与自我批评，自我剖析，不断淬炼党的作风品格；深刻总结世界上其他政党败亡的历史教训，开展伟大的自我革命实践，

① 习近平：《高举中国特色社会主义伟大旗帜 为全面建设社会主义现代化国家而团结奋斗——在中国共产党第二十次全国代表大会上的报告》，人民出版社 2022 年版，第 63 页。

② 习近平：《高举中国特色社会主义伟大旗帜 为全面建设社会主义现代化国家而团结奋斗——在中国共产党第二十次全国代表大会上的报告》，人民出版社 2022 年版，第 64 页。

缔造了伟大的自我革命精神，为中国共产党确立起勇于自我革命的鲜明品格和政治优势。进入新时代，面对世情国情党情出现的新变化，在坚持马克思主义的科学指导和接续发扬党的自我革命优良传统的同时，立足新时代的发展实际，习近平总书记提出了一系列关于党的自我革命的重要论述，实现了新时代党的自我革命理论的创新发展，彰显了中国共产党人的理论自觉。对习近平总书记关于自我革命的重要论述进行全面系统梳理，深刻剖析其根本指向、理论逻辑、方法论原则和价值导向，加深对于自我革命这一重大命题的深刻认识，从而形成对于党的自我革命的整体把握，有助于把党的自我革命继续推向深入。新时代新征程，党要继续坚持和推进自我革命，不仅要从理论上准确把握，更要立足现实深刻认识“为何自我革命”，即推动党的自我革命事业不断向纵深发展的各种驱动力。具体而言，可以从四个方面加以把握：在历史层面，坚持自我革命是跳出“历史周期率”、实现长期执政的必然选择；在党的层面，坚持自我革命是解决党内突出问题、实现兴党强党的必然选择；在国家层面，坚持自我革命是勇担历史使命、实现兴国强国的必然选择；在世界层面，坚持自我革命是引领时代、推进全球政党建设与反腐治理的必然选择。

立足新时代新征程，进一步推进自我革命是中国共产党政党现代化的时代诉求。而系统梳理、准确把握新时代中国共产党自我革命的科学内涵，是深化自我革命理论与实践发展的必要前提，对于党实现其肩负的历史使命具有重要意义。以党的十八大以来习近平总书记关于党的自我革命的重要论述和全面从严治党实践为重要依据，可以从“四个自我”的角度认识自我革命的内涵实质：一是牢记初心使命，不断实现自我净化；二是坚持问题导向，不断实现自我完善；三是坚持与时俱进，不断实现自我革新；四是锚定伟大梦想，不断实现自我提高。这“四个自我”环环相扣、紧密联系，是对党的自我革命的科学总结和系统概括，深刻昭示了新时代党的自我革命的核心要义。新时代新征程上，正确厘清自我革命的内涵实质有利于推进新时代自我革命理论体系建设，推进自我革命理论与实践的纵深发展。

党的十九届六中全会通过的第三个历史决议将坚持自我革命总结为党百

年奋斗的历史经验之一。回顾中国共产党进行自我革命的百年历程，不难发现党始终坚持维护党中央权威和集中统一领导、坚持以人民为中心、坚定理想信念和抓好领导干部这个关键少数。通过不断自我革命提高党的先进性纯洁性建设水平，引领伟大社会革命。这为新时代新征程继续传承延续自我革命精神、持续推进党的建设伟大工程，提供了宝贵经验。新征程上，既要充分借鉴党在百年自我革命的进程中积累的宝贵经验，也要看到党面临的一些新情况新问题新挑战仍层出不穷，党的自我革命任重而道远。因此必须通过不断探索坚持开展马克思主义理论教育、继续深入推进反腐败斗争、加强和规范党内政治生活、完善自我革命制度规范体系、强化党员干部队伍等路径，继续推进新时代党的自我革命的纵深发展。

本书坚持鲜明的问题导向，从党坚持自我革命的历史依据、理论逻辑、动力机制、内涵体系、重要经验以及实践路径出发，具体回应了自我革命在不同历史时期的发展演变及其规律性特征；习近平总书记关于党的自我革命的重要思想是在怎样的时代背景下产生，它的基本思想观点与内涵实质是什么；中国共产党为什么要坚持自我革命，它对新时代全面从严治党的实践发展、对于实现中华民族伟大复兴的历史使命乃至对世界各国执政党加强自身建设具有怎样的意义与价值；中国共产党推进自我革命的历史进程中形成的宝贵经验有哪些；新时代如何继续深入推进党的自我革命等自我革命的相关重大问题，拓展了理论研究的广度和深度。但对于自我革命这一问题仍存在进一步深化研究的空间：第一，既要在党的历史发展进程中追溯党勇于自我革命的历史原点，也要将自我革命置于马克思主义政党发展史中去研究。以马克思主义党建理论为指导，研究马克思主义政党自我革命产生和发展的基本规律，进而深刻理解和把握马克思主义政党坚持自我革命的特质。第二，应在现有研究基础上，基于习近平新时代中国特色社会主义思想的理论高度，特别是习近平总书记关于党的自我革命的重要思想，对自我革命的内涵、实质、特征、动力等做出更为具体和全面的研究与界定。由此构建党的自我革命的理论体系。第三，要继续进一步深化推进党的自我革命路径研究的力度。党的自我革命的提出，是为了在新时代更好地坚持与推进自我革命。2024年1月，习近平总书记在党的二十届中央纪委三次全会上提出“九个以”的实践要求，既有宏观层面的目标任务、顶层设计，也有落细落实、重点突出的方式方法，既有认识论，又有方法论，为新征程深入推进党的自我革命提供根本遵循。因此，对自我革命进行理论研究的同时，要加强深化推进自我革命实践路径的研究，牢牢把握“九个以”的实践要求，把党的自我革命的思路举措搞得更加严密、更加系统、更加科学，把党的伟大自我革命进行到底。总之，要通过不断拓展研究的深度和广度，激励党在新的赶考之路上矢志不渝地推进党的自我革命，坚持不懈把全面从严治党推向纵深，奋力谱写中国共产党建设史上璀璨夺目的新时代党建华章。

参考文献

［1］ 马克思恩格斯选集（1–4卷）[M].北京:人民出版社,2012.

［2］ 马克思恩格斯文集（第10卷）[M].北京:人民出版社,2009.

［3］ 毛泽东选集（1–4卷）[M].北京:人民出版社,1991.

［4］ 毛泽东文集（1–8卷）[M].北京:人民出版社,1993,1996,1999.

［5］ 毛泽东年谱（1949–1976）(1–6卷）[M].北京:中央文献出版社,2013.

［6］ 陈独秀.独秀文存(第1卷)[M].上海:上海亚东图书馆,1934.

［7］ 刘少奇选集(上、下卷)[M].北京:人民出版社,1981,1985.

［8］ 刘少奇.论党的建设[M].北京:中央文献出版社,1991.

［9］ 刘少奇.论共产党员的修养[M].北京:人民出版社,2018.

［10］ 周恩来年谱（1898–1949）[M].北京:人民出版社,中央文献出版社,1989.

［11］ 邓小平文选（1–3卷）[M].北京:人民出版社,1993,1994.

［12］ 邓小平关于建设有中国特色社会主义的论述专题摘编[M].北京:中央文献出版社,1992.

［13］ 江泽民文选（1–3卷）[M].北京:人民出版社,2006.

［14］ 江泽民论加强和改进执政党建设（专题摘编）[M].北京:中央文献出版社,研究出版社,2004.

［15］ 胡锦涛文选（1–3卷）[M].北京:人民出版社,2016.

［16］ 毛泽东 邓小平 江泽民论党的建设[M].北京:中央文献出版社,中共

中央党校出版社,1998.

［17］ 习近平著作选读（1–2卷）[M].北京:人民出版社,2023.

［18］ 习近平谈治国理政（1–4卷）[M].北京:外文出版社,2017,2018,2020,2022.

［19］ 习近平.论中国共产党历史[M].北京:中央文献出版社,2021.

［20］ 习近平.摆脱贫困[M].福州:福建人民出版社,1992.

［21］ 习近平.之江新语[M].杭州:浙江人民出版社,2007.

［22］ 习近平.高举中国特色社会主义伟大旗帜 为全面建设社会主义现代化国家而团结奋斗——在中国共产党第二十次全国代表大会上的报告[M].北京:人民出版社,2022.

［23］ 习近平.在党史学习教育动员大会上的讲话[M].北京:人民出版社,2021.

［24］ 习近平.在学习贯彻习近平新时代中国特色社会主义思想主题教育工作会议上的讲话[M].北京:人民出版社,2023.

［25］ 习近平.在庆祝中华人民共和国成立70周年大会上的讲话[M].北京:人民出版社,2019.

［26］ 习近平.在庆祝改革开放40周年大会上的讲话[M].北京:人民出版社,2018.

［27］ 习近平.在庆祝中国人民解放军建军90周年大会上的讲话[M].北京:人民出版社,2017.

［28］ 习近平.在庆祝中国共产党成立95周年大会上的讲话[M].北京:人民出版社,2016.

［29］ 习近平.在庆祝中国共产党成立100周年大会上的讲话[M].北京:人民出版社,2021.

［30］ 习近平.在“七一勋章”颁授仪式上的讲话[M].北京:人民出版社,2021.

［31］ 习近平.在纪念中国人民抗日战争暨世界反法西斯战争胜利75周年座谈会上的讲话[M].北京:人民出版社,2020.

［32］ 习近平.在纪念马克思诞辰200周年大会上的讲话[M].北京:人民出版社,2018.

［33］ 习近平.在纪念五四运动100周年大会上的讲话[M].北京:人民出版社,2019.

［34］ 习近平.在纪念刘少奇同志诞辰120周年座谈会上的讲话[M].北京:人民出版社,2018.

［35］ 习近平.在“不忘初心、牢记使命”主题教育工作会议上的讲话[M].北京:人民出版社,2019.

［36］ 习近平.在“不忘初心、牢记使命”主题教育总结大会上的讲话[M].北京:人民出版社,2020.

［37］ 习近平.在全国党校工作会议上的讲话[M].北京:人民出版社,2016.

［38］ 习近平.加强政党合作 共谋人民幸福——在中国共产党与世界政党领导人峰会上的主旨讲话[M].北京:人民出版社,2021.

［39］ 习近平.携手同行现代化之路——在中国共产党与世界政党高层对话会上的主旨讲话[M].北京:人民出版社,2023.

［40］ 习近平.决胜全面建成小康社会——夺取新时代中国特色社会主义伟大胜利[M].北京:人民出版社,2017.

［41］ 习近平.在纪念中国人民志愿军抗美援朝出国作战70周年大会上的讲话[M].北京:人民出版社,2020.

［42］ 习近平.在纪念辛亥革命110周年大会上的讲话[M].北京:人民出版社,2021.

［43］ 习近平新时代中国特色社会主义思想三十讲[M].北京:学习出版社,2018.

［44］ 习近平新时代中国特色社会主义思想学习纲要[M].北京:学习出版社,人民出版社,2023.

［45］ 习近平关于全面从严治党论述摘编[M].北京:中央文献出版社,2016.

［46］ 习近平关于严明党的纪律和规矩论述摘编[M].北京:中央文献出版

社,中国方正出版社,2016.

［47］ 习近平关于党风廉政建设和反腐败斗争论述摘编[M].北京:中央文献出版社,中国方正出版社,2015.

［48］ 习近平关于“不忘初心、牢记使命”论述摘编[M].北京:党建读物出版社,中央文献出版社,2019.

［49］ 习近平新时代中国特色社会主义思想专题摘编[M].北京:党建读物出版社,中央文献出版社,2023.

［50］ 习近平关于协调推进“四个全面”战略布局论述摘编[M].北京:中央文献出版社,2015.

［51］ 习近平关于社会主义社会建设论述摘编[M].北京:中央文献出版社,2017.

［52］ 习近平关于全面建成小康社会论述摘编[M].北京:中央文献出版社,2016.

［53］ 习近平关于全面依法治国论述摘编[M].北京:中央文献出版社,2015.

［54］ 习近平关于全面深化改革论述摘编[M].北京:中央文献出版社,2014.

［55］ 习近平关于实现中华民族伟大复兴的中国梦论述摘编[M].北京:中央文献出版社,2013.

［56］ 不忘初心 继续前进[M].北京:人民出版社,学习出版社,2017.

［57］ 不忘初心.坚守中国共产党人的精神家园[M].北京:人民出版社,2016.

［58］ 建党以来重要文献选编（1921–1949）（1–26册）[M].北京:中央文献出版社,2011.

［59］ 建国以来重要文献选编（1–20册）[M].北京:中央文献出版社,1992,1993,1994,1995,1996,1997,1998.

［60］ 三中全会以来重要文献选编（上）[M].北京:人民出版社,1982.

［61］ 十一届三中全会以来重要文献选读（上、下册）[M].北京:人民出

版社,1987.

［62］ 改革开放三十年重要文献选编[M].北京:人民出版社,2008.

［63］ 十二大以来重要文献选编（上、中、下）[M].北京:人民出版社,1986,1988.

［64］ 十四大以来重要文献选编（上、中、下）[M].北京:人民出版社,1996,1997,1999.

［65］ 十六大以来重要文献选编（上、中、下）[M].北京:中央文献出版社,2005,2006,2008.

［66］ 十八大以来重要文献选编（上、中、下）[M].北京:中央文献出版社,2014,2016,2018.

［67］ 十九大以来重要文献选编（上、中）[M].北京:中央文献出版社,2019,2021.

［68］ 中国共产党历史（第2卷）（1949–1978）（上、下册）[M].北京:中共党史出版社,2011.

［69］ 中国共产党的九十年 (新民主主义革命时期)[M].北京:中共党史出版社,党建读物出版社,2016.

［70］ 中国共产党的九十年 (社会主义革命和建设时期)[M].北京:中共党史出版社,党建读物出版社,2016.

［71］ 中国共产党的九十年 （改革开放和社会主义现代化建设新时期）[M].北京:中共党史出版社,党建读物出版社,2016.

［72］ 中国共产党党内法规制度建设年度报告（2016）[M].北京:人民出版社,2017.

［73］ 中国共产党简史[M].北京:人民出版社,中共党史出版社,2021.

［74］ 中国共产党组织工作条例[M].北京:人民出版社,2021.

［75］ 中国共产党党员权利保障条例[M].北京:人民出版社,2021.

［76］ 中国共产党问责条例[M].北京:人民出版社,2019.

［77］ 中国共产党第十九届中央委员会第五次全体会议公报[M].北京:人民出版社,2020.

［78］ 中国共产党第十九届中央委员会第六次全体会议公报[M].北京:人民出版社,2021.

［79］ 十八大以来廉政新规定[M].北京:人民出版社,2021.

［80］ 二十大党章学习手册[M].北京:人民出版社,2022.

［81］ 全面加强党的领导和党的建设,党建读物出版社[M].北京:人民出版社2019.

［82］ 中共中央关于加强党的政治建设的意见[M].北京:人民出版社,2019.

［83］ 初心・使命——中国共产党革命精神探源与践行[M].北京:人民出版社,2019.

［84］ 任仲文.从严治党永远在路上[M].北京:人民日报出版社,2017.

［85］ 顾海良.马克思主义发展史[M].北京:中国人民大学出版社,2009.

［86］ 王炳林.党的历史与党的建设研究[M].北京:人民出版社,2016.

［87］ 李君如.中国共产党建设史（上）[M].福州:福建人民出版社,2011.

［88］ 曲青山.中国共产党百年辉煌[M].北京:人民出版社,2021.

［89］ 刘红凛.新时代党的建设理论与实践创新研究[M].北京:人民出版社,2019.

［90］ 辛向阳.治国理政新布局 “四个全面”托起中国梦[M].北京:中国人民大学出版社,2016.

［91］ 甄占民.常青之道:中国共产党自我革命的故事[M].北京:中共党史出版社,2021.

［92］ 沈传亮.党史上的纪律和规矩[M].北京:中国方正出版社,2018.

［93］ 韦磊.伟大的自我革命[M].北京:中国方正出版社,2019.

［94］ 韩振峰.中国化马克思主义党建理论研究[M].北京:人民出版社,2020.

［95］ 李慎明.党的建设与中国特色社会主义[M].北京:社会科学文献出版社,2011.

［96］ 齐卫平等.“四个伟大”与新时代中国共产党的历史使命[M].北京:

人民出版社,2019.

［97］ 柳建辉.中国共产党历史与经验[M].北京:中共中央党校出版社,2016.

［98］ 欧阳淞.党的建设论稿[M].北京:党建读物出版社,2011.

［99］ 甄占民等.自我革命——跳出历史周期率的第二个答案[M].北京:人民出版社,2022.